本报告为"教育部哲学社会科学系列发展报告"资助项目"中国文化产业年度发展报告"（批准号：10JBG001）相关研究成果

U0749148

中国文化企业报告
2018

ZHONGGUO WENHUA
QIYE BAOGAO
2018

陈少峰　张立波　王建平　主编

杭州　浙江工商大学出版社
ZHEJIANG GONGSHANG UNIVERSITY PRESS

图书在版编目(CIP)数据

中国文化企业报告. 2018 / 陈少峰，张立波，王建平主编. —杭州：浙江工商大学出版社，2019.1(2019.8 重印)

ISBN 978-7-5178-3133-4

Ⅰ. ①中… Ⅱ. ①陈… ②张… ③王… Ⅲ. ①文化产业－企业发展－研究报告－中国－2018 Ⅳ. ①G124

中国版本图书馆 CIP 数据核字(2017)第 276599 号

中国文化企业报告 2018

ZHONGGUO WENHUA QIYE BAOGAO 2018

陈少峰　张立波　王建平　主编

出 品 人	鲍观明
责任编辑	刘淑娟　白小平
封面设计	林朦朦
责任印制	包建辉
出版发行	浙江工商大学出版社
	（杭州市教工路 198 号　邮政编码 310012）
	（E-mail：zjgsupress@163.com）
	（网址：http://www.zjgsupress.com）
	电话：0571-88904980,88831806(传真)
排　　版	杭州朝曦图文设计有限公司
印　　刷	虎彩印艺股份有限公司
开　　本	710mm×1000mm　1/16
印　　张	16.75
字　　数	265 千
版 印 次	2019 年 1 月第 1 版　2019 年 8 月第 2 次印刷
书　　号	ISBN 978-7-5178-3133-4
定　　价	68.00 元

主办单位

浙江工商大学中国互联网文化产业研究院

北京大学文化产业研究院

北京峰火文化创意中心

编 委 会

前　言

　　进入新时代以来，我国经济已由"高速增长阶段"转向"高质量发展阶段"，文化产业发展也面临如何在继续保持高增长的基础上实现从"数量"到"质量"的新跨越、新提升的问题。对此，党的十九大报告明确提出，要从满足人民对"美好生活"的需要出发，进一步"健全现代文化产业体系和市场体系，创新生产经营机制，完善文化经济政策，培育新型文化业态"。这就要求，首先，文化产业内部要加快健全现代文化产业体系，不断推出打动消费者的新产品或新服务。从图书到电影，从特色小镇到互联网产品，从主题公园到文化园区，都需要提升质量，由粗放走向精细，由追求数量走向追求品质，更需要奇思妙想的创意和精益求精的打磨，力求每一件产品都有文化的质地，每一个产业都有文化的内涵，尤其做大做强新兴文化产业，使文化产业真正成为国民经济的重要增长点。其次，文化产业外部要通过改革进一步完善文化产业发展的体制机制，形成统一开放的文化市场体系。2018 年 3 月的国家机构改革，在文化领域的重要改革举措就是组建文化和旅游部。这将强化统筹文化事业、文化产业发展和旅游资源开发，提高国家文化软实力和中华文化影响力。从近年来的发展看，文化和旅游呈现良好的融合发展态势，创造了新的就业机会，培育了新兴的市场。文化和旅游的结合，有利于推动文化事业、文化产业与旅游产业的融合，使文化产业在文化资源基础上，有了旅游的优良载体，特别是全域旅游理念和政策的出台，更让文化产业有了旅游行业发展的有效经验可以吸收借鉴，促进传统文化资源的市场转化、公共文化机构藏品及展陈展示数字化，将进一步放大文化产业的发展格局，提升文化产业的发展质量。

　　从 2017 年到 2018 年上半年，新兴互联网文化产业取得重要进展，文化＋

科技融合应用稳步推进。截至 2018 年 6 月,我国网民规模为 8.02 亿,互联网普及率达 57.7%;我国手机网民规模达 7.88 亿,网民中使用手机上网人群的占比达 98.3%。截至 2018 年 6 月,我国网络直播用户规模达到 4.25 亿,较 2017 年末微增 294 万,用户使用率为 53.0%。[①] 随着我国在信息技术、类脑计算、AR/VR/MR、人工智能、区块链、工业互联网等信息领域的核心技术发展势头向好,文化+科技融合应用进一步加速。在这种背景下,2018 年 4 月国家统计局又一次对文化产业的外延和具体分类做新的修订,主要是适应互联网时代产业融合发展的现实需要。国家统计局发布的《文化及相关产业分类(2018)》是根据国民经济行业分类对《文化及相关产业分类(2012)》进行的修订,新标准将大类由原来的 10 个修订为 9 个、中类由 50 个修订为 43 个、小类由 120 个修订为 146 个。本次修订是在《文化及相关产业分类(2012)》基础上,将原有的定义、分类原则保持不变,新增加了符合文化及相关产业定义的活动小类,重点调整了分类方法和类别结构,以适应当前我国互联网时代文化新业态不断涌现的新形势,满足文化体制改革和文化发展的需要。

文化产业概念具有广义和狭义的不同界定,并且其概念本身也有一个随着实践变化而动态演进的过程。如果仍然从狭义的角度把文化产业大致界定在内容产业的范围,恐怕很难有效地解释产业融合尤其是互联网文化产业飞速发展的现实实践。文化产业研究也要随着文化产业实践的发展而发展,也就是说,从文化产业化和产业文化化的广义角度来界定文化产业,对互联网文化产业的新产品、新业态和新模式的变化具有一定适应性和解释力,可能更符合文化产业自身发展的内在规律及特点。正是在这种宏观发展态势之下,《中国文化企业报告》从基础理论研究和实践问题关怀相结合的视角研究文化企业经营所面对的各种新问题。

《中国文化企业报告》是以国内文化企业为对象的专题研究报告,主要以文化企业经营管理者为阅读对象,致力于做成在国内最具影响力的文化企业研究平台和智库。自 2011 年创立以来,《中国文化企业报告》已出版七本,在业界和学界形成一定影响力。《中国文化企业报告(2018)》(以下简称"本报告")主要对 2017—2018 年(含 2017 年全年和 2018 年上半年)文化企业发展

---

① 中国互联网信息中心:《第 42 次中国互联网络发展状况统计报告》,2018-8-19。

状况、存在问题、趋势前景、对策思考等进行分析,并对相关案例进行剖析,是突出产业发展趋势研究和企业经营管理问题的对策性研究,借此真正为国内文化企业及相关投资机构了解中国文化产业发展动态、把握企业发展定位、进行战略决策提供有价值的指导或参考。

本报告在保持整体风格和体例相对稳定的同时,结合产业格局和企业经营面临实践问题的新变化,对内容框架进行适当调整和完善,力图从产业实践的视角来关注和探讨文化企业的具体发展路径,由此形成更具问题导向且更充分反映文化企业发展实际的研究维度。第一,对传统文化企业优化升级充分关注和研究。重视关于传统文化产业转型升级的基本走向和路径的探讨,特别是在新旧动能的背景下对文化旅游、演艺、文化特色小镇等领域转型升级的问题进行了专题探讨。第二,对文化企业投融资进行了更为深入和精细的研究,从投融资宏观状况到并购、上市到文化类PPP运营等,都对其做了分层次地剖析。第三,进一步加强了与文化企业微观管理密切相关的经营案例研究的比重,除了在各章中坚持理论分析和案例引证相结合的分析方法之外,还特别选择了传统文化企业转型发展中比较有借鉴意义的业务板块专门进行深入调研,形成以知乎、快手、美盛文化等新兴文化企业转型经营案例板块,旨在以具体而微的角度提供更为丰富的可资借鉴的思路和启示。

本报告作为"教育部哲学社会科学系列发展报告"相关研究成果,由北京大学文化产业研究院主办,并由北京大学中国文化企业研究中心与北京峰火文化创意中心具体组织研究与撰写。本报告属于团队合作的结晶,整个撰稿过程是在主编反复厘定写作框架的基础上,经过团队成员数轮和数次集中研讨,前后历时半年多完成的。在初稿完成之后,为了保持报告的整体系统以及风格的相对统一,主编对本报告各章做了相应的修改润饰和内容调整及删削的统稿工作。需要说明的是,报告写作成员所主笔的各部分的内容,不同程度参考了有关领域已经发表的统计结果和有关专题报告的研究成果。在此,对于各有关机构和个人前期研究的辛勤付出及其对报告所做出的基础性贡献一并表示诚挚的谢忱。报告中某些观点和对策思路或有不当之处,诚望各位同仁和读者在阅读之后提出建设性的批评,以期通过进一步共同深入讨论或调研使其趋于更加完善。

2018.11.30

目　录

第一章　产业格局与发展态势

● 2017—2018 年是全面深化改革的重要时期,也是我国文化体制改革发展的关键阶段。我国文化企业在政策、科技、市场、资本等因素驱动下逐渐驶入以"文化＋"与"互联网＋"为主导的调整期和创新期。

● 文化产业增长结构逐步改变,以互联网主导的新兴文化产业逐渐成为新引擎,以在线娱乐、新媒体、数字内容等为主要业务构成的文化企业发展势如破竹,互联网文化企业深度整合运作能力尤为突出。

● 在移动互联技术和文创融合理念带动下,文化产业与互联网在内在价值链、外在产业组织上更快地交融,短视频、移动直播、网络综艺、知识付费等新业态和区块链、文创综合体、特色小镇等新模式快速发展。

● 2017 年文化企业的融资兼并在经历了资本市场热度之后逐渐回归理性状态,数字内容企业融资活跃度进一步增强,IPO 文化企业相比于 2016 年有所增加,新增挂牌新三板文化企业数量相比大幅下降。

● 随着新文创时代的到来,移动互联网文化产业将全面繁荣,IP 运营生态构建成为企业角力点。文化企业在关注社会结构、技术、用户群体、平台渠道等方面的变化的同时,对优质文化与数字科技混融、社会效益和经济效益相融、链条延伸和空间扩展并进等将更为重视,这也对文化企业战略发展、人才组织架构、商业模式创新、海外扩张策略等提出了新要求。

随着我国经济步入新常态与社会进入新时代,文化产业在适应经济结构升级、新旧动能转换、体制改革深化与对外开放扩大的进程中发挥了不可替代的作用,而我国文化企业在此大背景下逐渐驶入以"文化＋"与"互联网＋"为主导的调整期和创新期。

一、总体格局

2017 年以来,我国文化体制改革加速推进,各项利好政策不断出台,文化企业实现大发展。

(一)文化体制改革新篇章

2017—2018 年是全面深化改革的重要时期,也是我国文化体制改革发展的关键阶段。2017 年 5 月,中共中央办公厅、国务院办公厅印发《国家"十三五"时期文化发展改革规划纲要》,全面部署"十三五"时期促进文化改革创新和文化繁荣发展的重要举措,要求把创新、协调、绿色、开放、共享的新发展理念贯穿于文化发展改革全过程,通过实施网络舆论阵地建设、文化精品创作生产、公共文化服务、骨干文化企业培育、文化科技创新等重大工程,不断实现文化体制机制深入创新,文化管理体制更加完善,文化法治建设持续推进,有文化特色的现代企业制度逐步建立健全,最终实现中国特色社会主义文化制度更加成熟、更快定型。2018 年 3 月,中共中央印发了《深化党和国家机构改革方案》,立足于国家治理体系和治理能力现代化,进一步推进了文化、旅游、传媒等领域机构设置改革和职能配置优化,如由中央宣传部统一管理新闻出版工作、电影工作等,中央宣传部对外加挂国家新闻出版署(国家版权局)牌子、国家电影局牌子等;组建国家广播电视总局、文化和旅游部等,不再保留国家新闻出版广电总局、文化部、国家旅游局等,以此开启了我国文化建设和旅游发展协同的新局面。

始终确保文化企业坚持把社会效益放在首位,努力实现两效统一,这是当前我国深化文化体制改革的重要内容。以中共中央办公厅、国务院办公厅出台的《关于推动国有文化企业把社会效益放在首位、实现社会效益和经济效益相统一的指导意见》为契机,中央和地方加快出台针对国有文化企业改革的具体方案和实施意见,加快推进落实国有文化企业在两个效益统一、国有资产监管、现代企业制度建立等方面的改革步伐,切实提升国有文化企业发展活力和市场竞争力。2017年3月,中宣部、财政部联合印发了《中央文化企业国有资产监督管理暂行办法》,明确要求推动实现管人、管事、管资产、管导向相统一,进一步实现政企分开,加快推动中央文化企业完善形成两个效益相统一的体制机制和综合考核体系。2017年10月,财政部出台了《关于进一步规范中央文化企业国有资产交易管理的通知》,进一步规范国有资产交易行为,并要求在2017年12月底前中央文化企业应当建立完善内部国有资产交易管理制度。与此同时,国有文化企业公司制改制有了最终的时间点。2017年中央文化体制改革和发展工作领导小组发布的《关于加快推进国有文化企业公司制股份制改革有关工作的通知》明确提出,各级国有文化资产监管机构监管的国有文化企业在2018年底前要基本完成公司制改制;2018年,财政部、中宣部联合出台的《中央文化企业公司制改制工作实施方案》明确要求,财政部代表国务院履行出资人职责的中央文化企业在2018年底前要全部改制为按照《中华人民共和国公司法》登记的有限责任公司,由此完善法人治理结构和市场化经营机制。

推动文化市场治理现代化,促进文化市场领域"放管服",不断完善文化管理体制。2017年5月,中共中央办公厅、国务院办公厅印发了《关于加强文化领域行业组织建设的指导意见》,从多方面加强文化行业组织建设工作。为了进一步提升文化市场监管能力,特别是对文化产业新兴业态的市场引导,原文化部先后出台了《关于引导迷你歌咏亭市场健康发展的通知》《关于规范营业性演出票务市场经营秩序的通知》等,以促进相关文化市场健康有序发展;2017年6月,国家新闻出版广电总局印发了《网络文学出版服务单位社会效益评估试行办法》,将网络文学出版服务单位社会效益评估分为出版质量、传播能力、内容创新、制度建设、社会和文化影响五大项;2018年5月,国家发改委等五部门印发的《关于规范主题公园建设发展的指导意见》从宏观层面明确了主题公园建设的总体要求、发展红线和提升方向。2017年,国务院印发了第三批七省自由贸易试验区总体方案,多有涉及文化创意产业、旅游会展业等创新要求,此后公布的《自由贸易试验区外商投资准入特别管理措施(负面清单)2017年版》《自由贸易试验区外商投资准入特别管理措施(负面清单)(2018年版)》等,对文化、体育和娱乐业等的外资准入和扩大开放提出了新举措;而国家发改委等四部门联合发布的《关于进一步引导和规范境外投资方向的指导意见》中对我国企业的影城、娱乐业、体育俱乐部等境外投资提出了限制要求。

文化法治建设卓有成效。2017 年,我国公共文化服务首部基本法《公共文化服务保障法》与我国文化产业首部大法《中华人民共和国电影产业促进法》正式实施,2018 年十三届全国人大常委会就今后五年的立法规划提出建议,《中华人民共和国文化产业促进法》终于被正式列入立法规划,这意味着《中华人民共和国文化产业促进法》将于最近几年内出台,这势必将为我国文化产业发展提供有力的法律保障。为适应文化产业发展新形势和网络文化产业发展新要求,相关部门废止、修改和出台了一批文化行政法规和部门规章制度,如文化部修订了《营业性演出管理条例实施细则》《互联网文化管理暂行规定》《网络游戏管理暂行办法》《娱乐场所管理办法》等,切实增强新时代背景下文化法律规范的针对性和有效性。

(二)文化政策举措新导向

2017 年是文化、广电、旅游等领域各项"十三五"规划密集出台的一年,诸如《文化部"十三五"时期文化产业发展规划》《文化部"十三五"时期文化科技创新规划》《新闻出版广播影视"十三五"发展规划》《"十三五"国家知识产权保护和运用规划》《"十三五"文化旅游提升工程实施方案》等,从宏观层面和战略高度确立了文化各行业"十三五"时期的发展方向和重点,从中也能看出对"互联网+"文化产业的新期待。

国家及地方政府不断加大数字创意产业、传统文化利用、文化旅游融合、影视产业等政策扶持力度。自数字创意产业纳入国家战略性新兴产业发展规划之后,文化部发布首个"数字文化产业"专门政策文件即《关于推动数字文化产业创新发展的指导意见》,提出重点支持动漫产业、游戏产业、网络文化产业、数字艺术展示产业、数字文化装备产业等行业发展,以大型数字文化企业和中小微数字文化企业为主培育数字文化产业市场主体;2017 年 8 月,国务院印发的《关于进一步扩大和升级信息消费,持续释放内需潜力的指导意见》提出,不断拓展数字影音、动漫游戏、网络文学等数字文化内容,加快培育形成一批拥有较强实力的数字创新企业。例如,腾讯围绕精品 IP 开发逐渐从"泛娱乐"向"新文创"升级,其旗下腾讯影业、腾讯动漫、腾讯游戏、阅文集团、腾讯电竞等连接协作,共同打造数字文化生态。同时,加快传统文化的创造性转化和创新性发展成为重要政策导向。2017 年 1 月,商务部、国家发展改革委等多部委出台的《关于促进老字号改革创新发展的指导意见》要求深化老字号企业产权改革,不断引导老字号建立现代企业制度,鼓励支持打造老字号企业集团;2018 年 6 月,北京市文化局、市发展改革委等八个部门联合出台了《关于推动北京市文化文物单位文化创意产品开发试点工作的实施意见》,鼓励试点单位开办符合发展宗旨、以满足民众文化消费需求为目的的经营性企业,提出要加强与社会企业机构在设计、研发、生产、经营等方面的合作,这推动了公共文化单位的事企分开,调动了相关企业参与的积极性。此外,引导文化旅游融合与创新发展逐渐成为常态。2018 年 3 月,国务院办公厅印发的《关于促进全域旅游发展的指导意见》提出,要促进旅游与科技、文化、体育等融合发展,加快落实中小旅游企业扶持政策,不断引导其向专业、精品、特色、创新方向发展。例如,近年来兴起的客栈民宿行业市场主体数量快速攀升,线上注册量总数持续增加。

"一带一路"文化产业合作和区域文化产业协同发展政策举措逐步落地。2016 年底,原文化部印发的《"一带一路"文化发展行动计划(2016—2020 年)》已经逐步开展实施;2017 年 6 月,国家体育总局、原国家旅游局发布了《"一带一路"体育旅游发展行动方案》,要求充分发挥各类企业在"一带一路"体育旅游大发展中的主体作用,大力推动"一带一路"沿线国家体育旅游深度合作;2017 年 12 月,京津冀三地文化部门共同签署《京津冀文化产业协同发展行动计划》,着力实施京津冀文化产业联席会议制度、京津冀文化产业大数据平台等协同发展路线。随着这些政策的推进,文化企业的跨区域、跨行业运作更加迅速。

多举措鼓励支持社会资本、社会力量参与文化旅游产业、公共文化服务建设,促进文化产业与公共文化服务融合协同。2017 年 3 月,国务院办公厅发布的《关于进一步激发社会领域投资活力的意见》中,要求进一步激活文化、体育、教育等社会领域投资活力,不断扩大投融资渠道,加快落实土地、税费等政策;2018 年 4 月,文化和旅游部、财政部出台了《关于在旅游领域推广政府和社会资本合作模式的指导意见》,明确鼓励运用 PPP 模式改善旅游公共服务供给和旅游项目开发建设,并提出支持政府和社会资本方将旅游资源的经营性开发项目与体育、健康、研学等相结合。文化旅游、文化设施建设等方面的 PPP 模式也早有不少成功实践,如陕西省铜川市与陕西省文化产业投资控股(集团)有限公司等共同打造的铜川照金红色旅游景区,取得了良好的效果;再如由宁波开发投资集团有限公司等多家公司出资与当地政府合作建设的宁波文化广场,成为宁波有史以来最大的文化综合功能区项目;还如保利剧院则通过政府支持、授权经营的方式达成与社会资本的合作,不断创新运作模式。[①]

(三)文化企业新发展

当前以供给侧结构性改革为着力点,文化产业提质增效进程加快,且得益于政策红利和需求扩大,我国文化企业总体数量快速增加,收入规模增速明显,经济效益和社会效益不断放大。国家工商总局数据显示,截至 2017 年 6 月底,全国文化及相关产业企业超过 322 万家,同比增长 22.4%,比全国企业数量平均增速高出 3.1 个百分点,这在很大程度上与文化产业领域内的创新创业活力相关。[②] 良好的社会环境和持续的技术创新催生了众多的小微文化企业、文化创客,有的甚至很快发展成为独角兽企业,如科技部火炬中心、长城战略咨询等公布的最新的 164 家独角兽企业榜单中,文化娱乐类企业达到 13 家,总估值达到 266.5 亿美元。

文化产业增长结构逐步改变,以互联网主导的新兴文化产业逐渐成为新引擎,以在线娱乐、新媒体、数字内容等为主要业务构成的文化企业发展势如破竹。根据国家统计局对全国规模以上文化及相关产业 5.5 万家企业的调查,2017 年上述企业实现营业收入 91950 亿元,比上年增长 10.8%(名义增长,未扣除价格因素),而从文化及相关产业 10 个行业的营业收入来看,实现两位数增长的行业有 4 个,分别是以"互联网+"为主要形式的文化信息传输服务业,营业收入 7990 亿元,增长 34.6%;文化艺术服务业 434 亿元,增长 17.1%;文化休闲娱乐服务业 1545 亿元,增长 14.7%;文化用品的生产 33665

---

① 鲁元珍:《文创 PPP:如何叫好又叫座》,《光明日报》,2017 年 6 月 17 日。
② 周玮:《激发文化创造活力,向着社会主义文化强国迈进——党的十八大以来文化体制改革成果述评》,新华社,http://www.xinhuanet.com/politics/2017-07/23/c_1121365692.htm。

亿元,增长 11.4%(图 1-1)。① 可见,互联网文化产业迎来了繁荣发展的新时期,这也进一步加快文化产业发展模式转型。

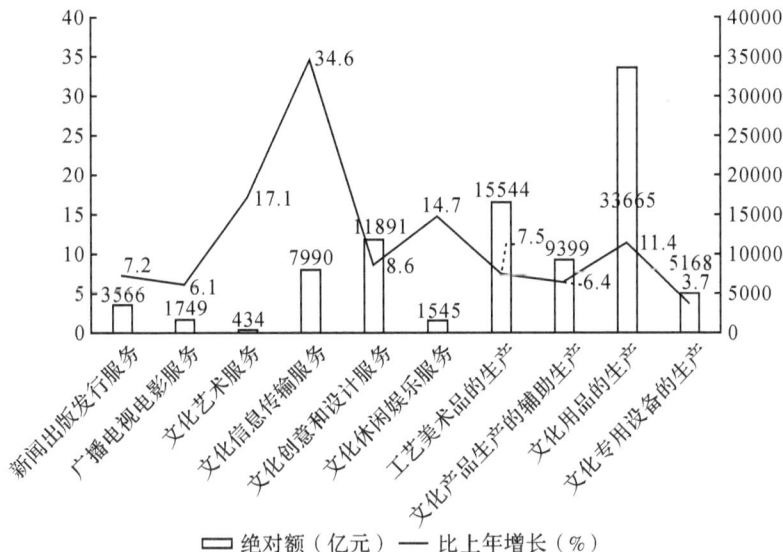

图 1-1 2017 年全国规模以上文化及相关产业企业营业收入分行业情况

(资料来源:国家统计局《2017 年全国规模以上文化及相关产业企业营业收入统计》)

龙头文化企业市场经营实现新突破,数字内容企业实力渐显。从"全国文化企业 30 强"名单来看,2017 年第九届"文化企业 30 强"整体主营收入 3515 亿元、净资产 4318 亿元、净利润 381 亿元;2018 年第十届"全国文化企业 30 强"主营收入 3768 亿元、净资产 4569 亿元、净利润 421 亿元,三项指标全部创下历史新高,而净资产首次突破了 4500 亿元大关,净利润也首次突破 400 亿元大关。② 就入选的具体企业来说,在传统的大型国有出版和影视企业之外,包括提名企业在内的数字内容、新媒体等企业明显增多,如东方明珠新媒体股份有限公司、奥飞娱乐股份有限公司、掌阅科技股份有限公司等新列其中。

文化传媒上市企业业绩增幅略有下降,影视资本市场进入挤泡沫期。国

---

① 国家统计局:《2017 年全国规模以上文化及相关产业企业营业收入增长 10.8%》,http://www.stats.gov.cn/tjsj/zxfb/201801/t20180131_1579206.html。

② 史竞男、吴燕婷:《第十届"全国文化企业 30 强"发布》,http://www.xinhuanet.com/culture/2018-05/11/c_1122815554.htm。

信证券《2017 年及 2018Q1 传媒板块业绩报告》显示:2017 年有 82 家业绩表现为上升(占比约 60%),其中有 13 家业绩同比增幅大于 100%,如昆仑万维、迅游科技等,而传媒板块整体业绩营收增速中值为 10.75%,净利润增速中值为 5.97%,板块业绩整体增速中值相比 2016 年均略有下滑(图 1-2);2018 年一季度有 85 家业绩表现为上升(占比约 63%),其中有 26 家业绩同比增幅大于 100%,如光线传媒、慈文传媒、华谊兄弟、幸福蓝海、迅游科技等,而传媒板块整体业绩营收增速中值为 11.27%,净利润增速中值为 7.53%,一季度业绩增速中值相比 2017 年有所下降。可见,净利润同比下滑甚至亏损现象在 2017 年较为普遍,如奥飞娱乐、蓝色光标等。从实际盈利能力上来看,分众传媒、东方明珠、万达电影、完美世界等净利润排在前列,数字媒体、网络游戏、数字阅读等领域的公司盈利能力表现突出。

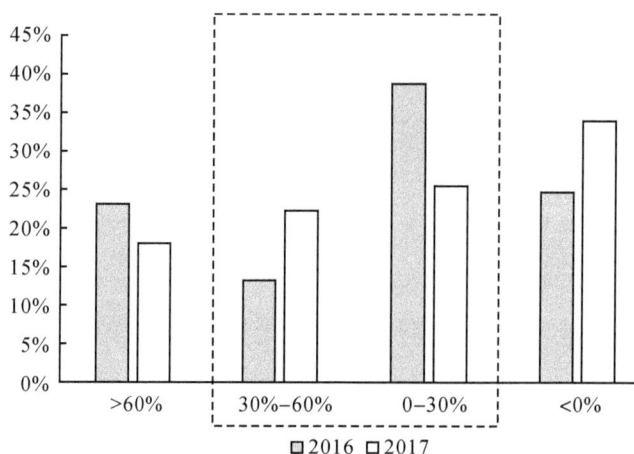

图 1-2　2017 年 vs 2016 年传媒板块公司业绩增速分布

(资料来源:国信证券经济研究所《2017 年及 2018Q1 传媒板块业绩报告》)

同时,2017 年文化传媒板块整体估值偏低,新股普遍涨幅较高。《2017 年中国传媒上市公司表现及发展报告》显示,2017 年传媒行业整体表现弱于市场平均水平,全年跌幅达 20.35%,但相比于 2016 年 32.52% 的全年跌幅有所收窄。而在 2017 年新上市的传媒公司中,掌阅科技以 677.36% 的涨幅居于首位,中广天择、世纪天鸿、吉比特、新经典年等的涨幅也均超过 100%。①

① 崔保国:《中国传媒产业发展报告(2018)》,社会科学文献出版社 2018 年版,第 247—261 页。

2018 年上半年整体业绩低迷状况有所改善,影视、动漫、游戏、数字阅读等细分领域景气度良好。但由于资本撤出、影视行业乱象频出和监管日渐严格,2018 年年中华谊兄弟、唐德影视、长城影视等上市企业跌幅明显,影视行业有望进入去杠杆、挤泡沫的新拐点。

互联网文化企业深度整合运作能力凸显。2017 年 IP 热持续,精品原创 IP 打造和经典 IP 深度开发成为文化企业发展的重点路径,而其中互联网文化企业越来越发挥出其平台整合能力和产业主导能力。一方面,网络文学、在线影视、游戏动漫等数字内容产业整合运作更受重视,越来越多的垂直细分文化企业被整合到大型互联网企业布局之中,如阿里大文娱整合了阿里影业、优酷土豆、阿里文学、阿里音乐、阿里体育、UC、阿里游戏等板块,在 2017 年又先后收购大麦网、广州简悦,成立了文娱现场娱乐事业群、游戏事业群,并逐步实现了与阿里大体系的全面融合,由此也就在 IP 创造、内容分发、营销推广、衍生品销售等方面日显协同效应。另一方面,互联网文化企业与图书出版、电视电影、教育培训、文化艺术、旅游景区等传统文化企业融合日益广泛,通过"互联网+"加快向下线延伸产业运作布局,开启文化 O2O 战略或试水新零售,如中国最大的网上书城当当网于 2015 年底推行实体书店计划,2017 年 8 月已在全国开业 145 家 O2O 实体书店,这 100 多家书店都没有亏损,并通过线上与线下相结合、图书与文创相结合等形式打造文智产业综合体。[①]

文化企业经济效益与社会效益并重格局初步形成。2017 年,不论国有大型文化企业还是民营小微文化企业,都在政策推动和市场约束下推出了一系列叫好又叫座的文化产品,这不仅创造了良好的社会效益,并且为企业带来了很高的经济效益。例如,国产"良心+精心"影片《战狼 2》在 2017 年上映后一路火爆,最终以超 56 亿元创下了华语电影史票房纪录,作为其联合出品方、保底发行方与宣发主控方的北京文化随着电影热映而股价大涨,最高涨幅达到了 56.13%,并获得较高的票房分成。同时,随着文化扶贫、新型城镇化、乡村振兴等战略的实施,文化企业逐渐探索实施市场经营与社会发展并进的发展道路,如中国工艺集团充分利用其在工艺美术行业的资源,以市场化推动云南鲁甸滇绣产业发展,并带动贫困家庭脱贫和农村就业。

---

① 刘蓓蓓:《当当如何做到:开百余家实体书店没亏损》,《中国新闻出版广电报》,2017 年 8 月 7 日。

二、新业态与新模式

近年来,随着产业结构调整、消费需求升级、信息技术革命等的影响,新兴文化产业形态不断出现,尤其是在"文化＋""互联网＋"的带动下,文化产业与互联网产业在内在价值链和外在产业组织上更快地交融,短视频、移动直播、网络综艺、知识付费等新业态和区块链、文创综合体、特色小镇等新模式逐渐兴起并快速发展。

(一)新业态

1. 短视频

2017 年短视频呈井喷式发展,因此 2017 年被视为真正意义上的"短视频元年"。由于顺应了移动互联网时代用户时间碎片化特点,播放时长五分钟以下的短视频日益为网络用户所喜爱,用户规模快速扩大。国家版权局网络版权产业研究基地发布的《中国网络版权产业发展报告(2018)》统计,2017 年中国短视频用户规模突破 4.1 亿,相比 2016 年增长 115％,且相比 2016 年每月均实现了翻番增长,并预计 2020 年短视频市场规模将超 350 亿元。中国互联网协会《中国互联网发展报告 2018》显示:截至 2017 年底,中国网络视频用户规模达 5.79 亿人,占网民总体的 75％,而移动网络视频用户规模达到 5.49 亿人,占移动网民的 72.9％,短视频行业在用户积累上仍有一定空间。与此同时,更多金融资本流向短视频领域,2017 年投资数量达到 91 笔,融资金额达到 54 亿元,并逐渐从对平台方投资转向对内容生产者的投资,包括资讯类、音乐类、生活类、文化类、美食类等多个细分内容方,如 2017 年一条、二更、人人视频都获得了亿元以上的融资,2018 年电商短视频内容制作商花生视频完成了数千万元天使轮融资。

当然,包括今日头条、百度、腾讯、阿里巴巴等在内的大型互联网企业纷纷加大在短视频行业的布局,一方面加快对短视频行业的投资兼并,如 2017 年今日头条全资并购美国短视频应用 Flipagram,2018 年腾讯、百度等对资讯类内容短视频梨视频进行了 6.17 亿元的投资;另一方面加速改善短视频产品体验和技术研发能力,推动现有视频业务转型,如 2017 年今日头条对火山小视频、西瓜视频等短视频产品进行全新升级,阿里巴巴文化娱乐集团推动土豆网全面转型为短视频平台,2018 年腾讯重启之前停止服务的短视频项目微视。此外,短视频借由 PGC、UGC、PUGC 等多种内容生成模式促进更多长尾内容供给,也在广告、打赏等之外逐渐开辟更为多元化的盈利模式,电商化、IP 化等趋向愈加显现。

2. 移动直播

随着 4G 网络全覆盖和光纤宽带网络的通达,实时分享、多方交互的网络直播在移动端发展越来越快,这不仅为网络直播集聚了更多的用户群体,大众直播参与积极性提高,更以"直播＋"改变了网络直播的形态和模式。近年来移动直播用户规模快速增加,比达咨询发布的《2018 年第 1 季度中国移动直播产品市场研究报告》显示:2017 年中国移动直播用户达到 2.2 亿人,同比增加 47％,在整体移动网民中的渗透率为 29.2％,并预计 2018 年移动直播用户会达到 3 亿人,同比增加 36％,而整体渗透率则会达到 38.5％。且智察大数据《2017 年第四季度中国移动直播市场研究报告》统计显示,移动直播市场规模持续保持高速增长,2017 年移动直播市场规模为 121.9 亿元,同比增长280％。从移动直播市场主体层面来看,在经历网络直播时代的各大直播平台企业"乱战"之后,移动直播市场格局逐渐形成,当前 YY、陌陌、天鸽互动、虎牙四大上市公司以及斗鱼、映客、一直播、花椒等处于第一梯队;行业洗牌不断加速,2017 年就有趣直播、光圈直播等几十家直播平台倒闭;主流媒体也加入到移动直播平台竞争之中,如 2017 年人民日报社新媒体中心与新浪微博、一直播合作打造全国移动直播平台"人民直播"。

在行业监管严格和同质化竞争背景下,主要移动直播企业一方面不断完善主播经纪、平台升级、玩法更新等经营业务,另一方面提升直播产业的运作水平,尝试直播与短视频、社交等结合。例如,2018 年初的直播答题尤为火爆,今日头条、一直播、映客直播、KK 直播、花椒直播等平台推出了"百万英雄""黄金十秒""芝士超人""金榜题名""百万赢家"等直播答题产品,抢占直播新风口。移动直播是互动展示窗口和流量入口,除秀场娱乐直播、游戏直播之外,直播与旅游、教育、电竞、音频、电视、综艺等的融合新模式持续推动着移动直播发展,如千年古镇南浔等城市景区直播助推了很多的网红旅游目的地,音频公司荔枝在 2017 年凭借语音直播,3 个月就收入过千万元。随着移动直播垂直领域开拓,未来关于老人、健康、文化遗产等稀缺直播内容可能得到更多关注。

3. 网络综艺

作为网络视频领域的一员,网络综艺由于政策放宽、高科技应用而市场潜力极大释放,这不再只是网络播放平台的电视综艺,更是原生于网络的兼具娱乐性和互动性的网络综艺。国家新闻出版广电总局监管中心《2017 网络原创节目发展分析报告》数据显示,2017 年新上线网络综艺节目 197 档,相比 2016 年稳中有升,且 2017 年新上线网络综艺节目播放量总计 552 亿次,同比增长 120%,原生于网络的综艺逐渐进入发展黄金期,也实现了对传统电视综艺的全面超越。网络综艺以其自带的互联网属性,比较易于成为全民娱乐样式和大众造星运动,也更便于商业化运作和市场开发,比如《明日之子》《中国有嘻哈》《创造101》《偶像练习生》等爆款网综不仅节目播出时实现了很大的经济收益,且之后也享受到更大的粉丝红利。在网络综艺制作上,既有传统综艺制作商,也有网络综艺垂直企业和网络视频平台,而一些小微网综企业依靠优质内容和独到商业模式走在市场前面,比如文化类网络综艺制作企业"知了青年"就以"新内容+跨界运营+产品化"为发展定位,联合优酷等不断打造了《了不起的匠人》《了不起的村落》《三日为期》等大 IP。不过,视频网站平台在网络综艺产业中日益活跃,以其平台优势影响着整个产业链条,正如网综头部内容主要为腾讯、优酷、爱奇艺、芒果 TV 等所有,市场集中度也越来越高。随着网络综艺的数量增加、质量提升和类型丰富,大投入、大制作的超级网综将成为行业主流,原创精品的网综走向品牌化发展之路。但由于网络综艺涉及面广、影响力大,多受到调控不确定性和政策导向性影响,在投资、内容制作、播放分发、市场营销、盈利变现等方面还有待构建良性生态。

(二)新模式

1. 版权区块链

作为比特币的底层技术,区块链本质上是一种分布式记账技术,具有去中心化、可追溯性、防篡改性、智能合约等特点,以其共识机制和价值系统逐渐从金融领域扩展到众多行业之中。区块链与文化产业在价值创造、传递、分享上存在内在的契合点,有助于解决文化艺术产业的创意创作、权属界定、流通交易等链条及模式问题,并连接起投资人、创作人、制作人、粉丝、用户等群体构建全产业链生态系统,想必文化产业版权区块链在近几年将有更广阔的发展空间和应用场景。而且区块链本身有赖于大数据、云计算、人工智能等技术条件,这将对"互联网+"文化产业发展产生更大的推动作用。从整体来看,区块链技术模式对文化产业影响主要体现在以下几个方面:其一,立足于区块链的不可篡改性和记录可追溯性,对文化产业版权及数字资产进行认定,证明图文、音视频及其他数据存在性,保证权属的真实性和唯一性,这方面如安妮股份旗下的"版权家"平台,并可实现对文化领域数字形式价值的存储与转移,创作者可借助区块链进行融资;其二,区块链让每个人都可以直接参与数据库记录,推动着点对点的内容传播和价值共享,以数字广告行业来看,区块链不仅改善了用户画像不精准等问题,更能让人人成为广告内容的传播者,反过来获得相应的收益;其三,区块链能促进包括影视、音乐、游戏、网络文学以及艺术品等文化产品交易,进一步摆脱平台和中间商的约束,创作者和消费者可通过加密货币、数字货币等进行快速交易,以合理定价和交易透明机制保障创作者和消费者的双边权益,如国外的音乐区块链平台 Ujo Music 让艺术家与用户直接互动,以智能合同、直接付款等方式解决艺术家许可与付费问题。

2. 文创综合体

在文创产业融入生活和生产的加速推进下,以文化体验业态主形成的文创综合体正日益增多,其往往在特定区域围绕某一主题来开展文创化改造和提升。立足于大众或细分受众需求,推动基于商城、书店、咖啡馆、街区、田园等打造小而美的文创空间、文化 Mall,释放文化体验、旅游、娱乐、商业、生活服务、社交等多种功能,从而增强体验消费占比和消费体验性,比如万达集团在商业中心引进小型主题乐园、主题街区以及非物质文化遗产产品店铺、小型博物馆、文化馆等优质文化内容,并促使文化娱乐的体验内容占比达到50%,而零售比重进一步压到 10% 左右。① 文创综合体也处于不断发展之中,从产业形态上看,主要体现在三个层面:一是文创综合体中传统产业的文化元素融入,这不只是在传统商业和生产领域利用一些特色文化内容或流行 IP,而是将特色文化融入产业经营的全过程之中;二是文创综合体中的文化产业与相关业态深度融合,文化艺术、音乐、游戏等产业能够与其他业态起到相互促进的作用;三是实体文旅产业与互联网相互赋能,这也是移动互联网、智慧零售、场景营销等发展的迫切要求,"OMO"(Online-Merge-Offline)模式将大大丰富和提升文创综合体的线下文化娱乐体验,反过来为线上服务导入流量和数据。

3. 文化特色小镇

随着新型城镇化战略的推进,以"产、城、人、文"四位一体的文化特色小镇建设热情高涨。这也逐渐成为特色文化产业空间集聚发展的新模式,其既是对特色小镇文化内涵的彰显,以挖掘历史文化、非物质文化遗产资源等彰显特色小镇的文化功能和文化品牌;也是要形成特色而核心的文化业态,以产业资源类型可细分为青瓷小镇、书画小镇、网络文学小镇、出版小镇、体育小镇,等等。当前,很多文化特色小镇的打造有赖于大型文化旅游公司和特色文化企业的力量。在整体投资、建设和运营上,需要大型文化旅游企业主导开发或与当地政府合作建设,如莱茵体育在多地投资开发基于"空间+内容"商业模式的体育小镇系列项目,再如华侨城集团通过政府与社会资本合作的 PPP 模式,推出了"100 个美丽乡村"计划,以"文化+旅游+城镇化"模式促进特色小镇建设和乡村经济发展;同时,也需要特色文化企业或成长型文创企业的联合参与或引入,如安徽芜湖"殷港艺创小镇"先后引进创意设计、文化科技、影视传媒等领域的一批创新创业企业,并对其进行投融资孵化,由此增强了整个小镇的产业活力。

三、企业并购与上市

2017 年文化企业融资兼并在经历了资本市场热度之后逐渐回归理性状

---

① 猫儿:《万达董事长王健林:未来 10 年建 1000 个万达广场,继续和苏宁的资本合作》,IT 时代网 & IT 商业新闻网,http://www.ittime.com.cn/news/news_17756.shtml。

态,债权、股权、众筹资本市场融资渠道不断畅通,文化金融愈加深度融合,数字内容企业融资活跃度进一步增强。

(一)投融资动向

从整体来看,2017 年我国文化产业融资规模达到 3418.12 亿元,其中债权融资 1342.24 亿元,股权融资 2070.35 亿元;从融资行业流向看,《文化及相关产业分类(2018)》列出的新闻信息服务、内容创作生产、创意设计服务等文化产业核心领域融资规模合计 2756.46 亿元,占到融资总额的 80.64%。[①]

2017 年文化传媒产业私募股权融资有所下降,行业集中度较高。投中研究院《2017 年文化传媒市场趋于理性,影视投资热度不减》报告统计,2017 年国内文化传媒行业 VC/PE 融资案例有 288 起,同比减少 20%;融资规模 29.34 亿美元,同比减少 1.49%。这主要集中在影视、新媒体、音乐等行业,影视音乐以 17.32 亿美元融资规模占到了 59.04%,其中大部分被投企业为影视内容制作公司,自媒体、直播平台、短视频平台、内容营销,知识付费平台、电竞等新兴文化传媒行业更受关注。例如,2017 年 9 月,互联网音频平台蜻蜓 FM 获得微影年资本、百度、中小企业发展基金等的超 10 亿元投资,刷新了互联网音频行业的单轮融资纪录。

近年来,国家鼓励金融资本、社会资本对文化旅游领域投资,除各地不断出现政府和企业设立的引导性基金外,文化传媒企业纷纷发起或参股成立文化产业投资基金。2017 年 1 月,南方财经全媒体集团与中国建设银行广东省分行共同设立一只百亿元规模的全媒体文化产业基金,主要为国内以及"一带一路"沿线国家和地区的科技、媒体、通信等企业提供服务;2017 年 11 月,上海报业集团联合上海浦东发展银行等发起设立了总规模 100 亿元的众源母基金,这也是中国第一只由国有传媒集团主导发起、市场化运作的文化产业母基金,并将依托互联网和移动互联网发展的新媒体产业、网络文化产业等视为重点关注对象。

龙头文化企业或互联网企业投资更倾向于打造文化产业生态圈,以整合

---

① 张玉玲:《2017 文化产业最新"成绩单":增速保持两位数增长》,《光明日报》,2018 年 5 月 30 日。

更为优质的内容资源,构建联动运营体系。以腾讯为例,其在 2017 年先后投资了罗辑思维、知乎、猫眼、绘梦动画、动漫堂、丛潇动漫、趣头条等 30 多个文化娱乐类项目,占到其所有领域投资的近 30%(图 1-3);在强化动漫、游戏、社交等优势基础上,为弥补自身在短视频领域的弱势地位,除了 2017 年投资短视频分享平台快手和原创美食短视频内容生产者美豆爱厨房外,还在 2018 年初又继续投资了快手,试图在移动视频产业中占据上风。

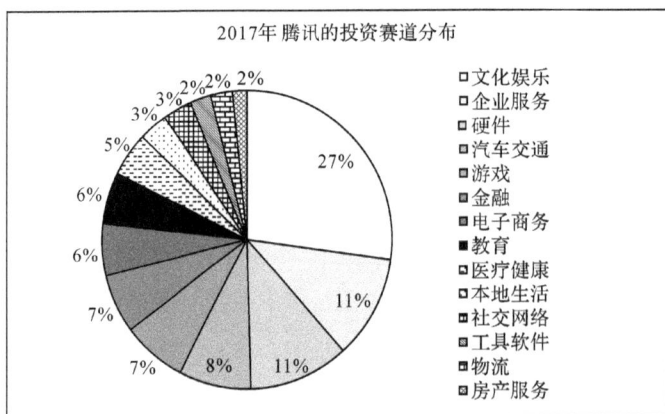

图 1-3　2017 年腾讯投资板块分布

(资料来源:IT 桔子)

(二)兼并收购

由于政策监管从严,2017 年文化产业领域并购较大幅度下跌。投中研究院报告显示,2017 年国内文化传媒市场并购宣布案达 274 起,涉及并购金额 66 亿美元,与 2016 年相比分别减少 26.54%、50.45%;实际完成并购案 166 起,涉及并购金额 26.21 亿美元,与 2016 年相比分别减少 17%、48.41%。并购领域主要集中在互联网娱乐服务、影视等,垂直领域文化企业合并成看点,跨行业的混合并购此起彼伏。例如,电影互联网票务平台猫眼与微影时代合并,微影的票务业务并入猫眼电影,并共同组建一家新公司"猫眼微影";鑫科材料全资子公司西安梦舟并购梦幻工厂文化传媒(天津)有限公司 70% 股权,加快向影视产业扩展。

上市公司并购受阻,企业海外并购放缓。2016 年中国证监会修改了《上市公司重大资产重组管理办法》,这一定程度上使得上市文化传媒企业并购行为减少,促使其更加看重投资兼并带来的整合效应,如包括华录百纳、长城影视等在内的 A 股影视公司采用发行新股方式进行并购,在 2017 年前 11 个月尚无一家顺利过会。同时,2017 年国务院出台规定对影城、娱乐业、体育俱乐部等境外投资做了一定限制,海外投资收购受到很大影响。据统计,2017 年前 6 个月,我国境内投资者对境外非金融类直接投资累计投资额为 481.9 亿美元,同比下降 45.8%,而其中的文化、体育、娱乐业等对外投资同比下降 82.5%,①但也有通过海外公司进行投资并购的,如万达集团旗下的美国 AMC 娱乐控股公司以 9.3 亿美元收购北欧院线集团 100% 的股权,推动万达在欧洲电影市场的扩张。

(三)上市挂牌

2017 年 IPO 文化企业相比 2016 年有所增加,随着互联网文化产业不断发展壮大,越来越多的数字文化娱乐企业选择上市融资。据统计,2017 年我国 IPO 的文化企业达到 24 家,其中选择在 A 股上市的有 21 家,中国香港上市的有 3 家,同比大幅上升;②文化企业的首发募资规模也有了较大幅度提升,山东出版、中国科传、中国出版等出版行业企业募资金额位居前列,最大的山东出版募集资金总额达 27.12 亿元,募集资金净额为 26.2 亿元。从行业来看,2017 年 IPO 的文化企业多数为影视、出版传媒、文化创意设计、体育和娱乐用品制造业等类别,数字阅读、网络文学等企业上市后发展强势,如掌阅科技自 2017 年 9 月上市以来连续出现 26 个涨停,再如在香港上市的阅文集团上市首日股价大涨 86%,市值达到 928 亿港元,当时超过了新浪、搜狐等;2018 年上半年在线视频、网络游戏等行业企业上市活跃,纷纷转道美股、港股 IPO,如虎牙成功在美国纽约证券交易所挂牌,成为中国第一家上市的游戏直播平台,视频网站爱奇艺、B 站先后在纳斯达克挂牌上市,且据统计 2018 年上

---

① 曹瀛琰:《文化企业借外力拓宽战略布局》,《中国文化报》,2017 年 8 月 19 日。

② 刘园香:《2017 年文化产业资本市场全景图》,中经文化产业,http://www.ce.cn/culture/gd/201712/27/t20171227_27452509.shtml。

半年有 5 家游戏公司开始赴港 IPO。

　　2017 年文化企业新三板挂牌数量大幅下降,转板趋向愈加明显。截至 2017 年底,共计 1745 家文化企业在新三板实现挂牌,其中以文化信息传输服务、文化创意和设计服务两大类文化企业为多,而 2017 年共计 387 家文化企业登陆新三板,相较于 2016 年下降了 53.65%,可见整体挂牌热度回落(图 1-4)。以旅游类企业来看,新旅界发布的《2017 年新三板旅游企业生存报告》显示:2017 年新挂牌企业 53 家,摘牌企业 11 家,而相比于 2016 年的新挂牌 73 家,摘牌 0 家,挂牌热度大减,但相比于新三板企业整体增速,旅游企业的挂牌意愿仍然较高。新三板作为中小文化企业进入资本市场的重要通道,也为上市企业储备了力量。伴随着新三板的融资功能受限、流动性等问题,具备上市实力的挂牌企业选择转向 IPO,如从事文教图书以及教育信息化产品经营的山东世纪天鸿文教科技股份有限公司在 2017 年 7 月成功过会,当时成为 2017 年第 11 家通过发审会的新三板公司,但多数新三板挂牌文化企业因为自身经营和监管层面问题,一直未能成功 IPO,比如和力辰光、开心麻花等高调公布 IPO 招股书,但 2018 年上半年却宣布终止 IPO。同时,新三板文化企业被上市公司收购或成新趋势,但当前并购道路却较为曲折,如新三板挂牌的天津梵雅文化传播股份有限公司在 2018 年 5 月宣布,公司 94.4046% 股权将被上市公司梦舟股份以 4.15 亿元的总价进行收购,不过后来又宣布因在一些关键事项上无法达成一致而终止。

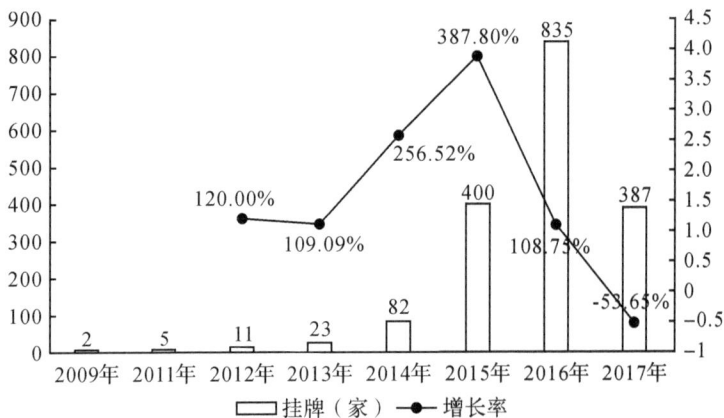

图 1-4　2009—2017 年文化企业新三板挂牌情况

(资料来源:新元文智—文化金融数据中心)

四、发展趋势分析

随着新文创时代的到来,文化企业在关注社会结构、技术、人群、渠道等方面的变化的同时,对优质文化与数字科技混融将更为重视,移动互联技术将渗透到企业经营、管理和创新的各个层面,数字内容、影视、文化旅游、创意设计等领域的企业发展进入新阶段。

(一)文化产业发展持续向好,移动互联网文化产业全面繁荣

当前持续向好的大环境有利于"十三五"末文化产业成为国民经济支柱性产业,我国文化产业将继续保持快速增长态势,作为市场主体的文化企业也将在整体规模、数量、营收等方面实现大突破。国家统计局测算,2017年文化及相关产业增加值比2016年增长了15.2%,文化产业发展势头强劲。而无论从供给端还是从消费端来看,互联网文化产业在整个文化产业发展中贡献出更大作用,互联网信息服务、数字内容服务、互联网文化娱乐平台等将迎来全面发展繁荣的新时期,并且互联网文化产业对整个国民经济的带动能力尤为提升,日渐成为新旧动能转换的一大引擎。尤其是在移动互联网文化产业领域内,传统文化业态经营者为寻求新增长空间加速向移动互联网转型,现有互联网文化企业为增强移动市场地位纷纷向移动端加码。且从需求端来看,《第41次中国互联网络发展状况统计报告》显示:2017年网民中使用手机上网人群的占比由2016年的95.1%提升到97.5%,手机上网比例继续攀升,且网络娱乐类应用户规模均保持了高速增长,这也推动了一批移动互联网文化企业的迅速崛起(图1-5)。

在移动互联网文化产业收入大幅增长的同时,也应该看到移动游戏、移动动漫、移动阅读等移动互联网文化业态整体市场用户规模增长放缓,用户群体趋于饱和。以移动游戏产业为例,中国音数协游戏工委(GPC)、伽马数据(CNG)等联合发布的《2017年中国游戏产业报告》统计,2017年中国移动游

戏市场实际销售收入达到 1161.2 亿元,同比增长了 41.7％;而移动游戏用户规模达到 5.54 亿人,同比增长却仅为 4.9％,可见对现有用户深度运作和提升用户质量就显得尤为重要了。不过,以移动直播等为代表的移动互联网文化产业新业态在多方面依然有很大的增长空间,且随着今后 5G 网络推行、移动智能终端普及和线上线下大数据联通,移动互联网文化产业新业态、新技术和新模式也将层出不穷,从而给相关文化企业的发展带来新的机遇与挑战。

中国手机网民规模及其网民比例

图 1-5 中国手机网民规模及其占网民比例

(资料来源:中国互联网信息中心《第 41 次中国互联网络发展状况统计报告》)

(二)文化企业跨界成常态,IP 运营生态显威力

近年来对 IP 的关注从产品形态逐渐走向了产业格局,IP 热度也经历了从 IP 数量大爆发到 IP 品质提升,再到优质 IP 深度运作的发展阶段,越来越多的文化企业将着重在 IP 上游和产业下游发力。一方面,持续推动优质内容创生与孵化,通过 UGC,PGC,OGC 等模式提高优质内容 IP 持有量,这包括了原创内容培育、用户创作孵化、经典 IP 转化等实施方式。例如,2017 年腾讯在新文创战略指引下,不仅以其旗下的腾讯动漫、腾讯影业等抢占内容资源优势,打造《王者荣耀》IP,购买古龙作品等版权,而且不断改变 IP 塑造方式,腾讯动漫与敦煌研究院、漫画家蔡志忠等一起打造敦煌文化 IP。另一方面,迅速推进优质 IP 的一体化产业运作,加强爆款内容、产品的下游产业链条延伸,如阅文集团依靠着文学 IP 培育平台优势占据内容领先地位,加强对头

部内容、精品内容的长线孵化和深度开发,将泛娱乐 IP 延伸到舞台剧、综艺、衍生品等领域,并提出了构建全产业生态的"IP 共营合伙人"计划,实现多方协作共赢。

与此同时,各大文化企业纷纷在强化主营业务的同时选择了跨界发展。一部分就是文化企业在产品或业务上的自主延伸或联合布局,这推动着文化企业商业模式的创新,版权运营和品牌授权模式有待进一步完善;还有一部分就是通过投资兼并等资本运作实现,如中文在线在原创内容生产平台基础上提出构建泛娱乐新生态,2017 年并购重组二次元企业上海晨之科信息科技有限公司,由此以文学 IP 为核心向动漫、游戏、线下演出、主题游乐等领域延伸。此外,我国文化企业跨国家、跨区域运作更为频繁,特别是随着自贸区文化产业发展和"一带一路"文化产业建设,文创产业在产品研发、业务经营和资本运作等加速国际化,国内原创优质 IP 不断反向输出,而文化企业的国际经营管理能力提升也迫在眉睫。

(三)国有文化企业混改提上日程,"走出去"步伐加快

随着全面深化改革持续推进和国有企业改革向纵深发展,国有企业股份制、混合所有制改革不断结合起来。截至 2018 年 4 月,国家发改委先后组织开展了三批国有企业混合所有制改革试点工作,混改在深度和广度上也将进一步拓展。而当前中央和地方的国有文化企业也要基本完成公司制改革,混合所有制改革不断被提上日程表,国有文化企业股权多元化势在必行。多地在这方面也提出了一定的政策要求,如 2017 年 11 月北京市人民政府办公厅印发的《关于深化市属国有文化企业改革的意见》明确提出,要积极推进混合所有制改革,鼓励非国有资本投资主体通过出资入股、收购股权等参与国有文化企业改制重组,支持国有文化企业通过投资入股、联合投资等对非国有文化企业进行投资。但由于新闻传播、广播电视、文化艺术等不同领域国有文化企业有着不同的发展要求,以社会效益优先的国有文化企业还应加快优先股、特殊管理股制度方面的探索。同时,以推进建立有文化特色的现代企业制度为契机,将进一步促进国有文化资产保值增值和监督管理,两个效益相统一的评价考核机制与指标体系将逐步建立。

国有文化企业集团是推动中华文明走向世界的重要承担者,国有文化企业的国际竞争力越来越受到重视。随着我国国际地位的提升,国有文化企业不应仅作为一些对外文化交流活动的组织者或实施者,而应该真正能参与到国际文化市场竞争之中,包括市场开发、投资兼并、战略合作等多个方面,不断提高国有文化资本的国际竞争力和影响力,如中南传媒不仅与培生集团等国际企业深度合作,还不断将优质文化产品或项目带入"一带一路"沿线国家。

(四)文化产业资本市场稳步发展,"互联网＋内容"成投资热土

虽然文化金融领域不断出现波动,但在产业发展活力和政策监管压力影响下的文化资本市场依旧会稳步发展,我国文化投融资结构也将不断改变。2017 年国家发展改革委办公厅出台的《社会领域产业专项债券发行指引》支持推出文化产业专项债券,文化产业债券市场发展前景较好,日后还需要加快探索针对中小文化企业债券融资、无形资产证券化、文化产业债券信用担保或保险等方面的探索。[①] 同时,各种形式的文化产业基金将不断发展壮大,文娱专项基金渐渐流行起来,大型文化企业、上市公司也更加热衷于以"文化产业＋VC/PE""上市公司＋PE"等方式积极设立文化产业基金,据统计,2018年第二季度就有 10 多个文化娱乐产业专项基金成立。

数字内容企业因广阔的市场前景和较好的盈利能力而更加受到资本市场青睐,可以料想"互联网＋内容"将成为文化产业投融资的重要领域,也将促进整个文化资本市场持续活跃,包括网络直播、新媒体内容以及细分数字文化内容服务平台商将越来越多地选择新三板挂牌和上市融资。此外,随着文化金融与科技的深度融合,互联网文化金融领域也涌现出更多的创新产品和模式。

(五)文化创新创业充满活力,数字文娱企业成长性更强

文化产业领域内的创新创业将呈现持久活力,这一方面来自文化产业本

---

① 魏鹏举:《债券融资:文化产业急需壮大的金融渠道》,《中国文化报》,2017 年 9 月 30 日。

体及其与相关产业的多层面交融,尤其是内容与新媒体、新科技、新体验相结合的创业型企业将快速增加,围绕着新生代消费群体(特别是00后)身份特点与消费习惯建构商业模式;另一方面体现在文化产业的各细分行业转型创新上,尤其是适应数字化、体验化和移动化趋势的创新选择,如凤凰传媒以新旧媒体融合推动传统出版的数字化转型,加大在智慧教育、云计算、影视等方面的投入力度,并率先在国内推行融合多种业态的文化 Mall 模式。

数字内容企业发展梯队更为明显,新创企业成长性更强。当前越来越多的文化企业被整合到 BAT 的泛文娱产业布局之中,这也逐渐使得百度、阿里巴巴、腾讯打造出了规模庞大的文化产业航母,而成立于 2012 年的今日头条也正大举进军巨头行列,近两年先后投资收购了美国短视频应用 Flipagram 和 Musical. ly、新闻聚合平台 News Republic、相机拍照工具 Faceu 激萌、COS 绘画小说社区半次元等一批新媒体公司,互联网文化产业"BATT"格局有所显现。同时,网络视频、网络音频、网络游戏、新媒体内容信息服务等垂直细分行业的数字文娱企业处于快速发展期,数字文娱领域的"独角兽"企业增加尤为快速,如在 2017 年中国独角兽企业榜单中,文化娱乐业企业有 13 家,数字文娱产业中的今日头条、爱奇艺、猫眼电影、36 氪、知乎、乐道互动、网易云音乐、映客等排名较为靠前。

(六)网络视频竞争 IP 化,电影市场向三四线下沉

互联网企业凭借着其技术、渠道、资本和市场优势,不仅正介入影视各个产业链条环节,且更加积极开发包括网络大电影、网络电视剧、网络综艺等在内的网络视频市场,增强自身的内容创造力和用户影响力。这两年网络视频内容规模数量可谓激增,但真正能够获得市场长久认可的却很少。在观众对精品优质内容的预期要求下,网络视频平台和内容制造商等也更倾向于自制开发能够适合长线运作的超级 IP 产品,以高价选择购买独家内容版权,由此不断促使网络视频企业竞争向品质化、IP 化方向发展,否则在网络视频市场中愈发走入下风。例如,曾经靠多部自制内容大赚的搜狐视频近来由于精品内容丰富性、大 IP 运作、自制内容投入等方面存在的缺陷,而在用户规模、App 用户活跃度、付费会员等方面日益与爱奇艺、腾讯视频、优酷等第一梯队

企业产生距离。与此同时,传统影视行业逐渐改善大制作与大明星拉动模式,口碑评价好和经济收入高的影视作品越来越多地出现,由此国产电影公司也更加注重高质量精品电影的投资制作,强化"影视 IP＋"运作模式,诸如万达、华谊兄弟、光线传媒等影视巨头频繁通过介入实景娱乐、投资游戏等进行跨界发展。在电影院线上,市场向三四线下沉趋势更加突出,这主要有以下几方面原因:首先,一二线城市院线竞争已成红海,院线建设基本饱和,影视企业不断向边缘空间扩展,如 2017 年上市的横店影视,在其招股说明书中说明此次上市募集资金约 29.86 亿元,而其中 24.86 亿元将用于新建设 220家影院,重点布局三四线城市的 2800 个县级市;其次,城镇化已进入新阶段,中小城市及县城电影消费需求量较大,如 2017 年三四五线的影院的票房增速超过了一二线,观影人次也增长很快;再次,近年来国家政策支持倾斜,如在2017 年 12 月,国家电影专项资金管委会出台的《关于支持中西部县城数字影院建设发展的通知》明确提到以资金资助等方式鼓励中西部数字影院建设。

(七)科技助力文化旅游融合,传统文化创意开发成标配

随着文化旅游产业的发展壮大和结构调整,科技、资本与创意逐渐成为文化旅游融合的核心驱动力。未来文旅企业既将不断深化原有项目的文化内容,加强对 VR,AR,MR,AI 以及多媒体技术的应用,也会加快在资本市场的运作,通过投资、收购、上市等做大做强,并逐渐通过品牌输出、合作开发、兼并收购等方式推进国际化,如宋城演艺借助先进的声音、灯光、动画、视频、建筑和特效技术对旅游演艺项目进行提升,深度挖掘 IP 价值,并以兼并收购、自主投资等方式在美国、澳大利亚等进行海外项目开发,开拓国际市场空间。当前,实景娱乐、室内游乐等文旅项目开发掀起新热度,这一方面是影视、游戏等企业通过 IP 跨界延伸至文化旅游行业,打造室内外的体验项目;另一方面则是文旅企业对场景体验的强化,以数字虚拟技术为消费者带来沉浸式体验。

近年来,推动传统文化的创新性发展和创造性转化成为文化行业发展自觉。无论国有还是民营文化企业,均越来越重视对有形或无形传统文化资源的创意开发,或与博物馆、历史街区、文化遗产地以及非物质文化遗产传承人

等合作推动传统文化的创意传播,如 KK 直播打造的非遗系列直播节目《匠人与匠心》;或利用传统文化元素开发兼具多种功能的文化娱乐产品或服务,如网易游戏就研发了《梦幻西游》《天下》等取材于中国传统文化的游戏,不断赋予游戏更多的文化内涵和精神价值。

(八)文创设计企业发展壮大,艺术品市场逐渐回暖

文化创意设计企业多是小微企业,近年来在国家政策大力支持下和市场需求强烈推动下,设计企业数量将继续大幅增加,并且有实力的文创设计企业将参与到产业链上下游的整合之中。以"设计之都"深圳来看,深圳市设计联合会、深圳大学联合发布的《深圳(工业)设计产业调研报告(2017 年)》显示,2017 年设计企业注册有 1661 家,比 2016 年增加了 600 家,而 2015—2017 年这三年设计企业总注册量超过了之前十七年注册量的总和,从中也能在一定程度上管窥设计企业快速发展的趋势。文创设计企业也逐渐从单一的设计服务向综合服务转型,愈加强化与智能制造、移动互联网、大数据、3D 打印等前沿技术领域的融通,如洛可可既建立聚合优质设计师与海量用户共同众创的洛客共享平台,推动设计数据化,也将设计贯穿生产全过程,以智能化打破行业边界。[①]

艺术品市场在经历了 2015、2016 年的低迷之后开始出现复苏,Artprice发布的《2017 全球艺术市场年度报告》数据显示:2017 年中国艺术品市场营业额增长了 7%,这主要得益于便利的艺术市场信息、电子销售、市场金融化、青年艺术消费者人口增长等。长期来看,艺术品经营企业需要在艺术电商、艺术品金融、艺术银行、艺术教育等方面加强发力,尝试"艺术＋互联网"的新模式探索,以"艺术＋"顺应艺术审美风潮的大众化和新中产阶级的需求扩大趋向。此外,也应该重视艺术画廊数量呈现的下降趋势。以北京市来看,根据 AMRC 艺术市场研究中心的数据,截至 2017 年底,北京 9 大艺术区总共有专业画廊 415 家,这比 2016 年的 447 家减少了 32 家,同比减少 7.16%,从这能够看出艺术画廊洗牌加剧,但危机中也显现新机遇。

---

① 陈姝:《洛可可贾伟:中国设计推动中国新工业变革》,中国日报网,http:// caijing. chinadaily. com. cn/2017-06/09/content_29682469. htm。

(九)宏观引导与微观监管并重,网络知识产权保护更迫切

为推动文化产业的健康有序发展,文化产业领域的法律规范将更加完善,对文化企业的发展引导和市场规范将变得更加有力和明晰。《中华人民共和国文化产业促进法》呼之欲出,将来一经出台和实施,必然会给文化产业发展创造新动力和新空间,不断推动战略性文化产业发展,而与文化产业相关的法律、行政条例、管理规定等也定会更为完善。面对互联网文化产业发展乱象,文化部、广电总局、中央网信办等相关主管部门也加快出台了一些针对直播、视听节目、自媒体、网络文学等的规范文件,但与网络文化产业发展速度相比还远远不够,可以预料未来互联网文化内容产业监管将更加体系化、具体化和常态化。还有,文化企业社会责任也被提到新高度,鼓励文化企业倡导核心价值观与正能量,尤其是新媒体服务企业,一旦触碰红线将面临很大的风险,比如 2018 年快手、抖音因为播放违法违规有害视听节目、出现侮辱英烈内容分别被约谈并被要求责令整改,今日头条、凤凰新闻、网易新闻、天天快报等新闻应用在短期内被下架。

国际环境和网络环境内的知识产权保护和侵权打击不断加强。2017 年 5 月,中国国家知识产权局局长申长雨和世界知识产权组织总干事弗朗西斯·高锐在京共同签署了《中华人民共和国政府和世界知识产权组织加强"一带一路"知识产权合作协议》,这也推动着我国知识产权保护的国际化。2018 年 1 月,韩国国会通过了《文化产业振兴法修订案》和《音乐产业振兴法修订案》,明确指出会严厉追究"抄袭国"的相关责任,韩国议员还尤其点名《三时三餐》《丛林的法则》《尹食堂》等被中国抄袭,而虽然我国影视综艺节目版权意识有所加强,但抄袭国际原创内容作品的现象仍多有存在。同时,数字内容知识产权保护和侵权治理更为紧要,当前数字音乐、网络视频、网络文学等版权保护存在很大的局限性,而侵权盗版行为也给整个产业生态的发展造成很大的影响,文创企业由此要探索建立侵权防范和处理机制,加快开发利用知识产权保护新技术。而国家正加大对网络知识产权的保护力度,如国家版权局等多个部委联合启动的打击网络侵权盗版"剑网 2018"专项行动,重点打击自媒体抄袭转载侵权,并开展短视频、动漫、网络直播、知识分享、网络音乐、有声读物、网络影视等领域版权专项整治和监管行动。

五、相关对策思考

随着新时代的到来,我国文化企业在用户、内容、技术、平台、组织、盈利等方面的竞争呈现出新特点,本报告立足于我国文化企业发展的现状与趋势提出以下几点对策性建议,以推动我国文化企业核心竞争力、市场影响力和国际开拓力的不断提升。

(一)强化新时代战略眼光

文化企业的持续竞争力可以说主要来自其内容产品的创新能力,这不是靠简单的模仿或引进而造就的,而是需要企业有长远且全局的战略规划。其一,文化企业应强化对自身及文化产业发展环境与要素的战略分析,不仅对企业发展资源、优势、劣势等有足够认识,也更要看清文化产业结构转化、文化消费人群变动、文化科技更迭等带来的影响;其二,强化对竞争与发展战略的合理选择,特别是在文化产业中"跨界""融合""生态""IP"等概念被反复提及时,要凸显核心发展能力;其三,强化企业战略远景与目标,文化企业同样要有为人类发展、社会进步等创造巨大价值的伟大愿景,不能被流量思维、技术思维所胁迫。尤其是当前我国很多文化企业正处于转型发展期,应从企业发展的战略全局入手寻求突破,确立和完善企业文化内容经营战略。而繁荣发展中的文化企业更应立足于满足用户深层体验的价值创造,重视企业经营战略创新,正如潘乱在《腾讯没有梦想》一文中对腾讯发展的阶段性问题进行了分析,指出了过度关注竞争对手而自身战略缺乏远见、产品研发下降、组织机构老化、投资侧重影响主营业务等问题,虽然有些观点引起很多争议,但依然对涉足文化产业领域的公司企业有所启发。

同时,文化企业应从热衷于资本运作转变到投资兼并后的内在创新激活,既要推动相关性产业深度整合,也要适当保持不相关领域的独立运作,更要避免由于不相关多元化、无秩序推进和非理性操作造成的危机。例如,曾致力于"平台+内容+终端+应用"生态模式的乐视,在上市和非上市体系运作中出现资金链危机,这主要是由于尚未打下核心竞争的根基,还没有持久发展的能力,就过于打造乐视互联网、内容、大屏、手机、体育、汽车和互联网金融的"七大生态",极度追逐资本价值,如今更名后的乐视网、乐视电视、乐视影业等三大优质板块依然前景堪忧,这同样为文化企业战略发展敲响了警钟。

(二)组织管理持续优化

文化企业的组织架构与人员配置可以说在很大程度上影响着其整体业绩和竞争能力。在适应互联网时代组织结构变革和创意时代人才观念转变基础之上,不同规模的文化企业应加快推动组织结构和人才结构优化。一方面,促进文化公司治理与运作的扁平化,无论大型文化企业集团还是小微文化企业,其可持续发展往往都依赖于文化创新创意能力和资源整合能力,且新的社会环境和技术语境对文化企业的创新创造提出了更高的要求,这就要求在公司治理和组织结构方面向柔性化、扁平化、人性化方向发展,以宽松氛围、减少层级和专业独立团队运作等激发文化企业内部创新活力,努力推动文化企业的二次及多次创业。比如,算法时代飞速成长的今日头条就不断加强扁平化管理,从普通基层员工到 CEO 之间的汇报关系仅有 3 到 4 级,且大多数单独业务线均不设职能部门,爆款产品中的抖音、火山小视频、内涵段子等均由统一技术部门开发、单独部门负责运营,还设立独立的 AI 团队等,但与发展要求相比,依然有些地方亟须改进。[①] 同时,文化企业要以提高效率和提升价值为导向,推动内部的有效治理和外部的合理关联,不断形成稳定而又灵活的管理机制,并要避免管理混乱和管理层频繁变动,否则将严重阻碍公司的发展。比如,同为二次元网站领军者的 A 站(Acfun)和 B 站(bilibili)的差距越来越大,前者在多次易主之后被短视频网站快手收购,而后者 2018 年 3 月在美国上市,这很大一部分原因就在于 B 站管理团队的稳定性和管理体制的健全性。

2017 年 9 月,中共中央、国务院出台了《关于营造企业家健康成长环境弘

---

① 白金蕾、陈维城:《今日头条的关键时刻》,《新京报》,2018 年 4 月 26 日。

扬优秀企业家精神更好发挥企业家作用的意见》，针对企业家成长环境营造、企业家精神弘扬、企业家培育等提出了具体要求。在文化企业内要更加注重弘扬企业家精神和优秀企业价值观，文化企业经营管理者既要有创新发展、专注品质、追求卓越的精神，也要积极履行社会责任和文化担当。此外，要不断加强复合型、创新型人才团队建设，一方面对创新创意人才进行多层面支持与激励，不断提升人才在新内容、新技术和新模式等方面的开发和应用能力；另一方面争取更多适合企业发展的优秀文创人才，通过互联网、移动互联网平台整合更多的智力资源，以联合创意创作、协同运营等方式改善人才支撑体系。

（三）技术与文化双重考量

随着文化与科技的深度融合，文化企业发展愈来愈受到文化创意与科技创新的双重驱动。一方面，文化企业在满足多样化、个性化的文化需求时，要不断促进文化内容的故事化、体验化和品质化，充分借力社会化平台来集聚或利用大众的文化内容创意，并将优秀传统文化和现代流行文化应用到文化产品开发和经营的全过程之中，培育打造具有良好市场前景和社会文化效益的大IP；另一方面，文化企业要将互联网、新媒体等前沿技术手段应用到文化产品开发上，在文化创作、生产和营销推广中促进技术研发与应用创新，比如喜马拉雅FM在推动将一切有价值的内容音频化过程中，不断尝试通过大数据、人工智能等新技术开发听书宝、舒克智能童话故事机等硬件产品，借助移动互联网、物联网等手段进行多场景实时分发。

然而，新技术往往代表着更高效的生产方式或更有利的市场地位，文化企业为追求经济收益最大化而可能出现唯技术论的倾向，致使忽视文化产品的内在价值而遭人诟病，如一些新媒体平台企业坚持算法优先和不干预原则，导致一些内容与主流价值取向相违背，在政策监管和社会批评下正常经营受到很大影响，甚至有些直接被主管部门下线、封停、关闭，这对围绕单一产品进行经营的企业来说后果可想而知。还有，越来越多的文化企业加快应用互联网带来的新平台和新模式，有时为商业利益却出现抢占流量胜于一切的观念，如2018年5月，杭州二更网络科技有限公司旗下的知名自媒体品牌

"二更食堂"低俗炒作空姐顺风车遇害案事件，不仅被平台暂时封禁、被主管部门依法约谈，而且在强大舆论压力下，公司最终选择了永久下架该产品线、解散运营团队，但此事对二更品牌的负面影响却一时难以消除。但是，过于或有意忽视技术作用也会造成文化企业文化生产和经营的落后掉队，文化企业需在文化、技术、资本、商业等多种条件下实现"内容为王"。

（四）多元化商业模式探索

文化企业经营同质化现象愈来愈突出，且文化消费用户市场和文化产业发展变化更加快速，处在互联网时代下的文化企业需要加强商业模式持续创新和差异化探索。第一，整体来看，文化企业商业经营模式向融合化、平台化、频道组合化、OMO 等方向发展，[①]原先的文化产品运作路径不断延长和扩展，更多企业基于主营业务优势构建开放合作的生态体系，不断打造 IP 整合化运营平台，也更能显出较强的竞争能力，如网易云音乐在完善乐库、歌单、个性化推荐、音乐社区等主业的同时，基于与音乐产品的契合度不断向短视频、知识付费等领域进军，与版权方、唱片公司、演出公司等合作向票务、巡演、音乐周边、智能硬件以及音乐人经纪等上下游延伸。第二，构建商业模式立足于对用户价值的深度挖掘和有效满足，文化企业要重视用户群体的转移与转变，而当前整个文化消费市场开发逐渐转向尚未饱和的三四五线城市，主流人群越来越追求更高层面的体验，用户消费习惯呈现线上线下无边界态势，这就使得文化企业商业经营要充分利用好移动端口，提供更好玩、更好看、更有意义的内容，并关联文化、娱乐、艺术、社交、电商等多种功能，不断推动内容产品迭代升级。第三，文化企业经营收益逐渐会从用户争夺的流量变现转向用户留存和质量保证的价值转化，要不断开辟文创电商、内容付费、会员制等多元化盈利方式，探索版权销售、IP 授权、创意输出、品牌延伸等经营模式，如北京故宫所属企业在文创产品独立开发基础上，不断加强 IP 授权、品牌授权等新商业模式利用，与腾讯、搜狗输入法、香奈儿、亚马逊 Kindle 等合作开发游戏动漫、皮肤表情、美妆、电子书礼盒等产品，丰富了产品体系，也提

---

① 陈少峰：《文化产业融合的 10 个商业模式》，搜狐文化，http://www.sohu.com/a/199104655_100043606。

升了品牌价值。第四,商业模式可持续发展在于对用户、市场、技术等要素的全面把握,当前"互联互通、实时共享"的移动互联网推动着文化企业商业模式不断创新,基于游戏、音乐、直播、视频、阅读等而衍生的轻量化、移动化和跨平台文化服务发展迅速,比如微信小程序游戏、快手小游戏等。此外,文化企业在市场开发和产业运作中还可借助于以下多种模式,如以用户为中心的社交、社区、社群、网红等经济模式,基于大数据、人工智能等新技术的精准营销、定制营销等营销模式,由虚转实、轻资产式的实体产业扩张模式。

(五)多途径深入推进国际化

随着我国对外开放程度的加深和全球经济自由化的推进,我国文化企业发展的国际竞争与合作将日益频繁。据商务部统计数据,2017年我国与"一带一路"沿线国家文化产品进出口额达176.2亿美元,增长了18.5%,占文化产品进出口总额比重提高至18.1%,文化企业可根据自身情况和国家政策导向积极参与"一带一路"、自贸区等文化产业建设,可采取文化产品和服务贸易、文化项目投资、文化企业收购兼并等方式开拓"一带一路"沿线国家文化市场。文化企业"走出去"要在产品研发、市场销售、资本扩张、公司组建、授权经营等多途径发力,尤其是要不断加强文化品牌输出和IP授权开发,比如我国游戏、电竞、网络文学等领域的一些企业凭借着自有IP向欧美发达国家进军,取得了不错的成效。而且,在国际市场中既要注重投资建设和运作管理的实效,又要提高对当地政治、人文、社会、经济等风险的防范能力。此外,文化企业在国内市场发展上也应加强与国外文化企业的合作,不断通过版权代理、项目合作、营销服务等方式实现与国外文化企业的优势互补,将国外优质的文化资源、产品、服务以及先进资本引入到国内,如火爆的英国动漫"小猪佩奇"、日本养成类手游"旅行青蛙"等争相被国内企业代理运营。

中国海洋大学国家文化产业研究中心　张立波
中国传媒大学文化发展研究院　张　奎

第二章 新旧动能转换背景下文化企业的转型升级下的 IP 粉丝经济

● 文化产品的升级能够推动文化产业发展,提高经济效益,最终反哺文化产业、能够更好地满足人民群众的精神需求,能够更好地弘扬我国文化,能够更好地开拓国际市场。

● 文化产品升级当前存在的问题有文化产品结构趋于合理,但生产专业化和规模化程度不高且有所偏重、文化产品市场分布不均衡、文化产品的品牌推广和管理方面较弱、文化产品升级的人才支撑薄弱、文化产品缺少本国文化特色。

● 我国文化产业的商业模式从产生发展到现阶段主要经历了两个时期:发展传统主业为主的单一商业模式和传统主业与现代互联网等其他企业相结合的复杂商业模式。

● 我国文化产业商业模式创新过程中的困境有跟风模仿现象严重、缺乏原创,墨守成规、商业模式僵化,价值链条过短,盲目跨界、赔了夫人又折兵。对此,文化企业商业模式创新的突破路径有广泛吸纳创新型人才、建立人才激励机制,国家对传统文化产业商业模式的创新给予大力支持,合理延伸文化企业价值链、增加生存空间,客观看待跨界融合、进行战略创新可行性分析。

● "互联网十文化"的常见发展模式,其模式有构建泛娱乐互联网线上平台、由"拉"式营销转为精准推送、借助网络工具打造文化 IP 产业链、发展互联网文创融资平台。

● 我国经济发展步入新常态,文化产业进一步转型升级,"互联网十文化"新模式对传统文化行业造成巨大的冲击,传统文化企业面临十分严峻的形势,如何把握机遇迎接挑战,是当前传统文化企业要解决的难题。大力发展文化产业是我国经济发展新常态的需要,是中国文化独立于世界民族之林,推动中国走向世界前列,提升国家文化软实力的途径。

进入 21 世纪以来,我国大力扶持文化产业,文化产业得到较快增长。国家统计局初步测算,2017 年我国文化及相关产业增加值 35462 亿元,占 GDP 比重 4.29%,比 2016 年占比 4.14% 提高 0.15 个百分点,全国规模以上文化及相关产业共 5.5 万家企业实现营业收入 91950 亿元,比 2016 年增长 10.8%,提高近 3.3 个百分点;从业人员 248.30 万,增加 13.50 万。2018 年一季度,全国 5.7 万家规模以上文化企业实现营业收入 19052 亿元,比 2017 年同期增长 10.5%,9 个类别的营业收入均实现增长。

"十三五"期间,"互联网+文化产业"的新型生产经营正成为主流的文化产业发展方式。随着国家发展文化产业方针的转变和调整,整个文化行业面临着机遇和挑战,相比之下传统文化企业面临的形势更加严峻,突破传统的思维模式和生产经营方式,实现转型升级是传统文化企业的必然选择。"新旧动能转换"已经成为我国的一个热门话题。在我国国民经济中占有重要地位的文化产业要想成功完成新旧动能的转换,实现转型升级,其商业模式的创新与转变是必不可少的。文化企业是市场的主体,本章从文化企业转型升级的主要内容、典型特点以及转型升级过程中的困难和建议展开讨论。

一、文化企业转型升级的主要内容

作为朝阳产业,我国的文化产业正处于蓬勃发展之中,而产业发展的最核心要素便是产品,只有不断进行文化产品升级,才能为文化产业的可持续发展提供保障。我国的文化产业正趋于完善但还不够成熟,虽然发展势头强劲,但文化产品的开发和升级仍面临许多问题。

（一）文化产品升级

1. 文化产品的含义

文化产品是由文化衍生的产物，有广义和狭义之分。广义的文化产品是指由人类创造的、可以向社会公众提供的可见的产品，包括精神产品和物质产品。而狭义的文化产品不包括物质产品，专指精神产品。简单来说，广义的文化产品指的是由人类创造的包括精神产品和物质产品在内的产品总和，而狭义的文化产品仅包括意识形态层面的精神产品。

2. 文化产品升级的意义

（1）推动文化产业发展，提高经济效益，最终反哺文化产业。

任何产业的核心内容都是产品，文化产业也不例外。进行文化产品的升级是推动整个行业发展，创造更多的经济效益的必然要求。所创造的经济效益，又能反哺文化产业的发展，为文化产品升级提供支撑。我们正处于信息爆炸的时代，国民对于能够满足精神需要的文化产品的需求在不断提高，更多人愿意在自身经济条件允许的情况下以财富换取更高质量的文化产品。例如影视剧、电影等受众较广的文化产品，近年来优秀的剧本层出不穷，类型和内容更加五花八门，再加上结合互联网运作的模式，影视业的创收十分可观。一系列优秀的文学作品被改编成影视作品进入人们的视野中，进而也带动了公众的创造活力。日本的动漫产业全球闻名，其衍生的文化产品并不局限于行业本身，而是涵盖了音乐、影视、图书等多个领域，并且还在不断地通过开辟新领域和新合作来进行产品升级，进而成就了一个完善而受益稳定、受众群体还在全球范围内不断壮大的产业，其动漫行业的创收甚至已经超过了汽车等传统支柱产业。

（2）文化产品的升级，能够更好地满足人民群众的精神需求。

随着现代社会飞速发展，大部分国民的温饱问题已经得到解决，开始追求精神上的充实，对于能够满足精神需要的文化产品的需求在不断提高。网络的普及使得人们对文化产品的需求度越来越大，且形式更加多变，快节奏的社会发展也决定了产品升级的速度必须跟上时代发展。对文化产品进行升级开发，使得生产能够批量化和规模化，对原本的文化服务项目进行更细致的分类和规划,不断发展新技术,对承载文化产品的基础设施进行市场化运作,能够更好地营造文化氛围,使得人们能够更好地享受文化产品。

（3）文化产品的升级,能够更好地弘扬我国文化。

中华上下五千年文明之中,可发掘的文化珍宝数不胜数,然而因为历史原因,我国文化产业的发展较为缓慢,只有加快文化产品升级的步伐,将我国优秀文化融入文化产品升级开发的进程,才能更好地实现文化传播。在快节奏的时代背景下,人们每天接收的信息量巨大,单纯地通过传媒手段进行宣传的方式已经难以很有效地向大众普及传统文化,只有对文化产品不断进行创新和升级才能更好地保持文化活力。故宫文创产品的升发就是一个典型的例子。故宫文创部门将与故宫相关的文化产物,比如建筑、藏品等与文具、摆件等融合起来,推出了更受年轻人欢迎的周边产品,并且吸引了更多对故宫的关注。之后推出的纪录片《我在故宫修文物》也引起了不错的反响。

（4）文化产品的升级,能够更好地开拓国际市场,向外传播我国文化。

相比起美国和日本这样的文化输出大国,我国的文化产业发展可以说是处于弱势。许多热门的美国电影中都充斥着十分典型的美国思维方式和生活风情,虽然有人将此评价为"文化侵略",但美国电影确实以这样的形式在世界范围内引起了很大的影响。而日本的动漫产业完善且成熟,推出的作品和经营模式也为了迎合当下年轻人的口味而在不断变化,早已在全球年轻人中形成了坚实的受众群体。甚至我国正在蓬勃发展的动漫产业也深受日本的影响。我国文化博大精深,能够取用的资源数不胜数,要让我国文化在人们越来越挑剔的眼光中脱颖而出并且在国际上立足,只有对文化产品不断进行升级,才能迎合大众取向,真正起到向外传播的作用。

3. 文化产品升级存在问题

（1）文化产品结构趋于合理,但生产专业化和规模化程度不高且有所偏重。

我国文化产业正处于蓬勃发展的时期,各类文化产品层出不穷且类别逐渐完善,但正由于文化产业是朝阳产业,许多企业正处于跟风状态,专业化和规模化程度都不高,虽然总体发展状况良好,但整体上资源较为分散,个体的经济效益不高,规模较大的文化企业又有所偏向,如华谊兄弟、中国电影集团等都是主打影视的集团。近几年国家对文化体制的改革和创新,在资源配置方面进行了一定调节,但还没有体现出显著效果。

(2)文化产品市场分布不均衡。

地域上的贫富差距在一定程度上导致了文化产品市场分布的不均衡。从全国范围来看,东部地区的经济发展程度远高于中部和西部地区。仅就北京一地,2014、2015 和 2016 年的文化创意产业增加额分别为 2794.3 亿元、3072.3 亿元和 3570.5 亿元,占 GDP 的比重由 13.1% 增加到了 14.3%[①],超过全国的十分之一,这种由地理原因导致的差距在文化产业的发展上有很明显的体现,东部地区文化产业的发展规模和创收都远大于中部和西部地区。东部地区的经济效益更高,所以各种文化活动的首选地区都是东部的经济发达城市,文化产品的推广市场也主要集中在东部地区,这也是导致资源分配不均的很大一个原因。

(3)文化产品的品牌推广和管理方面较弱。

文化产品升级不仅要对产品内容的质量进行创新和提高,还应对产品品牌进行建设。好的品牌效应无疑能够大大提高文化产品的竞争力,为产品增加内在价值。我国优秀的文化企业很多,但实力极强的文化品牌较少,许多发展中的企业注重产品的开发,往往忽略了对品牌的运营,品牌的营销没有跟上产品发展的脚步。

(4)文化产品升级的人才支撑薄弱。

我国文化产业正处于发展时期,发展势头强劲但整体结构还不够成熟,随着产业规模在不断地扩大,越来越多的人投身于文化产业的建设,但高素质人才较少,人才的培养速度跟不上产业的发展,能够参与进行文化产品开发升级的创意型和技术型人才十分短缺。除此之外,能够引领行业运营的高端管理人才和复合型人才也较少。

(5)文化产品缺少本国文化特色。

我国文化珍宝众多,但文化产品却没有很充分地体现出我国的丰富文化,文化特色不明显,且常出现我国的文化被他国开发成产品并取得巨大经济效益的情况,像风靡全球的动画《花木兰》《功夫熊猫》便是美国制造的。

---

① 《年终盘点:2017 年全国各地文化产业发展大揭底》,中国经济网,http://www.ce.cn/culture/gd/201712/29/t20171229_27495182.shtml。

4. 文化产品升级的建议

（1）加快建设大型文化产业集团的步伐。

建立大型的文化产业集团能够在很大程度上解决文化产品生产规模小、专业性较弱的问题。培养大型的文化产业集团不仅能够更好地集中生产、合理规划资源和吸纳人才，拥有更多国际化合作机会，提高国际竞争力，还能以更好的品牌效应为整个行业聚集资源，带动整个文化行业的发展，为文化产品升级提供动力。

（2）对各个地区有针对性地进行市场开发。

要想改变因地理和历史导致的文化产品市场发展差异过大的情况，就要对市场发展较落后的地区有针对性地进行产业开发。可以从当地居民的需求出发，将当地特色文化与产品相结合进行创新，生产实用又具有文化特色的文化产品进而扩展市场，还能起到对外宣传当地文化的作用，提高当地居民参与文化产业建设的积极性。

（3）加强对品牌形象的建设，提高品牌影响力。

为品牌增加内涵，树立正能量的品牌宗旨，为品牌增加民族特色和文化底蕴，不断进行品牌升级，能够更好地聚集资源，从而为文化产品的开发升级提供坚实的支撑。

（4）加大对专业人才培养的投入。

加大对文化产品开发升级相关研究领域的资源投入力度，加大对高校相关专业的资源投入力度，吸引更多人才加入到文化产品开发升级的行列。这样不仅能够加快产品升级的步伐，加速行业发展，还能为行业的可持续发展提供有力保证。为了增加国际竞争力，还要加强对国际化交流人才的培养，还可以吸纳国外的优秀人才，汲取各国的发展经验。

（5）着力开发升级具有民族特色的文化产品。

要想在国际竞争占据一席之地，弘扬我国优秀文化，势必要推广具有我国民族特色的文化产品。中国的国际影响力越来越强，越来越多的目光聚集于我国，在这样的时代背景下，发展具有我国特色的文化产品并向国际进行推广能够有效扩大国际市场，拉动国内文化产业的发展。

（二）商业模式创新

我国文化产业的商业模式从产生发展到现阶段主要经历了两个时期：发展传统主业为主的单一商业模式和传统主业与现代互联网等其他企业相结合的复杂商业模式。

1. 文化产业商业模式的形成过程

1970 年以前，我国的文化体制改革刚开始萌动，那时还没有形成文化市场。从 1978 年到 2000 年，我国文化产业加快了改革的步伐。但是这一阶段由于经济条件的限制，我国文化产业主要由政府主导，大多属于国有的事业单位，也没有形成成熟的商业模式。2000 年 10 月，"文化产业"这一概念被中央首次正式提出，并且明确了它在我国经济发展中的重要地位，加快了文化产业的变革与发展。2003 年，我国开始提出要对文化产业进行创新，将国有文化事业单位进行改革，转变成为企业，即将文化产业商业化。[①] 截至 2009 年，我国文化企业的商业模式才逐渐开始形成。但是这一阶段由于我国经济实力薄弱、互联网等科技发展不成熟等原因，我国文化产业的商业模式比较单一，主要是以发展传统主业为主的单一商业模式。

2. 我国现阶段文化产业商业模式的主要类型

2010 年以后，国家出台了很多支持文化产业发展的政策，在资本、人才、技术等方面给予了大力支持。随着互联网技术的发展和人们消费水平的提高，消费者对文化产品的需求在不断变化，传统的单一文化产业商业模式已经不能满足消费者的需求，各个文化企业都在积极创新商业模式，打破陈规，实现质的改变。互联网技术的飞速发展，冲破了消费者与企业、企业与企业、行业与行业以及不同地域之间的信息障碍，将市场打造成了一个无边界的信息平台。[②] 文化企业也不例外，其商业模式逐步实现了跨界融合，形成了我国现阶段文化产业的四种典型的商业模式类型：平台式、泛娱乐式、价值链式、

---

① 潘爱玲、刘文楷、邱金龙：《困境与突破：新旧动能转换背景下文化企业商业模式创新研究》，《山东大学学报》（哲学社会科学版）2018 年第 2 期，第 30—37 页。

② 黄锦宗、陈少峰：《互联网文化产业商业模式创新》，《福建论坛》（人文社会科学版）2016 年第 2 期，第 63—68 页。

生态圈式的商业模式。

(1)平台式商业模式。

平台式商业模式是指利用互联网平台,通过大数据及时了解和收集消费者的消费意愿和需求,利用互联网有效整合各类供应商、营销商资源来提供文化产品与服务,从而实现文化产品的价值。例如,腾讯 QQ 和微信除了可以作为聊天工具以外,还是很好的营销平台,很多产品包括文化产品都可以通过这个平台提供销售服务,比如游戏、音乐、阅读等。这样一来,不仅方便了消费者,文化产业的价值也得到了实现。

(2)泛娱乐式商业模式。

"泛娱乐"的概念是在 2011 年被腾讯提出的。通俗来讲,"泛娱乐"式就是广泛的娱乐方式,将一种明星 IP 打造成多种文化产品,而不只有一种文化产品形态。[①] 例如,一本小说可以翻拍成电视剧或者电影,又或者打造成一款游戏。华谊兄弟也是泛娱乐式商业模式的典型代表,它也是以明星 IP 为核心,利用"粉丝经济"的效应,跨越了影视、游戏、实景娱乐等多个文化形态,形成了泛娱乐式的商业模式。

(3)价值链式商业模式。

价值链式商业模式是指通过整合供应商、营销商等价值链上下游企业的优势资源,集策划、生产、营销于一体的商业模式。[②] 通俗来讲,就是提供一条龙服务,不再受到原来上下游企业的束缚。近年来,越来越多的文化企业受到单一价值链的束缚,难以实现成长。因此,它们为了摆脱这一束缚,切断了他们的上下游企业,通过整合有效资源将自己的价值链延长,实现商业模式的创新。

(4)生态圈式商业模式。

生态圈式商业模式与上述三种商业模式有所不同,是一种更为新颖、更符合市场需求的商业模式。它利用互联网技术将多个相关的产品服务有机结合在一起形成一个生态系统,这样一来,对企业来说,既节约了成本、提高

---

① 陈少峰、李源:《文化产业的十种商业模式创新》,《中国国情国力》2016 年第 12 期,第 14—16 页。

② 潘爱玲、刘文楷、邱金龙:《困境与突破:新旧动能转换背景下文化企业商业模式创新研究》,《山东大学学报》(哲学社会科学版)2018 年第 2 期,第 30—37 页。

了资源配置效率,又有效增加了消费人群;对消费者来说,既节省了购物时间,又丰富了业余生活。

3. 我国文化产业商业模式创新过程中的困境

我国文化产业的商业模式虽然由传统的单一模式转变成了多元化发展的商业模式,但是许多文化企业在创新的过程中面临着很多瓶颈和现实困境。

(1)跟风模仿现象严重,缺乏原创。

随着传统文化产业商业模式被市场淘汰,我国大多数文化企业正着力进行商业模式的创新。因此,不可避免的模仿和跟风现象就出现了。市场上原创性的商业模式较少,各个文化企业商业模式基本大同小异,从而造成资源浪费。

(2)墨守成规,商业模式僵化。

我国文化产业中有一些龙头企业,比如出版、广电等传统文化企业,它们的发展历史较为久远,所以很难迅速从传统主业里面抽离出来,顺应互联网这个新时代。虽然有一些传统文化企业与互联网进行了跨界融合,但其商业模式仍然较为单一,还是以传统主业为主,并没有实现真正意义上的创新。

(3)价值链条过短。

很多文化企业在进行商业模式创新的过程中,忽略了价值链条的创新。这样一来,该企业就会很容易受到价值链上下游的束缚和影响,从而限制了企业文化价值的实现。

(4)盲目跨界,赔了夫人又折兵。

跨界融合是实现文化产业商业模式创新的重要路径。但是,一些文化企业急于求成,在没有充分进行战略可行性分析的情况下盲目跨界,无法实现融合,结果面临经营危机。

4. 文化企业商业模式创新的突破路径

文化产业商业模式创新过程出现问题和困境是不可避免的,但是,企业需要积极寻求解决办法来突破瓶颈,完成创新。以下是针对上述问题提出的一些突破路径。

(1)广泛吸纳创新型人才,建立人才激励机制。

文化企业之所以出现跟风、模仿现象,究其根本原因是由于创意人才的匮乏。文化企业要想在市场上立足并得到很好的发展,文化创意是必不可少的。所以,文化产业要想完成新旧动能的转换,实现商业模式的创新,首先要广招创新型人才,培养创新型人才,给予创新人才一定的奖励,激发他们的创造力。这样才能从根本上避免跟风模仿,增加原创动力。

(2)国家对传统文化产业商业模式的创新给予大力支持。

一些文化企业墨守成规,思维转换缓慢,不愿意改变传统单一主业的商业模式以适应新的时代。其中部分原因是因为它们缺少变革的资本,没有资金的支持,它们不愿意将仅有的资本拿去冒风险,去干没有把握的事情。有了国家的扶持,就相当于有了坚实的后盾。这样一来,一些传统的文化企业就会加快变革速度,实现商业模式的创新。

(3)合理延伸文化企业价值链,增加生存空间。

很多文化企业由于产业价值链过短,只占策划、生产、营销等价值链条中的一个环节,容易受到其上下游企业的约束。与其他价值链相对较长的文化企业相比,失去了竞争优势,容易面临经营危机。因此,价值链条过短的文化企业应该积极采取措施来延长自身的价值链,摆脱上下游企业的约束,从而开拓出一片新的市场。[1]

(4)客观看待跨界融合,进行战略创新可行性分析。

很多文化企业进行商业模式创新时都会选择跨界融合来实现创新,但往往急于求成,导致融合失败。[2] 所以,文化企业应该客观地看待跨界融合这一创新路径,在进行创新之前,务必进行充分战略的可行性分析,做好充分的准备措施以及未来遇到跨界瓶颈时的应急措施,确保万无一失。

改革开放以来,文化产业总体的商业模式随着时代的变革和消费者需求的改变而不断地创新,逐渐由单一的以传统主业为主的商业模式演变为多元化的商业模式。在这变革过程中,很多文化企业都遇到了商业模式创新的瓶颈和难题,并积极地采取一系列的措施来突破瓶颈,完成创新,实现文化产业的价值。

---

[1] 陈少峰、李源:《文化产业的产业变动与商业模式创新》,《北京联合大学学报》(人文社会科学版)2017 年第 2 期,第 31—35 页。

[2] 陈少峰:《互联网文化产业商业模式创新》,《商业文化》2017 年第 5 期,第 64—68 页。

（三）组织方式更新——以万达为例

习近平总书记在党的十九大报告中指出："伴随着新一轮科技进步和产业革命,以新旧动能替换为主线的供给侧结构性改革正在深入推进。"党的十九大报告明确提出,我国经济已由高速增长阶段转向高质量发展阶段,目前正处于转变发展方式、优化经济结构、转换增长动力的关键时期。现代经济体制的建设是中国跨越发展关口和实现战略目标的迫切要求,必须坚持质量第一、效益优先,以供给侧结构性改革为主线,推动经济发展质量变革、效率变革、动力变革。

新旧动能的转换是我国从要素和投资驱动向创新驱动转变的关键期中具有时代特色的关键环节,是我国经济社会可持续发展的永续动力。在新旧动能转换背景下,文化企业不可避免地面临转型升级。新旧动能转换的含义是从低效率、低质量、高耗能、高污染的传统产业和传统经营管理模式转换到具有创新特征、领先特征的新技术、新产业、新业态、新模式,是我国解决当前各种经济社会发展问题、跨越中等收入陷阱的关键需要,更是我国建立现代化经济体系、推进国家治理现代化的实践诉求。在新旧动能转换背景下,文化企业的转型升级已成必然趋势,在文化转型升级的过程中,如何使传统文化产业和互联网时代背景融合发展,如何架构新的企业内组织分工牵制,设计新的文化产品产出流程、经营和管理模式、组织方式已成为文化企业面临的普遍问题。

自1988年成立至今,万达集团已经从单一的商业房地产公司转变成一个全国性的综合性集团。近年来万达集团从实际出发,对将来万达的构成提出了设想,即由四个部分即万达商业、万达文化、万达金融、万达电商共同构成。从这个设想中我们可以明显看出文化产业在万达转型升级过程中的重要性,其成为商业之外的中流砥柱。为达成这个战略目标,万达新设立了四大控股集团:影视控股、体育控股、旅游控股和儿童娱乐控股。到目前为止,万达文化集团毫无疑问是目前中国最大的文化产业集团。此外,万达集团董事长王健林为万达确立了一个名为"2211"工程的目标,即在2020年到来之前,该公司的企业资产和上市公司市值超过两千亿美元,该企业年收入超过一千亿美元,净利润超过一百亿美元的战略目标。这意味着万达要在现有产业布局基础上,找准定位发展文化产业,增加优势、弥补短板,调整结构、促进转型。本节将从万达集团的产业层动能转换、组织层动能转换和文化层动能转换三方面对万达文化产业转型升级中的组织方式更新进行阐述分析。

1. 产业层动能转换

(1)产业层动能转换背景。

作为综合性的商业集团,万达产业层动能转换的背景是当今社会人们消费结构不断升级。根据马斯洛需求层次理论,当人类的基本生理需要得到满足,摆脱了追求衣食住行等基本追求的层次,才可能去追求更高级的、社会化程度更高的需要。在以前的中国社会,人们主要追求于满足服装、食品、住房和交通等的基本需求。随着人们生活水平的逐渐提高,人们开始追求更高的层次如自我实现追求、娱乐追求、精神层次的追求。在企业经营的过程中,从消费者满意度战略的角度来看,消费者对每个需求层次的需求是不同的,即不同的产品满足不同层次的需求。经济高质量发展时期的中国,更高层次的需求的市场潜力巨大,这也为消费结构升级指明了方向,是培育新的产业的重要机遇,也促进了新旧动能的转换。

(2)产业层动能转换措施。

增加体验生态,提高文化体态比重。万达集团认为,增加万达广场消费者黏性的最佳途径是增加体验生态环节。体验消费是不可替代的,除此之外还有必要逐步提高文化业态的比重。2017 年 7 月 29 日,万达集团、融创地产、富力地产三家公司联合发布公告,公告内容称万达集团将在其名下的北京万达嘉华等共计 77 家酒店转让给富力地产,将 13 个文化旅游城市项目中 91% 的股权转让给融创房地产集团。通过这次大规模的资产股权转让,万达集团可以达到负债金额大幅度降低,同时收回巨额现金的目的。王健林表示,万达迄今为止已持有大量高收入高投入收益比的万达广场物业,因此无须在文化旅游项目中同样持有物业项目,虽然万达通过物业可以在文化旅游项目中收回大部分现金,但在之后的五六年时间内,每年净负债将增加 1000 亿美元,从长远角度考虑不利于万达的持续经营。万达集团将继续发力,在转让酒店和旅游项目后启动万达广场。此外,万达拟将万达广场体验业态所占比重在三年内提升到 65%,五年内提升至 70%,通过规划部门的发力将在越来越多的购物中心打造主题空间从而在商业竞争中突围,培养体验生态和文化业态。2017 年,位于石景山的万达广场斥资三千多万元在北京西部推出首个工业文化主题购物街——"工厂东门 1919"。2017 年 12 月 23 日,以上海石库门主题街为特色的五角场万达广场开业。这些举措均体现了万达增加体验生态,提高文化体态比重的战略方向。

发展上下游产业链,达成共赢商业模式。截至 2017 年 9 月,141 座城市的 259 家万达影城已开发 1143 个万达影立方媒体,在影院的背景下,万达传媒开启了影院卖品线上销售线下实现的环节,从抓住消费者对爆米花和可乐的刚性需求,逐步转移到摈弃旧有的柜台式买卖方式,为前来观影的观众提供高端的餐饮体验,为消费者、影院和餐饮平台创造三方共赢的商业模式。在同行业内竞争加剧的背景下,万达电影 2017 年电影院的扩张速度加快,该公司的票房市场份额仍保持稳定。根据万达公司财报,2017 年直营影院票房收入 85.86 亿元,同比增长 13.14%;国内票房市场份额为 13.5%(略低于 2016 年 0.1 个百分点)。截至 2017 年底,该公司拥有 516 家电影院、4571 块银幕。2015 年度新增剧院 110 个,2016 年新增 109 个,2017 年新增 115 个,通过这组数据我们可以看出万达集团的新增影院数量连续三年超过 100,扩张速度十分迅速。受新开幕影院盈利周期的影响,公司票房业务 2017 年毛利率为 12.06%,同比下降 5.3%。短期毛利率受到压力有利于长期稳定和增加公司的市场份额。卖品/广告收入增长率分别为 36% 和 42%,品牌运营优势突出。公司的非票收入继续高速增长,占比达到 31.8%,同比增长 2.4%;公司的收入结构趋于多元化,毛利的快速增长同时增加了票房增长的弹性。"全直营"模式下的万达集团品牌经营营销优势明显,截至 2017 年末,万达影城会员数量已突破 1 亿,同比增长达 25%,单银幕产出稳居行业第一。

通过综合比较 2017 年上半年和全年的万达上市财务报表,统计电影行业及观影收入、广告收入、商品销售收入的主营收入、主营成本、主营利润及其比例数据如表 2-1、表 2-2 所示,我们可以看出数据显示 2017 年全年万达集团电影行业及观影收入在主营业务收入和主营利润两方面均增势大好,而商品、餐饮销售收入同比增长速度也有稳定提升,可看出万达集团发展上下游产业链的战略计划效果的成功。

表 2-1 2017 年 6 月 30 日万达财务报表

主营构成	主营收入（亿元）	收入比例（%）	主营成本（亿元）	成本比例（%）	主营利润（亿元）	利润比例（%）	毛利率（%）
电影行业	66.15	100.00	44.35	100.00	21.79	100.00	32.95
观影收入	42.32	63.97	35.53	80.11	6.78	31.12	16.03
广告收入	10.86	16.42	3.96	8.93	6.90	31.66	63.53
商品销售收入	8.57	12.95	3.52	7.94	5.05	23.15	58.89
其他	4.40	6.66	1.34	3.01	3.07	14.07	69.65
国内	49.94	75.49	33.76	76.12	16.17	74.21	32.39
国外	16.21	24.51	10.59	23.88	5.62	25.79	34.68

（资料来源：万达集团公司财报）

表 2-2 2017 年 12 月 31 日万达财务报表

主营构成	主营收入（亿元）	收入比例（%）	主营成本（亿元）	成本比例（%）	主营利润（亿元）	利润比例（%）	毛利率（%）
电影行业	132.29	100.00	89.83	100.00	42.46	100.00	32.10
观影收入	83.34	63.00	73.28	81.58	10.05	23.68	12.06
广告收入	24.00	18.14	7.80	8.69	16.19	38.14	67.48
商品、餐饮销售收入	18.08	13.66	7.24	8.06	10.84	25.53	59.96
其他	6.88	5.20	1.51	1.68	5.37	12.65	78.07
国内	101.48	76.71	69.80	77.70	31.68	74.61	31.21
国外	30.81	23.29	20.03	22.30	10.78	25.39	34.99

（资料来源：万达集团公司财报）

2. 组织层动能转换

（1）组织层动能转换背景。

组织架构层面的创新是新旧动能转换的保障，组织架构并不直接作用于新旧动能转换，而是通过宏观层面的分工和牵制，来影响经济微观主体的行为方式和行为规则，从而间接影响新旧动能转换。由于各种现实拘束的存在，没有一成不变的完美组织架构，组织架构需要通过不断地调整和优化，从而在每个阶段形成能限制独断和约束民主决定的规则体系,实现法律效果与经济效果的有机统一,引导企业进一步融入时代潮流,开拓潜在市场。伴随着转型升级,万达电影的组织方式也发生了一些改变,整体呈缓慢、保守趋势。由 2016、2017 年公司上市财报数据可知,万达电影十大股东的顺序近两年虽然并未发生改变,但在持股数量上略有增减。由此可见,文化企业在转型升级的过程中,组织方式的更新应遵循谨慎性原则,把握住原则性方向,适当取舍,及时针对本公司的实际情况做出战略性部署,不必急于大刀阔斧地改变组织方式。

(2)组织层动能转换措施。

所有者权益构成调整。2018 年 2 月万达披露的股权变动公告中透露如下消息:万达投资向杭州臻希投资管理有限公司以每股 51.96 元的价格转让了 9000 万股股份,总价值达到 46.76 亿元。同时公告中披露如下消息:拥有丰富的娱乐行业资源的阿里巴巴集团,也就是臻希投资管理有限公司的关联方,基于对万达电影未来业务前景以及布局广泛的影院网络、丰富的影院运营经验等经营优势的认可,决定战略性地投资万达电影,在这次转让结束后,双方将在电影发行、电影投资、网上购票平台、广告以及衍生品的推广与销售等诸多领域展开全面战略合作。与此同时我们注意到在这次股权交易结束之后,王建林仍持有 6.25 亿股万达电影股份,占公司已发行总股份的 53.20%,也就是说仍然拥有万达电影的控制权,但是阿里集团将成为万达电影的第二大股东。

组织架构及人员调整。万达文化产业集团有限公司内部调整了组织架构和人员及管理职能。万达文化集团旗下原本设立万达文化旅游创意集团有限公司、万达影视集团有限公司和万达体育集团有限公司三个业务集团。调整后万达集团新成立了万达健康产业集团有限公司,并将原本的医疗事业部并入大健康集团。文旅集团下辖的文旅规划院、商业规划院规模升级,并调整了文旅规划院的架构和人员构成,原本和商业规划院文旅项目相关的建筑、酒店、景观等专业人员在调整后并入了文旅规划院,从而对文化旅游城全业态进行设计管理。同时万达集团对商业规划院的架构也进行了调整,将设计中心、技术研发部并入商业规划院,对商业项目持有物业、销售物业进行设计管理。最后,原本的体育控股公司更名为万达体育集团有限公司,管理瑞士盈方、世界铁人公司和万达体育中国公司。

除了对公司进行重组外,王健林还对万达文化集团的高级管理人员进行了调整。2017 年 10 月,高群耀离职,该高管到离职为止已加盟万达两年,在职期间为万达拿下了美国世界铁人公司、传奇影业、AMC 等著名项目,被看作万达集团的融资能手。在高群耀离职之后,万达企业文化中心品牌部总经理田华、万达集团总裁助理兼金融集团网络数据中心总经理黄春雷、工作了24 年的集团高级副总裁尹海、工作了 16 年的万达商业地产副总裁陈平也都相继离职。以上这些万达高管的频繁离职,可以看作"KPI 没有达到预期,总要有人承担责任"这句话的真实写照。

3. 文化层动能转换

COSO 定义企业文化为"组织的诚信和道德价值观",是企业在生产经营实践中逐步形成的、被企业所有员工和管理层所认同并遵守的价值观、经营理念和企业精神,以及在此基础上形成的行为规范的总称。企业文化是企业员工的内在信仰和表现在外部的行为,是驱动企业新旧动能转换的最深层力量。从宏观角度来讲,企业文化是新旧动能转换的深层价值体系经济增长动能和转型升级内在动力;从微观角度来看,企业及其员工必须汲取新的知识,形成激励导向,打破固有思维和对传统知识的依赖,实施新的战略变革。企业文化建设不仅提高了职工的精神层次水平,而且增强了企业的凝聚力和向心力,在新旧动能转换背景下,有利于进一步树立企业的良好形象,成为企业发展的强大动力。

万达集团截至目前已形成一套完整的企业文化体系,通过企业文化中心的成立和运作来确保万达集团企业文化的传承、传播以及在集团内部的贯彻和执行,此外,万达集团的基层有专门的文化专员来确保万达核心文化的落实。在万达集团的文化体系中,坚守诚信是核心特点之一,在万达的多起战略行为中可以得到充分体现。譬如早在 1996 年,万达率先推出保护消费者利益的"三项承诺",在全国的房地产行业中处于领军地位,同年万达率先发起"三大承诺",保护全国房地产公司消费者利益。2002 年,万达在沈阳太原街开发的万达广场部分商铺经营效益不好,于是万达履行了保护消费者利益的承诺,用原购买价格加上利息的高价全部购回沈阳太原街万达广场售出的商铺,该事件在全国引起极大反响,成为企业文化建设的标志性事件。而在当今新旧动能转换背景下,万达的企业文化特点仍然鲜明。王健林在 2017 年的年会上还承诺,在未来两到三年内,计划将万达集团的负债降到绝对安全的水平,不会出现任何信用违约,因为万达集团始终把信用看得比资产、利润更重要。由此可看出在新旧动能转换背景下,万达集团仍把企业文化的传承、传播和发展看作万达集团增强企业核心竞争力的重要一环。

二、文化企业转型升级的典型案例

(一)以"供给侧改革"为主要目标

新旧动能转换背景下,文化企业转型升级势在必行,而文化企业转型升级的典型特征是以"供给侧改革"为主要目标。

1. 传统出版业供给面临的问题

我们可以看到,近年来,出版行业的发展速度趋于减慢,从市场需求的角度看,其原因是需求缺乏,但从供给的角度看,则是供给与需求不符。我国传统出版业面临的问题主要是以下几个方面:

(1)过度追捧版权过期图书[①]。

出版企业为什么会追捧版权过期图书呢? 很重要的一个原因是版权过期图书经过长年的品牌积累和资源聚集,知名度和影响力都比较高。相较于出版新书,出版这些图书所要支付的版税和稿费都比较低,也不需要花费巨大的人力、物力和财力以及策划营销方案。这样的经营方式,表面上使出版企业的运营成本降低,但实质上却使出版社的创新性、积极性降低,不利于企业朝着更远的目标发展,也适应不了人们日益增长的文化消费需要。

(2)存在严重同质化现象[②]。

由于市场的广大,少儿读物和教辅类教材一直是我国出版业的两大板块和两大收益战场。企业经营的目标是实现经济利益最大化,为了能在这两大

---

①② 陶彦希:《关于出版业供给侧改革的几点思考》,《中国报业》2017 年第 4 期,第 68—69 页。

战场上获取最大的经济利益,很多出版社摒弃自己的定位,不加思考地就出版这两类书籍。而且在做出版策划的时候,没能做好调研工作、了解该两类市场的供需现状,导致很多同质图书出现,在一定程度上浪费了社会资源,也制约了出版业的发展,没有达到文化育人的初衷。

(3)不了解读者需求。

实际情况中,出版社与实体书店是分离的,书店也很少有主动积极了解读者需求的,因此导致了出版社与实体书店脱节、书店销售与读者需要脱节两大问题,使读者的需求没有被及时准确地识别,出版社因此提供的图书也没有很好地满足大众的要求,造成出版社市场丢失的现象。

2. 青岛市城市文化传媒股份有限公司的转型升级——以供给侧改革为主要目标

我国出版业供给方面面临的问题,对所有的出版企业都有一定的警示意义。下面以青岛城市文化传媒股份有限公司为例,介绍其如何以供给侧改革为目标实现转型升级。青岛城市文化传媒股份有限公司是全国首家在国内主板上市的副省级城市出版传媒企业,主要从事图书、期刊、电子音像等出版物的出版发行业务以及新兴媒体的开发经营业务。[①]

青岛市城市文化传媒股份有限公司作为青岛地区闻名的文化出版企业,在认清了时代发展趋势和出版业发展现状的背景下,积极促进公司转型升级。

(1)创新服务方式,做数字文化服务商。

随着科学技术的进步,人们进入了电脑阅读、手机阅读时代,跟上时代的脚步,提供数字化的文化产品是文化企业供给侧改革的重要手段。只有这样,文化产品才能符合大众预期,才能在时代的潮流中焕发耀眼的光芒。

对此,青岛城市文化传媒采取了以下举措:以数字出版为中心,在科技交融发展方面苦下功夫,致力于构建城市数字文化社区体系,把自己打造为将来城市数字文化生活服务商。其数字文化主要体现在智慧书亭、数字生活和数字教育领域。

在数字教育方面,城市文化传媒自主开发了一个云课堂系统,该系统提

---

① 青岛城市文化传媒股份有限公司官网,http:// www. citymedia. cn/Home/CoInfo/index. html。

供交互式教学系统、电子题库、微型课件库、电子书和各种教育资源。据了解,青岛多个区市的学校学习中都使用了这一系统。此外,公司具有丰富的少儿内容资源,青岛城市文化传媒基于此与东软云观信息技术有限公司达成战略合作协议,把多年来积累的少儿纸媒图书、期刊及动漫等产品,创新性地转换为数字媒体产品,把更高品质的阅读体验提供给移动数字阅读用户。

(2)开发特色产品,拒绝同质化。

人们的文化消费理念随着经济的发展不断更新,人们的文化消费诉求更倾向于个性化、享受型并追求高质量文化产品。提供高质量的、有特色的文化产品,是满足人们日益增长的文化消费需求的有效途径,也是文化企业供给侧改革的重要措施。

丰富的人文艺术版权资源使得城市文化传媒有了开发特色产品的底气和资本。城市文化传媒在对这些丰富资源进行价值发掘和价值再造的过程中,使用互联网思维和技术手段,自主开发推出了"人文中国"和"青版人文艺术影响库"iPad App 产品,一份份优质宝贵的版权资源在先进技术的作用下移动化、网络化,城市文化传媒最终也形成了自己的文化产品特色,广大人民群众无须到达实地就可以尽情接触和欣赏人类共有的人文艺术影响宝库。此外,青岛城市文化传媒利用其临海的优势,专门出版海洋图书,形成了自身图书出版的一大亮点,在同行业中占有巨大优势。其独特的美食图书也独具特色,满足了人们多样化的需求。

(3)去库存:实体店销售与线上销售相结合。

供给侧改革的一大要求是去库存,面对出版物高库存的情况,城市文化传媒实施积极的营销战略,线上销售和线下销售结合,积极去库存,保质量。

线下,城市文化传媒开办了青岛书城,还有 24 小时营业的明阁岛书店、阅读与美食结合的 BookCook 美食书店、面朝大海的"涵泳"符合阅读空间,这些实体店别具特色,提供了高质量的出版物和舒适的阅读体验。

网上购物的普及带动了出版物的线上销售。青岛城市文化传媒顺应了这一时代趋势,成立了青岛出版社天猫旗舰店、京东旗舰店、新华书店天猫专营店,方便读者网上选购图书。此外,还开办了"青岛微书城"。在线下,青岛微书城与青岛近 90 家实体书店进行联合,在线上实现信息发布、图书销售、线上服务这三项性能,此外,微书城在微信和支付宝上都设计了服务窗口,读者在没有其他购物软件的情况下也能轻轻松松地在微信和支付宝上选购自己感兴趣的图书。

(4)带来文化产品新体验。

衡量和检验文化改革发展效用的根本标准是优良的文化。只有好的产品才能吸引、引导、启迪群众,因而,推进公共文化供给侧改革,不仅要提升文化产品的"量",更要提升文化产品的"质"。这就要求文化企业需贴近现实、贴近生活、贴近大众,以大众的实际文化需求为落脚点,提供优质的文化产品,让优质的文化产品进入人们的日常生活、文化活动、文化消费过程中,让人们在高质量的文化享受中得到鼓舞和启迪,提升精神生活的幸福指数。

青岛城市文化传媒广场是青岛城市文化传媒集团率先建立的全省首个时尚文化体验平台,它把版权、时尚、艺术、科技等元素融为一体,给人们带来精致的阅读体验、艺术体验和时尚生活体验,让人们在阅读中感受艺术、感受科技、感受时尚,也在使用科技中加深人们的阅读体验,满足了人们对高质量的文化产品的需求。

在新旧动能转换背景下,在供给侧改革不断落实中,青岛城市文化传媒拥有美好的发展前景。未来,城市文化传媒可以借着《山东省文化领域供给侧改革方案》、山东省新旧动能转换的春风实行进一步的转型升级,把自己打造成一个更优秀、更有特色、更使大众满意的文化企业。新旧动能转换不可能即刻成功,传统出版业转型升级也不可能一蹴而就,以供给侧改革为典型特征的传统出版业转型升级是适应社会发展、人们文化消费升级的重要举措,也是文化企业求生存、谋发展的必经之路。

(二)以"互联网+"为主要路径

近年来,信息技术的应用和发展大大降低了文化产业的信息成本。网络平台的建立为广大社会公众提供了更快捷便利的消费渠道,同时整合了以明星 IP 为核心的更多优质资源,带动了文化产业经济的转型发展。随着互联网在文化领域的普及,许多优秀的传统文化企业实现了用科技带动经济,在不断拓展盈利空间的同时迈向"万物互联"的融合创新战略。

1. 互联网背景下文化企业的发展特点

(1)加强资源整合,促进产品多元化。

区别于传统文化产业,互联网背景下的新型文化企业在整合大量信息资源、结合市场需求的基础上呈现出了产品多元化、服务个性化的特点。为满足社会公众对文化产品的价值追求,文化企业转型紧跟市场步伐并针对消费者的具体需要设计和提供核心产品和服务,同时在线上推广周边产品。例如,各地区开设的各大剧院、会展中心的在线售票平台除不定期提供各大演出的更新信息外,还在官方网站发布由剧院管理公司举办的夏令营和影视沙龙活动信息、发售剧照等周边产品等。目前我国文化企业的业务范围正逐步扩大,资源整合的趋势逐步加强,产业链生态圈的运营模式成为文化企业发展和改革的必然路径。以湖南广电传媒股份有限公司为例,借助于互联网工具,广电传媒公司的主营业务为策划、设计、制作、代理、发布国内外各类广告,影视节目制作、发行和销售,电子商务、有线电视网络及信息传播服务,旅游开发,文化娱乐等。公司整合了媒体信息行业的资源,利用"内部市场化"和规模经济的优势,正致力于打造一个横跨传统传媒行业和新型网络传媒的综合性文化企业形象。

(2)拓宽营销渠道,实现数字化运营。

传统文化企业营销模式单一,线下宣传的方式无法准确识别消费者群体,宣传力度和效用严重受限。采取互联网营销手段的文化企业不但扩大了宣传对象的范围,而且仅需对企业的相关信息进行日常更新维护,通过消费者的自主选择和口碑营销方式扩大企业的影响力。同时,互联网营销渠道可与传统营销相结合,实现线下与线上交互统一。故宫文创是近年来非常典型的互联网文创案例,通过开设淘宝旗舰店的方式推广故宫文化周边产品,此外,故宫博物院开通了自己的微博平台和微信公众号,由故宫博物院制作发布的《胤禛美人图》《紫禁城祥瑞》《皇帝的一天》《韩熙载夜宴图》《每日故宫》《故宫社区》等 9 款 App,累计下载量超 480 万。运用网络营销的手段,定期推出线上优惠活动和宣传推广方案,不但能够锁定目标群体,同时利用云计算和大数据等技术手段可以准确识别出用户的信息偏好和消费动机,进行广告信息的精准投放。曲江文旅景区是成立于西安的一家集综合运营管理、餐饮酒店运营管理、旅游商品开发、旅行社、旅游管理输出等文化旅游业务于一体的上市文化企业。曲江文旅主要运营有"大唐芙蓉园"等文化旅游景区,兼具《梦回大唐》等演艺项目,同时负责老子文化节等重大节事活动的承办工作。公司以"智慧旅游"为战略,紧密结合旅游信息化的时代趋势,打造了一个独具特色的西北旅游品牌。2017 年曲江文旅应用了智慧票房管理系统,综合园区购票、酒店餐饮预订、景区导览、电子讲解等服务,游客无须线下排队即可在网站完成旅游咨询和消费预约行为。2017 年,曲江文旅加强线上推广,与携程、美团、驴妈妈等多家在线票务网站实现紧密合作,并抢滩节前微信营销,开通了四大景区微信购票小程序。据统计,约 2 万游客通过曲江文旅微信小程序购票,享受了免排队直接扫码入园的便捷服务。公司网站定期更新公司合作情况和文化特色节日信息,通过识别客户消费数据有效地进行推送。

(3)把握市场需求,塑造品牌特色。

塑造品牌效应作为文化企业的新趋势,成为创造经济效应、带动市场进步的崭新力量。近年来,出现了一些以品牌为核心,带动上下游产业链发展的新模式,吸引了一大批品牌粉丝。把握市场动向,打造品牌特色是形成文化企业独特魅力的基本要求。品牌发展前期,创意者在互联网论坛与公众进行互动和创意的融合,以培养潜在消费者群体。品牌发展中后期坚持核心优势兼顾推广文化周边产品,以实现文化价值的更多维度。以国产动画《西游记之大圣归来》为例,该影片的上映成功引发了广大网友的热捧。电影把握了 20—30 岁青年群体的童年记忆,准确地进行了一次情怀营销。团队通过电影官方微博积极与粉丝互动,利用自媒体的主要宣传方式,推出人物画报和官方授权的动画片段,引发了大量的关注和转载。随着粉丝团体对电影相关产品的呼吁,电影制作团队开展了与一系列产品厂家的众筹合作,推出了大圣系列的雨伞、腕表、水杯等具有品牌特色的电影纪念品。

2. "互联网＋文化"的常见发展模式

(1)构建泛娱乐互联网线上平台。

"泛娱乐"的概念最早是由腾讯公司提出的,以 IP 授权为轴心、以游戏运营和网络平台为基础的跨领域、多平台的商业拓展模式。腾讯互娱结合了动漫、文学、游戏、电影,以打造明星 IP 为目标,发展多方位联动的粉丝经济。通过建立线上平台,引进优质资源,打造四位一体的系列文化产品。泛娱乐平台拓宽了传统 IP 的传播渠道,吸收了具有不同兴趣点的粉丝群体,充分发挥互联网平台的协同效应,创造出可以不断开发的经济价值。借鉴腾讯公司的成功经验,百度、阿里巴巴等公司也推出了汇聚影视、动漫、游戏、直播的综合性娱乐平台。线上平台不再仅仅承担门户网站的推广宣传任务,还同时发挥会员制营销模式进行销售渠道的延伸。

(2)由"拉"式营销转为精准推送。

传统文化企业的营销渠道动力不足,经常出现消费者认知程度不高、消费动力不足的情况。在旅游文化服务领域,过去由于信息不对称,旅游文化产品市场混乱,缺乏监管,盗版侵权现象时有发生,官方出品的旅游纪念商品市场推广范围小、受众少。利用大数据、云计算的互联网信息技术,能够及时准确地针对不同需求的客户群体进行广告推送。东方明珠新媒体股份有限公司采用智慧运营驱动"文娱+"的战略,据该公司 2017 年年报描述,公司在未来仍将以行业领先的 OPG 云为核心优势,通过云技术、大数据、人工智能等形成业务发展的核心技术支撑,实现内容、用户、产品、服务的一体化。通过对影视互娱、视频购物、文旅消费等板块的整合,公司推出 EPG7.0,实现了瀑布流、人工智能、千人千面、智能推荐等功能,确保用户体验升级。

(3)借助网络工具打造文化 IP 产业链。

打造优质 IP 就是要将具有生命力的知识产权商品化,从而树立我国的文化自信,输出积极的价值观。构建以优质 IP 为核心的生态圈闭环,要求培养用户黏性,引发用户参与,引起用户情感共鸣,让接受者乐意主动分享,进一步挖掘 IP 在游戏、文学、动漫、影视、音乐、戏剧领域的增值潜力。作为中国演艺第一股,宋城演艺充分重视 IP 孵化,效仿美国迪士尼的歌舞表演形式打造具有宋城演艺品牌特色的旅游、景区、主题公园、演艺为一体的文化地标。宋城演艺除现场演艺和网络演艺活动外,还积极开拓轻资产业务:截至 2018 年第一季度末,宁乡炭河古城景区共计接待游客 8 余万人次,其中 3 月 10 日(三八妇女节期间)《炭河千古情》演出达 6 场,接待游客近 4 万人次。宋城演艺建立了自己的网上销售平台,在各大节日期间针对线上客群推出营销活动,2018 年第一季度营业收入为 711,858,013.42 元,较去年同期 671,536,114.30 元增幅超过 6%。

(4)发展互联网文创融资平台。

在互联网技术飞速发展的今天,创新融资方式成为我国众多文化企业发展的选择之一。近年来网络众筹平台在文创领域得到广泛应用,只要创意具有吸引力,互联网资本将被充分调动。2017 年北京市文创金融服务平台正式上线,联合专业的金融机构、资质审查部门、律师事务所、会计师事务所等专门团队为需要融资的中小文创企业提供金融产品和咨询服务。文化产业与资本的紧密结合是打造平台优势的前提,文化企业网络众筹多种形式的发展为中小文创企业吸收资本创造了可能性。随着我国法律监管的完善,互联网金融与文化产业的结合将创造出更多元、更有效的合作形式。

(三)以"融合创新"为主要抓手——以山东出版集团为例

2018 年初,山东省政府颁发了《山东省新旧动能转换重大工程实施规划》,规划从总体要求、主攻方向、产业发展等多层次多方面提及融合创新,可见融合与创新成为不同领域不同行业在新旧动能转换过程中的主要抓手。我国文化产业不断发展(图 2-1),得益于"融合"思想的推动。从义化间融合、技术融合到行业间融合,再到与用户融合,文化企业的融合创新思维给文化产业发展带来了更为宽广的空间。传统出版业要进行转型升级,就必须在"互联网十"的大背景下不断融合创新,创立自主文化品牌。

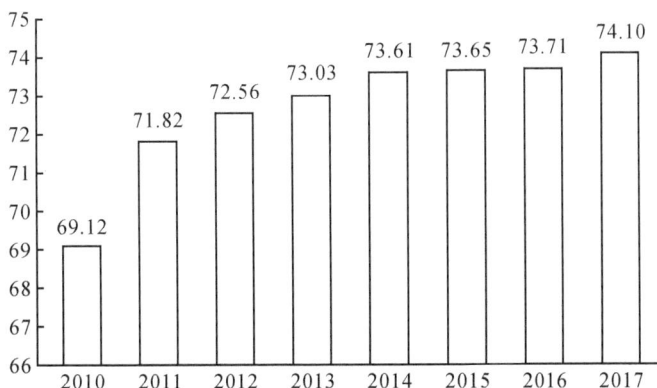

图 2-1 2010—2017 年我国文化产业发展指数

(资料来源:中国人民大学文化产业研究院《中国省市文化产业发展指数(2017)》)

以山东出版集团为例,该集团成立于 20 世纪 50 年代,集团在编辑、出版、印刷、零售、贸易等传统业务基础上融入移动和互联网媒体、数字出版等新兴业务,同时投资于房地产、金融、艺术管理等新领域,现已成为山东省最大的国有文化产业集团之一。在由传统出版方式向新兴方式过渡的过程中,以出版为主业的山东出版集团深抓创新融合理念,不断探索加快新旧动能转换的路径。

文化产业的发展首先要在文化本身方面进行创新融合,传承优秀传统文化,借鉴海外优秀文化,不断壮大文化产业的根基,提升影响力。

1. 文化创新——融合本土文化,文化走出去

山东文化产业近年来取得了较为突出的成果,但是总体水平还有待提高,比如与北京、上海等还有较大差距(图 2-2)。如何提升文化产业影响力,关键便是要注重文化与文化之间的融合,并积极走出国门,影响海外。

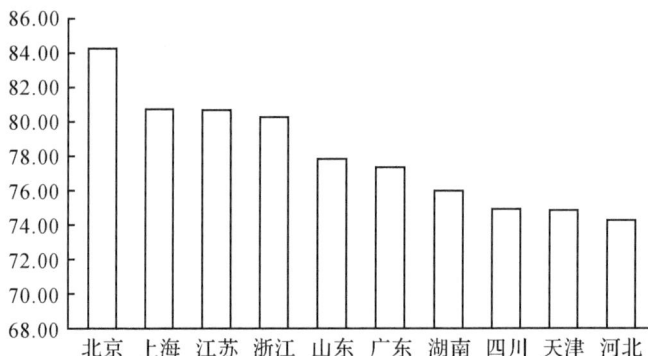

图 2-2　文化产业发展综合指数

(资料来源:中国人民大学文化产业研究院《中国省市文化产业发展指数(2017)》)

(1)传承发扬齐鲁优秀文化。

时代的发展衍生出具有时代特色的当代文化,但同时山东出版集团也没有忘根,将当代文化与传统文化融合,促进文化大繁荣。山东出版集团坐落在拥有儒家文化、兵家文化、法家文化和泰山文化等众多优秀文化的齐鲁大地,因而在传播文化方面有着独特的资源与优势。在企业发展过程中,有效融合优秀儒家文化,不仅先后出版了《儒家角色伦理学》《老童谣》《清代山东刻书史》《邹鲁文化丛书》等传统文化书目,也多次开展画展。2016 年集团旗

下的山东友谊出版社出版了《中国家风》一书,该书收录了当代百位名家的作品,从儒学、文学、历史、民俗、伦理等方面提出了对家风的独特见解,在社会上掀起树家风、学家风的热潮,极大地弘扬了中华文化。

(2)畅行文化走出去,与国际融合。

图书是文化传播与交流的重要载体。随着我国综合国力的不断提高,中华文化在国际上的影响力也在不断增强。这为中国出版业提供了一个新机遇,为中国图书走向国际市场指引了方向。山东出版集团借势打造了尼山书屋,带中华文化走出国门。截至 2017 年底,其在海外已落成 30 余家实体尼山书屋;另外,尼山书屋的"外国人讲中国故事给外国人看"系列出版物有效地将中国文化与国外的本土文化相融合,推动了国际文化交流。

科技是文化繁荣的有力工具,紧跟科技发展步伐,关注科技发展最新动向。文化企业在发展中注入科技的力量,促使其加快转型升级。

2. 科技创新——融合高新技术,聚焦大数据

科技是第一生产力,是文化繁荣的重要手段之一。《山东省新旧动能转换重大工程实施规划》明确提出了运用"文化""互联网＋"以及更多的高新技术,以满足提升出版发行、印刷复制、影视制作、工艺美术等传统文化产业的需求。[①]互联网技术的发展,为文化企业带来新的传播方式、新的创造平台,数字化、网络化、智能化已成为文化领域乃至所有领域共同探讨的话题,技术不仅仅是人类器官的延伸手段,更应该成为拓宽人类思维认知新角度的点睛之笔。

因此,山东出版集团将技术融入出版,慢慢探索出数字出版的新模式——纸电融合与纸网融合。旗下教育社自从 2013 年建成多媒体融合的图书 AR 制作平台并推出全国首本 AR 图书后,又相继推出了多本 AR 图书,之后与国内 AR 行业领军企业梦想人科技达成合作。AR 技术的应用使得读者可以通过音频、立体动画等形式实现多方位交互的可视化学习和阅读体验。而今 AR 技术的热度有所下降,我们更应该关注的是大数据云平台的建设。

文化与各产业的融合是文化企业在转型升级过程中的又一大特色,产业间的融合能有效延长产业链,提升竞争力。

---

① 山东省人民政府:《山东省新旧动能转换重大工程实施规划》,2018 年 2 月,http:// www. shandong. gov. cn/art/2018/3/16/art_2522_11096.html。

3. 产业创新——融合相关产业,跨领域共同发展

在新旧动能转换背景下,"文化＋"时代也将到来。文化企业应当以融合创新为主要抓手,快速实现转型升级。文化产业与教育、贸易、旅游等行业的融合日趋明显。行业间跨界融合,能够提升整体经济的发展潜力,不断衍生新产业、新模式。

(1)文化＋教育领域。

教育是民族之本,关系到国家的未来。文化企业基于其自身的文化资源优势,并向教育领域延伸,不仅是对自身企业实力的提升、多元化经营的发展,也是为国家的教育事业做贡献。随着互联网技术的发展,我国出版业不断涌现新产品、新运营模式,例如数字教育平台、特色资源平台等。山东出版集团在其主营业务的基础上,利用其自身的优势逐渐开拓教育领域。

幼儿教育。随着家长对儿童早教的日益重视,儿童阅读已成为实体书店的重要板块。山东出版集团旗下的新华书店济南分公司较早地发现这一现象并将眼光投向幼儿教育市场。公司与山东省实验幼儿园达成协议,共建该园的绘本馆,并于 2018 年 3 月 2 日正式开馆。绘本馆将成为集图画书的借阅、手工制作、亲子互动、科技作坊、艺术培训于一体的多式绘画图书馆,使其成为新华书店新的竞争力,最终实现品牌实力的重塑和扩张。

中小学教育。数字教育成为近几年来数字出版产业发展迅速的领域之一,其中,在线教育成为其发展最快的模块,现已初步形成涉及预习、复习、测评多程序以及课程、作业、学习资源等多内容的发展模式。山东出版集团近几年也推出了教育教学产品,包括针对中小学教师的备课系统和授课系统"人教社数字校园"、属于混合式学习方式的"智汇东方"系列智慧教育产品以及"创课学堂"等主要产品。这些产品立足结合传统学习优势和网络化学习优势,努力转变以老师为主体的传统教学模式,建设以学生为教学活动主体的新模式,充分调动学生的积极性和创造性。

除了开发教育产品外,山东出版集团正在自建属于自己的学校,为进军教育领域奠基。据悉,集团建设的新航外国语学校计划于 2018 年底完工,2019 年开始正式招生。

大学教育——共建就业创业基地。集团也着眼于高等教育领域,2017 年集团旗下的山东人民出版社与青岛科技大学签订长期合作协议,共建"就业

创业基地"。这不仅仅为该校的学生提供了难得的实习机会,也能将该基地打造成一个校企合作的平台,充分利用教育资源,让教学与实践相结合。

(2)文化+金融领域。

"经济基础决定上层建筑",文化产业也是如此。通过不断探索文化产业发展的有效金融支持渠道,加大对文化领域的资本投入,可以更好地支持文化企业的发展和文化项目的建设。文化企业通过运用互联网支付平台、众筹融资平台等手段,创新融资方式,可以拓宽融资渠道,更好地开展业务,缓解资金紧张状况,促进企业发展,进而带动文化的进步。

山东出版集团 2017 年就在金融领域有所创新,助力其加快新旧动能转换。2017 年,山东画报出版社和"人文茶席"创始人王迎新在网络上发起众筹活动,以众筹的方式进行书籍《人文茶席》的出版。到众筹结束时,目标为60000 元的项目总共筹集了 91095 元。此外,集团与民生银行就相关项目签订协议,为企业赢得优质的金融服务,是企业向金融领域发展的体现。

(3)文化+旅游业。

随着人们生活水平的提高,我们慢慢将注意力从衣食住行转移到精神领域,旅游业也因此得到了长足发展。"文化是旅游的灵魂,旅游是文化的载体",文化与旅游相辅相成、缺一不可!促进文化产业与旅游业融合发展,可以先从将书店等基础文化设施与旅游业融合入手,再将其拓展到与文化相关的项目方面的融合,进而推进到整个文化与旅游的融合发展,最终解决文化和旅游发展"两张皮"的问题。[①] 文化企业将文化与旅游相融合,是提升经济实力的契机。

时任山东出版集团董事长的张志华在集团年度工作会议上曾提出要大力推动文化与旅游的融合发展,要将新华书店融入文化旅游。2017 年新华书店德州分公司与德州中青旅行社合作,在全省系统率先推出了"新华·中青文化旅游"品牌,将文化元素融入传统旅游产品,提升旅游品位,满足了广大消费者的需求,获得了消费者的普遍认可,打造了新的经营增长点。在这期间,各地的新华书店实体店开展店内整改工作,真正从卖书转为卖文化,店内不再是简单的图书销售,更是旅客休闲、舆论的体验之处。

---

① 博伟:《公共文化与文化旅游产业融合发展的十条建议》,搜狐文化,https://www.sohu.com/a/234270927_669468。

在注重个性化体验的背景下，企业必须形成与用户融合的基本特征。"粉丝"流量影响企业的生命力，在融合过程中，必须有效掌握用户需求，不断研发满足用户特殊需求。

4. 与用户融合

在这个个性化体验的时代，能为消费者提供满意的体验将会极大地促进销售，增加"粉丝量"。作为融合创新主体，在实现与用户融合的过程中首先要解决消费者最根本的需求，如最迫切需要解决用户多方位体验的问题，增强用户满意度与黏度。例如，山东出版集团将视频内容传至爱奇艺等平台，可以直接在线播放。它既有效地打击了盗版，避免了版权之争的问题，又有效地利用了现有资源，推广了产品，并为用户提供了服务。

另外，在实体书店的经营过程中，承受着来自新零售、发行渠道多样化以及内容载体多元化等方面的冲击，实体书店面临极大挑战。如何在新事物发展过程中不被淘汰，是实体店亟待解决的难题。首先要转变经营理念，变传统的图书营销为文化创意营销，吸引更多的客流量。以山东新华书店为例，各家门店以图书为核心，因地制宜，拓宽经营品类，加入咖啡书吧、家居生活、创意手作、数字娱乐、文化体验等新元素，提升读者体验感、亲切感，打造市民阅读学习、交流和休闲的复合式文化体验空间。

其次，了解顾客需要什么。这需要结合大数据、云计算等新技术的运用，进行客户消费统计分析，进而实施精准的市场定位和客户定位，实现精准营销。同时，在自媒体平台中加强与粉丝的沟通与交流，实时掌握粉丝群体的需求，与用户相融合。

文化产业正逐渐成为新旧动能转化过程中的重要引擎。在转型升级过程中，文化企业应当紧紧围绕融合创新这一典型特征，实现跨界融合、跨文化融合，不断延伸产业链，拓宽经济发展新空间，提升文化软实力。新旧动能转换，道阻且长，需要坚定信念以完成使命。

（四）数据化＋算法＋产品：智能化——以中国电影集团智能化改革为例

在新一轮科技革命和产业变革中，更加符合需求的新动能逐渐形成，这不仅仅是指一般意义上狭义的动能,更是指新技术、新产业、新业态、新模式。

传统的电影行业(即"胶卷时代")利润不高、发展前景不好,原因在于其对旧动能的依赖。在新旧动能转换的大背景下,我国电影行业也在积极响应号召,进行行业的智能化改革。相对于胶片文化,取而代之的是以大数据为导向的智能化改革。下文以中国电影集团公司为例,剖析我国电影行业在改革中都有哪些新动能取代了旧动能。

1. 中国电影集团基本情况

中国电影集团成立于 1999 年 2 月,它不仅是中国大陆唯一拥有影片进口权的公司,而且是中国产量最大的电影公司。秉持着"创造品牌、占领市场、立足国内、走向世界"的发展战略,中国电影集团公司做了一系列由内到外的深层次改革。中影集团具体做出的智能化改革主要有两方面,一是在制片过程中设计的数字特效技术,另一个是在制片前或者制片后,运用数据统计收集受众反馈信息进行一系列参考改变。

(1)经营模式改革。

中影集团按照现代企业制度的要求,进行业务重组等一系列改革,形成了从影片创作到发行放映,从境内外合作到影片进出口,从人事管理到院线服务的一条龙产业链,并且致力于数字电影的制作和数字影院的建设管理。

韩三平表示,制片是中影集团最核心的资源,但并不是全部。所以,中影集团在建立自己的制片品牌的同时,也很注重后期发行放映产业。最具代表性的是,中影集团组建了中影电影营销策划分公司和中影影院投资有限公司,"兵分多路"地保障了产业链的健康发展。

(2)科技创新改革。

中国电影集团坚持以科技发展为先导,不断加快科技创新的步伐。在数字电影逐渐取代传统电影的时候,中影集团及时做出了改革。第一,其建成了国内目前规模最大、配置齐全的华龙电影数字制作有限公司和专门从事数字影院建设与管理的中影集团数字电影院线有限公司。第二,中影集团拥有电影数字特技制作系统、电影胶片转高清晰度节目制作系统、国内唯一的数字影院影片母版制作系统,具备了完成电影数字化制作全过程的条件和基础,成为国家级数字电影制作产业化示范工程。

2. 数据引导下的智能化改革

前面已经提到,在数字电影席卷全球之际,中影集团及时改造系统、建立数字制作公司及院线,说明中影集团的数字电影技术紧跟世界脚步,朝着制片发行放映全产业链全数字化迈进。那么在具体制片及后续工作中,中影集团是怎么在大数据引导下进行智能化改革的,和以前又有什么不同之处呢?

(1)数字特效技术的应用。

随着网络技术的发达,"特效"一词对社会大众来说已经不再陌生。相比较于传统的实景拍摄,特效技术打破了演员、天气、时间和地点等一系列客观因素的限制,不再需要大量的场景布局,也不用演员或者替身进行危险的尝试,直接用电脑就能够合成需要的场景,使影片更具有观赏性,观众体验感更佳。

最具代表性的是在 2016 年 12 月上映的《长城》,大量特效技术的应用使影片具有震撼人心的视觉效果,怪兽、高空跳跃、战争等场面使人应接不暇。短短半个月,《长城》在中国(不包括香港、澳门、台湾)的票房就达到了 10 亿元。

(2)以观众需求为导向。

虽说有一千个读者就有一千个哈姆雷特,但总有一个是能符合主流需要的绝对主角。通过大量用户的访问和点击,数据能够反映出观众的需求是什么,比如主角的性格是什么样的,哪个演员来演更加合适,剧情最终走向该是怎样,等等。美国的英雄电影和爆米花电影大多遵循着悉德·菲尔德的"三幕架构",即影片分配时间为 4/1—2/1—4/1。[1] 最有代表性的是《舌尖上的中国 2》,借鉴了 BBC 工业化生产的"八分钟定律"模式,在 50 分钟的片长里一共讲述七个故事,每个故事都简单讲述,这样就吸引了观众的注意,并且不容易引发审美疲劳。

当剧本的决定权从导演手中转到了观众手中,观众的观影热情就会高涨。比如《越狱》里主角死而复生改写悲剧结局,就是因为受观众舆论的影响。而《破产姐妹》中备受欢迎的 MAX 一角,其性格特点也是经过统计观众的反馈数据而最终确定的。韩剧的边播边拍也是同样的道理。国内的大多数综艺,如《向往的生活》也运用了这一手法,邀请呼声高的明星参与其中,收视率得到了保障。相比于多集的电视剧和综艺,电影的一次性播出则没办法

---

① 梅清:《大数据应用对电影行业价值影响分析》,《新媒体研究》2018 年第 4 期,第 49—50 页。

做到这么灵活,但是仍然可以在播出之前进行官宣,统计观众反映之后再进行拍摄。国内很多大 IP 制作之前也会收集原作粉丝的反馈,进而对剧本进行修改。

3. 中影集团近年发展现状

经过一系列的改革创新,中影集团的发展也是逐年变好,下面我们从具体财务数据来看改革对中影集团造成的实际影响。

(1)营业收入。

中影集团于 2018 年 4 月 27 日公告 2017 年年报(图 2-3)。报告期内,公司实现营业收入 89.99 亿元,同比增长 14.63%;实现归属上市公司股东净利润 9.65 亿元,同比增长 5.21%。公司拟以 18.67 亿股为基础,向全体股东每 10 股派发现金股息 3.26 元。

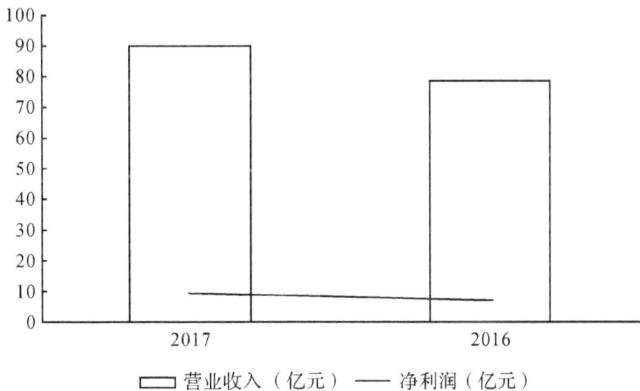

图 2-3 中影集团 2017 年和 2016 年营业收入和净利润对比

(资料来源:中影集团 2017 年公司财报)

(2)发行营销业。

报告期内中影集团电影发行业务实现收入 53.94 亿元,同比增长 19.71%,占公司营业收入 60.02%,同比上升 2.55%;毛利率 21.63%,同比微降 1.94%。而且,公司主导或参与发行国产影片 410 部,票房累计 119.48 亿元,占国产影片票房 43.86%;发行进口影片 109 部,票房累计 150.32 亿元,占进口影片票房 62.54%。同时,中影集团的银幕广告业务持续推进,平台已签约影院 768 家,覆盖银幕 4837 块;版权运营继续拓展,"中影剧场"电视平台已落户 61 家电影频道,针对部分影片进行广播、网络、音像、航空等全版权合作及玩具、3C 等衍生业务的开发,实现多元化业务模式。[①]

（3）放映业。

报告期内中影集团电影放映业务实现收入 17.98 亿元,同比增长 0.34％,占公司营收 20.01％,同比下降 2.85％;毛利率 23.88％,同比上升 0.51％。公司新开业直营影院 22 家,累计开业影院 117 家,银幕 842 块,实现票房收入 15.68 亿元,观影人次 4887 万;控股及参股院线新增影院 396 家,银幕 3313 块,参控院线实现票房 158.19 亿元,观影人次 4.61 亿,中影南方新干线、中影数字和中影星美继续保持全国院线 TOP10。截至 2017 年底,公司放映终端已覆盖 14840 块银幕,195.94 万席座位,市场占有率从 1.55％上升至 29.23％。

（4）影视服务。

报告期内中影集团影视服务业务实现收入 10.77 亿元,同比增长 35.19％,营收占比 11.98％,毛利率 27.74％。影厅 96 家,累计运营 288 家,放映场次 39 万场,观影 1600 万人次;"中影巴克""中影光锋"放映机及激光光源销售良好,市场占有率分别达 51％和 14％。

（5）财务指标。

报告期内中影集团毛利率为 21.25％,较 2016 年提升 0.54％;销售、管理、财务费用率分别为 1.36％、5.34％、－1.10％,同比变动－0.22％、－0.33％、－0.14％（图 2-4）。

综上可以看出,通过这几年来不断地改革调整,中影集团在竞争日益激烈的电影行业仍然能够保持龙头企业的地位。而对行业行情的精准洞悉,也使其在电影大变革的时代能够及时认识到数据的重要性。近几年来,中影集团加快了与世界接轨的步伐,更加开放地引入外国电影,如《侏罗纪世界 2》《生死斗牛场》《超人总动员 2》等。总之,中影集团始终贯彻着"创造品牌、占领市场、立足国内、走向世界"的发展战略,积极进行智能化改革创新,给国内电影树立了一个好的榜样。

---

① 徐雪洁:《中国电影:17-18Q1 业绩稳中有进,产业链完备地位稳固》,http:// stock. stockstar. com/JC2018053100000683. shtml。

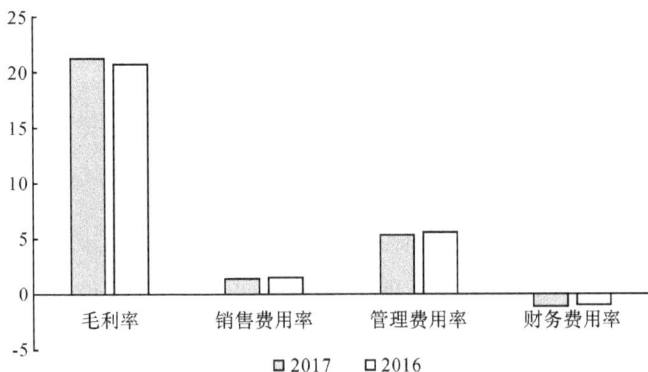

图 2-4 中影集团 2017 年和 2016 年财务指标对比

（资料来源：中影集团 2017 年公司财报）

三、文化企业升级中的困境

我国经济发展步入新常态，文化产业进一步转型升级，"互联网＋文化"新模式对传统文化行业造成巨大的冲击，传统文化企业面临十分严峻的形势，如何把握机遇迎接挑战，是当前传统文化企业要解决的难题。大力发展文化产业是我国经济发展新常态的需要，是中国文化独立于世界民族之林，推动中国走向世界前列，提升国家文化软实力的途径。

（一）传统文化企业面临的挑战依然严峻

在文化产业蓬勃发展的同时，对于曾经的产业龙头传统文化产业来说，由于传统生产经营方式的转换、传统文化消费理念的更新，传统文化企业的优势地位正在逐渐下降，传统文化产业正经历着转型期的"剧痛"。

1. 传统文化企业优势地位丧失

中国经济步入发展新常态，传统依靠第二、三产业发展经济的时代已经悄然离去，如今第三产业已成为我国新常态时期国民经济重要的增长点，其中文化产业发展是主力军。随着互联网技术的大力发展及在各个领域的广泛应用,尤其以移动互联网为代表的迅速崛起,以手工制作方式和规模化生产为主的传统文化产业面临巨大挑战。"互联网＋文化"的创意文化产业和个性化文化产业异军突起,冲击着行业龙头的地位,对传统文化行业形成了强劲的威胁。

(1)消费观念的改变。

伴随着传统计划经济体制的终结,"先生产、后消费""重积累、轻消费"的经济发展战略逐渐被调整,社会由"排斥消费"向"回归消费"转变,国家正确处理生产与消费的辩证关系,积极调整工作中心和经济发展战略,制定更加科学合理的分配制度,支持和引导人们进入消费领域,唤醒人们消费欲望,刺激社会消费力的提高和发展。① 随着文化消费条件的改善和文化消费需求的释放,我国文化消费观念正发生着翻天覆地的变化。过去批量化的文化产品不再符合市场的需要,差异化、个性化的文化更能满足不同消费群体的需要。

我国文化产品的主力消费军为青年消费群体,在一项持续的文化消费市场调查中发现,当代青年人最为热衷的是文化时尚和科技类产品。由于传统文化企业因缺乏活力和吸引力,后续发展势头不足等劣势已经难以满足消费者多元文化的需求,传统文化企业的优势地位遭受冲击。消费者的消费行为从传统的生存型、物质性消费逐步转向发展型、服务型等新型消费。在此背景下,以90后、00后为代表的用户消费意愿大幅度提升,多个新兴付费行业崛起,尤其以移动游戏及视频类付费增长较快,传统文化企业没有刺激到消费者的消费欲望,消费者愿意为传统文化买单的意愿不强烈。

(2)经营方式和传播手段的改变。

"互联网＋文化"的全新模式使得文化产业的经营方式有较大改变,传统文化产业增长疲软,表现不佳,而新兴文化产业却出现了"井喷式"增长。以游戏业为例,2017年中国游戏市场实际收入 2036.1 亿元,突破 2000 亿元大关,同比增长高达 23%。2017年中国游戏用户规模 5.83 亿人,同比增长3.1%。自 2014 年开始,游戏用户增长率保持在 3%—5%,游戏业的发展前景被业内一致看好。

互联网的发展催生了新的文化传播媒介,传统的纸媒在传播和发扬传统

---

① 石元波:《当代中国消费文化的现实困惑与超越》,哈尔滨师范大学 2017 年博士学位论文。

文化方面发挥了巨大的作用,但在新媒体产业的强烈冲击下,纸媒日渐式微,新媒体行业成为文化产业的重要组成部分。互联网技术的不断升级驱动了各个媒介的融合,文化产业不再拘泥于一种传播方式,不同文化企业之间的界线越来越模糊,媒介融合推动了文化产业链的不断延伸拉长,但是,传统文化产业在其中却稍显劣势,其利用新媒体资源的能力较弱,在市场竞争中处于不利地位。

互联网倒逼传统文化企业转型升级。例如,各大旅游景点开办专业旅游网站,通过互联网提供更多服务,通过大数据分析客源,还为旅客提供专人定制服务等,提升服务质量,吸引更多游客;传统民族民俗文化企业也借助互联网吸引更多客户,提升产品技术含量,制定多种多样的营销方案,进一步拓宽客户渠道;电影电视行业也多方面寻求与新媒体和互联网平台合作,纷纷与各大视频网站合作,进一步升级播放渠道……在当今时代,哪个行业抛弃互联网就是走向灭亡,主动适应"互联网+"模式才是必然选择。互联网的应用成为满足个人日常生活需求和企业经营活动的重要方式,互联网是大众日常生活的重要组成部分,也改变着社会生产和价值创造的方式。技术变革所引领的传统文化产业的转型升级是时代发展的必然趋势,既是全新挑战,也是打破传统格局,谋求全新发展的机遇最佳时机。

2. 传统文化行业形势严峻

由于国家政策的大力扶持,国内消费需求的转变,经济发展的转型升级,文化产业发展动力十足,传统文化产业作为其组成部分,在加大改革创新力度的同时会面临着巨大挑战。几大难题导致传统文化行业形势十分严峻:

(1)人才断档。

一些传统文化企业一直面临着人才断档的尴尬局面。从文化产业的特点来看,因产业链条长、辐射面广的特点,需要的是大量的高端复合型人才。但是就近年来看,文化企业一直难以寻找到合适的管理型专业人才,精通文化产业领域的缺乏管理知识,管理经验丰富的不了解专业领域知识。只有跨界人才越来越多,才能提高整个传统文化行业的水平和质量,才能充分发挥行业优势和人才优势,打造一批优秀的传统文化企业。

以山东聊城从事传统文化的职业人员为例进行分析,从年龄结构看,36—45 年龄段的人占据 50% 以上的比例,中年经营管理人才在文化产业发展中发挥着重要作用；从职称结构看，有专业职称的人较少，大多以初级职称为主；从学历结构来看，80％的学历为大专及以下，硕士和博士等高层次人才占比不到1％，高端人才明显不足；从行业类别看，经营管理人才所涉门类较多，多集中在文化旅游业和艺术品业。从以上分析中可以看出，聊城的传统文化行业急需引进和培养高层次经营管理人才。

（2）融资困难。

受行业本身制作周期较长，难度较大，回报风险不确定和受众面窄等因素影响，三个原因导致传统文化行业一直存在融资困难的问题：

第一，部分传统文化企业的商业模式十分陈旧，没有随着企业发展而升级完善，有些甚至没有成型的商业模式，企业自身没有足以吸引投资方的亮点。传统文化资源要想走进市场就必须适应市场，就必须经过商业化的转变。企业管理者不能只拥有良好的文化素养和文化背景，也需要掌握一定的管理知识，拥有大量的丰富的管理经验。企业既要设计出优质的产品，也要把产品推向市场，让消费者愿意买单。

第二，要想获取投资者投资，就必须为投资者提供一份健康的、预期收益良好的企业财务报告。然而由于历史原因，许多传统文化企业不重视会计问题，财务管理效率低下，再加上我国目前还没有专门针对文化企业设立会计准则，这就导致了传统文化企业财务报表差异化不显著，会计信息质量不高，无法获取投资者的信任，不能吸引投资者的目光。

第三，国内传统文化企业规模小，集约化程度低，资本界更加偏向集约化程度高的行业。只有加快建设文化产业园区的步伐，推动传统文化企业形成协作共同体，才能促进投资者的投资意愿。

（3）品牌效应不显著。

我国目前并没有形成真正意义上的文化产业链格局，仍以粗放式发展为主，品牌效益差，衍生产品附加值低。在经济全球化日趋明显、市场竞争日益激烈的今天，企业既面临着良好的机遇，又面对着巨大的挑战。对于我国大多数企业来说，虽然拥有着几十年的发展历史和深厚的文化底蕴，但是由于缺少对企业优秀文化元素的挖掘、提炼与总结，以及对自身文化的创新与提升，使得企业品牌缺少广度、深度与力度。因此，加强企业自身形象建设，打造特色企业文化品牌是大多数企业的当务之急。

3. 创新不足,传统文化利用效率低

传统文化行业在创新方面一直落后于现代文化产业,分析原因:首先,受传统文化本身的影响,文化资源分散,协同和集约化程度远远不够,行业内没有培育文化创新的土壤,而现代文化产业充分利用互联网优势,资源集约化程度高,产业链不断延伸,具有良好的创新条件;其次,从技术方面来看,我国与发达国家相比仍有一定差距,我国市场在文化资源、文化事业和文化产业方面的开放程度远远不够,传统文化企业的自主性较低,只有加大开放力度,将文化资源交给市场配置,企业才有提高文化创新的积极性,才能促进高新科技在诸如旅游、娱乐、演艺、民俗、工艺美术等传统文化行业中的广泛应用。

(二)转型中的组织困境与文化冲突——以新华书店为例

新华书店的转型之路。在实体经济态势逐渐疲软,新旧动能转换提出之际,作为国家老字号的新华书店不甘落后,也开始了它的改革之路。

20 世纪 80 年代,所有人都记得新华书店辉煌的场景,大人小孩来来去去,有席地看书的,有站立挑书的,收银处甚至排起了长龙,作为国有事业单位,没有人会怀疑这种繁荣不会长久。可新世纪的到来打破了这繁荣的景象。多家竞争企业拔地而起,冲击了原本稳定的图书销售市场,再加上新华书店的分店越开越多,导致了利润无形中被摊薄。2008 年以来,可以说每一年都有无数家新华书店门店关闭。现有实体书店经济模式无法持续,不改革将会是死路一条。新华书店经历了从繁荣到破落。

挣扎中变革。面对不断下滑的销售利润,新华书店摸索着开始了它的改革之路。首先,它关停了一些销售利润低下的店铺,以减轻运营成本。其次,它将店铺铺面分割出租给音像业、手机业等,以求吸引人群注意力,提高销售额。最后,依靠政策福利,将营销重点放在教辅书类上,维持书店正常运营。这些方法或许给新华书店的生存带来一丝转机,但从那几年的销售额来看,效果并不如预期的那么好。

在这场实体书店的寒冬中,新华书店痛定思痛,从 2014 年起,开始了它的新改革之路。以山东新华书店为例,2014 年,它转企改制,在全省范围内大面

积地改善书店布局,突破新时代改革的曙光。2015 年,山东新华在出版集团统一部署下,确立了建设"社会交往、时尚体验、文化消费"三个中心,提升"互联网化、融合化、体验化、个性化"四个水平,狠抓"规划、设计、数据、服务、人才"五个关键点的"三四五"实体书店转型升级思路。2017 年 8 月,提出打好转型升级"第二战役",实施建设一个"新华阅客"数字营销平台,打造全省第一教育装备营销商、第一教育培训服务商和第一研学旅行提供商的"四个一"工程。2018 年部署实施了"门店结构调整年、校园书店建设提升年、数字平台建设年、教育服务突破年、文化活动创新年"的"五个年"整体规划。随着新华书店网上销售平台文轩网的启用,新华书店看到了改革的一丝曙光。

1. 转型中的组织困境

随着内部改革水平的不断提高,虽然新华书店的企业活力不断增强,但我们不可否认的是,作为一个老字号企业,新华书店在转型中也碰到了一些组织困境。

(1)有限的自主性。

自主性是新华书店这个刚刚转企改制的国企绕不开的问题。目前新华书店销售利润的大头仍是教辅书类,这得益于政府政策的倾斜,如果取消这个政策,新华书店的资金来源将会大大减少,这样就限制了它的发展。此外新华书店按照法律规定,要负有一定的社会责任。为了广大人民的文化需求,即使是偏远的镇,它也要在那里设立门店,一般的送书下乡活动也是必不可少的,这提高了新华书店的运营成本,使其总体利润率降低。

(2)人才能力水平问题。

国企事业单位的社会责任中,就包含解决社会就业问题这一项,所以新华书店的员工中,有很多是 20 世纪的老员工。他们多半学识水平不高,但由于社会责任的要求,以及新华书店基础工种的要求不高,他们没有也不必要被开除,这就导致了新华书店创新能力的先天不足。虽然现在新华书店启用了网上销售平台,但由于国企的能力与法规限制问题,能给技术人员的薪资并不能达到行业平均水平,再加上图书行业的 IT 发展前景并不是太好,它们很难招到称心合意的技术人才,这就是创新能力的后天缺憾。

(3)多样性问题。

前面提到,新华书店的销售主力是教辅书类,这已经是一个非常单一的销售来源了,由于图书出版行业的限制,使得新华书店不能再开拓更多的领域来进行投资获利,这就大大减少了新华书店的多样化水平。

(4)结构复杂化。

新华书店是一个国企,国企最不可能避免的问题就是结构过于复杂,组织过于庞大。新华书店经营了80多年,在全国各地开了许多的分店,这就导致它的管理相当困难。复杂的结构,繁多的人员,常常会导致命令执行不到位,甚至总部的命令无法传到下级机构去。其次,这样的结构也非常容易滋生腐败问题,某些拨款在从总部传到下部途中就被一些别有用心的人给吞掉了,这对公司的发展是一个极大的不利点。

2. 转型中的文化冲突

大家常常会认为,作为土生土长的中国文化企业,新华书店不可能有什么文化上的冲突。但由于时代的发展,科技的进步,这个世纪的观念与20世纪有很大的不同,所以文化冲突也是新华书店在转型过程中必须跨过的难关。

(1)环境的文化冲突。

目前中国社会对文化的重视程度并不是很高,并且随着网络时代的来临,数字化浪潮不断冲击着实体书以及实体书店,愿意阅读纸质书的中国人只占很小的一部分。实际调查显示,2017年中国人均阅读纸质书4.66本,仅比2016年多了0.01本(图2-5)。而2017年,我国国民人均接触手机时长为80.43分钟,人均互联网接触时长为60.70分钟,数字化阅读率为73%。这表明了中国人更加依赖数字化阅读,而新华书店主打实体书市场,这样的文化环境对它来说是一个不小的挑战。

(2)措施上的文化冲突。

新华书店对实体店的改造,主要以中国台湾的诚品书店为蓝本,运用现代化的理念对店面进行装饰与划分,布置了多样化的区域,如咖啡厅、亲子活动厅、沙发区,等等。但诚品书店偏于西化,如果照搬它的布置,能吸引到的人群主要都是年轻人。而对新华书店感情更为深厚的35岁以上人群,有不小的可能性会对这种改变感到惊讶与不适应,丢失了这一部分人群会对新华书店的发展造成影响,这样的文化冲突也是需要解决的。

（本）

中国人年均阅读纸质书量

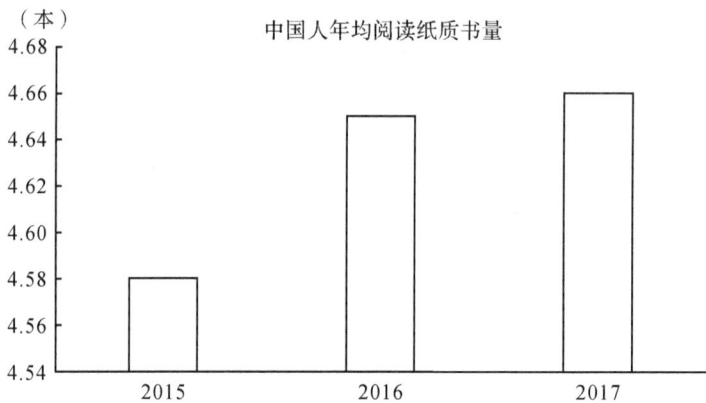

图 2-5　2015—2017 年中国人均阅读纸质书数量

3. 政策建议

（1）开放投资权，增加收入途径。

国家可以适当放开对新华书店这类国企的投资限制，让它们能通过一些投资理财收入来填补营运空缺。这是一个十分大胆的提议，但或许行之有效。此外，新华书店还可以拓宽它们的业务板块，进军传媒业、教育业，等等。教育也是新华书店的一个好选择，老品牌带来的沉稳大气的形象，是有助于它们将其发展壮大的。

（2）打造网上阅读平台。

从上面的调查研究可以看出，现代人的阅读喜好从纸质书转向了网络电子书。为了满足人民大众的喜好，也是体现为人民服务的理念，新华书店可以投入资金开发自己的网络阅读平台，类似微信阅读、QQ 阅读等。新华书店凭借本身的实力可以拿到很多书的正版版权，再加上本身老字号品牌的光芒，可以说，打造一个网上阅读平台是它们的优选之举。

（3）中国化改造。

新华书店实体门店可以在借鉴诚品书店的基础上进行改造，例如在增设咖啡室的同时，也可以划出区域打造一个茶室，茶室内可以每天设一场古筝表演，吸引年纪更大人群的同时，也体现了中国文化古典之美。此外，在书籍的挑选摆放方面，不一定全部挑选现代年轻人喜爱看的书籍来摆放，也可以挑选一些养生保健方面的精品书籍，这样做无形中扩大了客户范围。

（4）加强员工培训，改变营销方式。

服务态度也是销售成功的一个关键点。新华书店由于老员工较多，身上还带有老事业单位的做事方式，这就是为什么人们说新华书店的服务态度不够亲切热情。新华书店可以从员工服务态度培训入手打造一个亲民贴心的中国人民文化服务场所。此外新华书店虽然在 2018 年推出了网上平台，但知名度并不高。它可以和搜索引擎如百度、360 等联手，在它们的搜索页面投放广告，以打造新华书店的知名度。

四、转型升级的企业对策与政策建议

在当今政治制度不断发展，经济转型的大背景下，文化企业转型升级是迫切而必要的。文化企业应当因时制宜、因地制宜，在日新月异的变化的环境下思考转型升级的因应对策。政府与企业应当通力合作，从宏观与微观层面增进文化企业转型升级。衡量我国文化企业的发展水平，离不开与国际大环境的比较。对其目前的优劣势和成长过程中的因变量进行分析，可以使我们更好地认识我国文化企业未来发展的要点，进而为其构建更加合理的改革发展方案。在影响文化企业转型升级的诸多要素中，政策的作用不容忽视。政府在经济生活中扮演着宏观调控的角色，其引导指挥着市场经济。因此有政策的助力，文化企业转型升级将会从许多困境中走出，迎来一个美好的未来。

（一）文化企业转型升级的因应对策

进入 21 世纪后，文化企业转型升级面对着新的机遇与挑战。在不同的政治经济环境下，文化企业在转型升级时需要解决的问题不同，对策也不同。我们需要随机应变，积极寻找不同环境下文化产业升级的对策，促进文化产业平稳高速的转型升级。经济、政治对人类社会的文化起着决定性的作用。在当今社会，突出的经济政治事件对文化企业转型升级起着决定性的作用。本节探讨在不同经济政治背景的影响下，文化企业为了转型升级应该做出哪些因应对策。

1. 不同政治环境下文化企业转型升级的因应对策

（1）政治制度变迁对文化企业转型升级的影响。

政治制度的完善与发展是为文化企业转型升级牵针引线。随着制度的不断变化，可以窥见国家使用宏观调控的手段引导人们重视文化企业发展，引导文化企业产业升级。

能够看到，《中共中央对于深化文化体制改革推动社会主义文化大发展大繁荣若干重大问题的决定》对文化企业转型升级发挥了引导作用，利用宏观调控，完善经济政策以及法制监督以促进文化企业转型升级。省、市、自治区也根据自身状况，出台了特色的文化产业政策，例如《中共山东省委山东省人民政府关于推进新旧动能转换重大工程的实施意见》《绍兴市文化产业发展若干政策的意见》等，对文化产业转型升级，推动文化企业转型升级的步伐上做出了政策性保障。

与 21 世纪左右的政策环境相比，现如今的政策环境愈发明朗宽松，对文化企业转型升级的需求愈发迫切，政府和企业应在当今政策大背景下对文化企业转型升级做出不同的应对措施。

（2）政治制度变迁下文化企业转型升级的对策。

政府该通过宏观调控的手段，将不同种类的文化商品服务以及不同类型的文化企业区分开来，从不同角度与多种层次推进文化企业转型升级。同时，微观上，政府也要重视文化机构及文化行业协会在文化企业转型升级中的积极作用。以民间的力量对政府职能进行补充，使民间机构促进文化企业的招商引资、贸易往来、交流沟通，从而构成对文化企业转型升级的强有力支持。

企业在制度变迁下把握机遇，顺流而下遵从制度的大方向，遵守法律法规。积极主动地善用政策财政、行政等方面的支持，比如税收优惠、人才引进策略。优化文化企业自身的产业结构，使转型升级借势政策福利。

2. 不同经济环境下文化企业转型升级的因应对策

供给侧改革对文化企业转型升级的影响：供给侧改革是国家在 2013 年提出的经济战略，它强调经济转型升级以及资源配置的优化。随着经济的发展，人们的需求层次逐步向自我实现需求进化跳跃，相对地，为了满足内部精神需求，文化需求增多，人们追求更新颖的文化产品和更高层次的文化服务水平,这带动了文化企业的蓬勃发展。根据国家统计局的数据,我们可以看到近五年来文化产业在 GDP 中所占比重逐年攀升(图 2-6)。

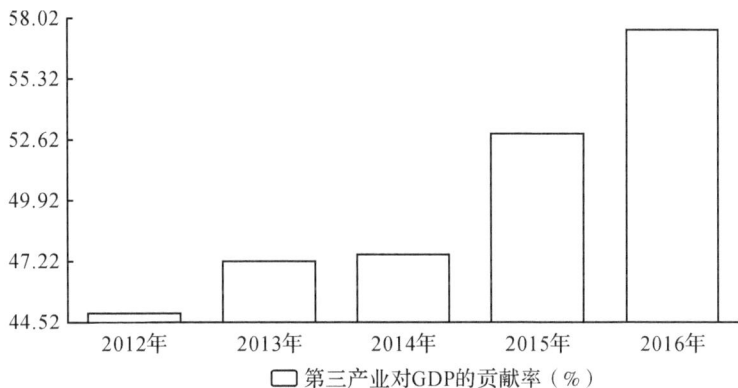

图 2-6　2012—2016 年第三产业对 GDP 的贡献率

(资料来源:国家统计局 2012—2016 年产业发展统计)

经济的转型升级体现了第一、二产业向第三产业即文化产业转变的趋势,经济的转型已经成为文化企业转型升级的发展的源生动力。而文化产业的高速发展使文化产品和需求市场竞争日趋激烈,文化企业要提高自身的竞争能力,积极面对激活创造力,提升软实力,进行文化产业改革升级的现状。

供给侧改革下文化企业转型升级对策:作为地方政府,要做到特殊问题特殊对待,具体问题具体分析,结合不同文化企业转型升级的特别问题,推行具体问题具体分析的文化企业转型升级政策,使国内经济环境不会成为文化企业转型升级的桎梏。具体体现为:

第一,对知识产权保护加以重视。知识产权是文化企业创新的源生力,是文化企业本身生命力的体现。保护知识产权促进企业经济发展,形成文化企业独特的技术、品牌与商誉,为文化企业转型升级创造经济条件,打开市场渠道。保护知识产权有利于调动文化企业的创造积极性,促进资源优化配置,为文化企业转型升级带来内在动力。且在经济飞速发展,经济体制转型不断深入的现状下,知识产权保护发展不匹配,知识产权制度不完善导致的文化企业转型升级市场环境恶化,不利于文化企业转型升级的进行。通过国家统计局数据,可以看到近五年来知识产权数量的增长变化(图 2-7)。

这说明经济转型的发展时期和供给侧改革的大环境下人们愈发重视知

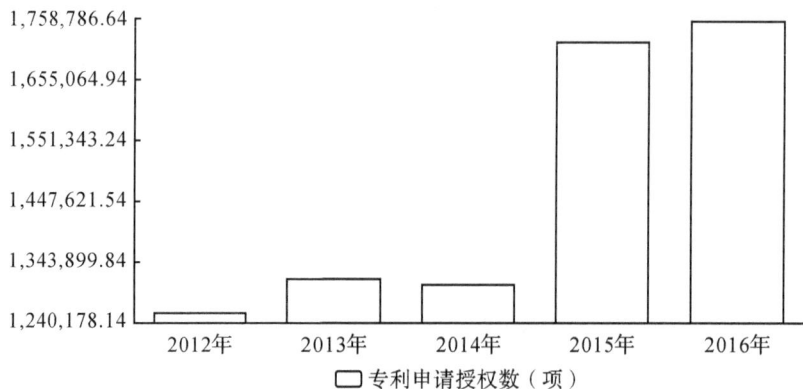

图 2-7　2012—2016 年专利申请授权数

（资料来源：国家统计局 2012—2016 年产业发展统计）

识产权，从激增的知识产权数量可以窥见文化企业对知识产权的看中与依赖。保护知识产权是为企业创造远期价值。所以，政府加大对知识产权的保护，正是文化企业转型升级的有效对策。

第二，文化市场的建设是重中之重。文化市场是文化企业赖以生存的平台，文化市场环境的建设是企业可以顺利进行转型升级的关键。维护文化企业的合法权益。政府拥有宏观调控职能，要充分施展隐形的手的作用，在经济转型、供给侧改革的关键时期，对文化市场的弊端进行调节，清除文化企业因为市场大环境原因的障碍。

在文化企业转型升级的过程中，企业本身要阐扬主观能动性，积极主动地鞭策转型升级的对策。

第一，引进人才。人是鞭策文化企业转型升级的底子。加强文化人才队伍的建设，要重视人才在文化企业转型升级的作用，关注对管理层、专业技术人员以及普通员工的引进培养使用以及后续处理。既要使员工有归属感、荣誉感，发挥主创作用，也要使员工规范自己的行为，约束自己。并且还要促进文化人才柔性流动。充分发挥专业人才与管理人才在文化企业转型升级中的积极性、主动性和能动性。

第二，打造品牌。品牌的力量是不可忽视的，就如同可口可乐的 CEO 所言："就算今晚可口可乐的资产全部毁于一旦，仅仰仗可口可乐这四个字我就能在明天东山再起。"品牌是文化企业的魂灵，打造高端品牌是文化企业转型升级的方针。经济转型,供给侧改革的趋势,使文化品牌从劣质到优质的进化,从同质化到精品化的蜕变成为文化企业转型升级的指向标。

第三,多元化引进投资。经济实力是支持文化企业转型升级的物质根基。随着经济结构的转型,供给侧改革的推进,文化企业转型升级的资金来源也应该向多元化转变。文化企业可以加强与银行之间的互动,加入专项融资基金计划;也可以招商引资、踊跃上市,拓宽资金渠道;充分利用企业的商誉信用,引进社会资本。总之,多元化的资金渠道可以增强文化企业活力与信心,积极地推动文化企业转型升级步伐。

3. "一带一路"背景下文化企业转型升级对策建议

(1)"一带一路"对文化企业转型升级的影响。

"一带一路"是当局在全球经济新形势和中国经济发展的新阶段的布景下,增进沿线列国增强互助、同谋发展的计谋构思,具备深刻的时代烙印,"一带一路"带来了不同文化与民族的融合。文化企业应该抓住机会,求同存异,共同繁荣,加入"一带一路"经济计划,推广自身文化影响力,增强自身文化软实力,从而加快文化企业转型升级的进程。

(2)"一带一路"下文化企业转型升级对策。

政府应当打造"一带一路"平台,为企业创造良好的市场环境,促进文化企业产品服务的出口。着重扶持有地理优势的文化企业,把握历史机遇促进文化产业转型升级。

第一,打造"一带一路"文化转型圈。充分利用地理优势,结合不同区域的地理位置具体特点,将圈内文化企业的转型升级用"一带一路"的平台联系到一起,形成"一带一路"的文化转型圈。建立起多元的互联网络与运输门户,充分发挥"一带一路"带动区域经济发展的特色,带动"一带一路"周边文化企业经济蓬勃发展,增进区域间不相融文化与民族的交流,吸引更多的投资者,促进技术创新与文化产品及服务结构升级,为文化企业转型升级带来新的动力,激活"一带一路"圈内文化企业的转型动力。

第二,打造融资平台。"一带一路"的经济战略促进了商业贸易的交流,同时加剧了资金的需求。文化企业自身力弱势微,所以要以国家信誉做担保,降低出口汇率风险,建立人民币交易体系,构造优质的融资平台。文化企业转型升级并非一朝一夕所能完成,它需要大量的资金支持才能对文化企业的产品与服务进行升级与转型。

企业自身应该发挥自己的优势,利用自身地理位置的优势,将自身企业文化与民族历史特色结合起来,形成自己的文化竞争力与市场占有。加大出口贸易占文化企业贸易总额的比重,注重国外市场购买力,同时形成"一带一路"开放经济体系下的多元贸易结构,促进文化企业的转型升级。

企业还要在政府的宏观调控和自身的努力下,积极主动地进行文化企业转型升级。要注重在不同的经济政治大环境下,推动文化企业转型升级有因应对策,要因地制宜,因时制宜,制定符合当前背景的文化企业转型升级对策,随机应变,不断创新。

(二)文化企业转型升级的政策优化

衡量我国文化企业的发展水平,与国际文化企业以及企业大环境进行比较。通过对其目前的优劣势和成长过程中的变量进行分析,可以使我们更好地认识文化企业未来发展的要点,进而为其构建更加合理的改革发展方案。

在影响文化企业转型升级的诸多要素中,政策的作用不容忽视。政府在经济生活中扮演着宏观调控的角色,引导指挥着市场经济。分析政策对于推动文化企业转型升级的必要性。如有政策的助力,文化企业转型升级将会从许多困境中走出,迎来一个美好的未来。

1. 政策优化对于文化企业转型升级的必要性

(1)波特钻石模型分析。

波特钻石模型如图 2-8 所示。

迈克尔·波特认为图 2-8 中的六个因素会影响一个国家某一个行业的国际竞争优势。六个因素也即生产要素,需求状况,相关及支持产业,企业战略、结构和同业竞争,政府,机会。其中"政府"和"机会"属于动态因素,会发生变化。"机会"是不可预料的,所以我们很难做些什么去改变它。而"政府"这一因素则可以通过政策的调控来实现变化,从而增加某一行业的竞争力。我国文化企业的转型升级面临诸多难题,为了进一步提升我国文化企业的实力和竞争力,非常有必要为其提供更好的生存环境。所以说政策优化势在必行。

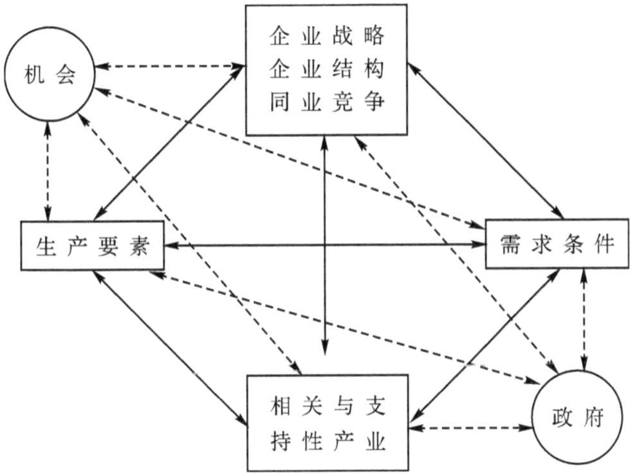

图 2-8　钻石模型示意图

（资料来源：迈克尔·波特《国家竞争优势》）

（2）政策优化的实现途径。

第一，提供公共产品和服务。我国经济社会中，政府扮演着提供公共产品和服务的角色，政府必须保障公共产品和服务的正常供应。文化产业目前处于转型升级的关键时期，离不开政府在政策上的大力扶持。所以当然也需要政策一定程度上的倾斜，为文化产业提供充足的资源。

第二，进行行业监管。文化产业转型升级，需要面对与以往不同的新情况，会产生许多前所未有的新方法。行业监管也需要与时俱进，比如文化产业升级与"互联网＋"紧密联系，就需要在网络方面制定相关准则，防止文化产业转型升级中出现乱象。政府制定的政策在行业监督和管理中，发挥着重要作用，因此在文化产业转型升级中，政策绝对不可以缺位，必须通过制定合理的规章制度，规范文化企业的行为。

2. 政策优化的具体措施

通过以上分析我们认识到政策优化的重要性，对此，主要从以下手段进行政策优化。

（1）提供资金支持。

资金是企业资产的重要组成部分，离开了资金，企业无法保持正常运行和发展。资金链断裂会给企业带来极大打击，甚至可能造成企业破产清算。

所以需要重视资金的作用。目前我国的文化企业正处于发展的重要阶段,会格外需要资金。下面我们将讨论提供资金支持的方式有哪些。

第一,政策资金支撑体系。政府可设立专门的资金,采取多种方式扶持企业发展。[1] 比如,为文化企业设立专项基金,并设置专门机构管理,有需要的企业可以向该机构申请资助,从而一定程度上缓解文化企业的财务困难。该基金可以设置类别,比如创办初期的文化企业,如果周转困难,可以申请企业初期的资助。或者是只有某一类文化企业,比如说广告企业才能申请。这样基金的设立就有针对性,更便于管理。

第二,间接融资服务体系。探索建立政府代偿机制,试行文化创意企业担保,促进文化创意企业信用担保体系建设。[2] 这样银行等金融机构就更愿意给文化企业贷款,文化企业也就有更多的资金源,出现财政困境的概率也会大大降低。政府提供担保,也有助于提升文化企业的信誉,对文化企业有积极作用。

第三,直接融资服务体系。重点是鼓励符合条件的文化创意企业通过融资租赁、股权质押贷款、集合发债、发行企业债券融资、发行信托产品融资等多种方式开展融资活动。[2] 为了解决文化企业的基金困难,也不能仅靠政府,还需要企业自身的行动。政府可以鼓励企业采取多样化的筹资方式,拓宽筹资途径。

(2)鼓励提高文化产品质量——以动漫为例。

无论如何,文化产品都是以质量取胜。没有好的质量,产品得到再多资金,都是没用的,作品既不会流传下来,人们也不会记住。唯有优质的作品,才能够在市场竞争中立于不败之地,同时创造时代潮流,对人们的生活产生那么一点点影响。就凭这一点点影响,就足以成为这个作品被铭记的证明。

第一,中日动漫产业比较。中国有 12700 家动漫企业,日本只有 400 多家;我国动漫生产时间是二十几万分钟,日本是十几万分钟,但是日本的动漫产值占到世界的 60%,而中国只有 0.68%。[3]

---

[1] 安世绿:《文化创意企业融资需求特点及政策初探——基于北京市文化创意企业融资需求调研》,《中国金融》2010 年第 3 期,第 82—83 页。

[2][2][3] 韦素丽:《"文化产业转型升级与文化企业发展"圆桌论坛综述》,《人文天下》2016 年第 13 期,第 29—33 页。

　　笔者关注到比较优质的国产动漫有《一人之下》《狐妖小红娘》《刺客伍六七》等，但是还是太少了，在国际上占有一席之地很难。而且因为漫天都是《喜羊羊与灰太狼》《熊出没》这样的作品，我们国家的少年儿童能从中学到的东西少之又少。

　　相比而言，日漫作品层次丰富，受众广，意蕴丰富。比如儿童漫画有《铁臂阿童木》《聪明的一休》，少女漫画有《魔卡少女樱》，少年漫画有《名侦探柯南》，成人漫画有《恐怖宠物店》，等等，更不要提手冢治虫、宫崎骏、高畑勋、CLAMP、青山冈昌等优秀的漫画家了。所以无论从哪一方面，日漫都是碾轧国漫的。这么多优秀的作品，对国民的影响会多么大！这说明我国目前的漫画产业很不景气，虽然数量多，但是鱼龙混杂，质量低下。

　　第二，提高漫画产业质量的方法（模式借鉴）。一方面提供一定的资金支持。其实是上一部分的方式，这里同样适用。政策支持可能提高动漫作品的观感和效果，提高国漫质量。资金不足做出的动漫可能不如资金充足的作品那样华丽、吸引人，帧数不足更是常有的问题。但是并不意味着做出好的动漫，必须有很多资金。像《罗小黑战记》《刺客伍六七》这样的小制作动漫，依然吸引了许多观众，因为它们虽然简单，但是故事有趣、引人入胜，更重要的是里面有作者的心意，能够传达出想要告诉世人的道理。观众们接受了里面的心意，所以它们才会获得成功。

　　另一方面，鼓励作品个性化、成人化。当然有资金也并不意味着就一定会有优秀的作品。像是之前的《大鱼海棠》虽然耗费巨资，音乐画面各方面都毫无可挑剔之处，但是故事讲坏了，变成了一个彻彻底底的"玛丽苏"作品，自然也就辜负了观众们的期待，不能称之为好的作品了。

　　好的文化作品最忌讳抄袭，最忌讳千篇一律。有的企业为了追求利益，想要不劳而获，总想着要偷偷抄点什么，或者胡乱编点故事，想要用这样的手段来糊弄观众，从他们手里狠狠捞一笔。但是这样的作品也是无法长久欺骗下去的。

　　为了提高我国动漫作品的质量，必然离不开政策的鼓励支持。如果政策能够向着具有创新性、个性化的作品倾斜，支持他们在市场中占有更多份额，那么那些低劣的作品自然会因为无法占有立足之地而退出市场。

　　同时，我国的动漫作品太过儿童化，青少年和成人可以看的太少。动漫产业想要转型升级,更好地发展,一定要抓住青少年漫画和成人漫画这样的机遇。向日漫借鉴,实现动漫产业的多向、多层次。

如果可以实现以上两点,笔者认为国漫质量将会有显著提高,而且作品中也会有更多有价值的思想观念,会对人民产生许多好的影响。

最后,对优质的小制作动漫给予奖励。有些优秀的小制作作品,作者为了实现动画化的梦想,不得不只获得微薄的利益,动画效果也无法得到保障。但是这样优秀的作品,不让它好好动画化,不好好奖励作者,怎么能够带动中国动漫产业的发展呢?所以笔者认为有必要优质小制作动漫作品一定的奖励和荣誉。

3. 严格监控财政扶持政策实施成效

除了对文化企业的支持和鼓励,也离不开对其的监督管理。没有监控的财政扶持,必定收效甚微。为了确保财政扶持政策取得良好的效益,加强对财政扶持资金使用情况的监管十分重要,确保政策资金专项专用。[1]

财政对文化企业的支持并不意味着不监管受扶持企业的效益,只是一味投入。一方面,如果不进行合理的监督管理,很可能出现浪费财政专款,起不到预期的作用,甚至引发腐败,这样对于促进文化企业转型升级反而是不利的。另一方面,政府的财政支持和企业需求不对应,可能造成不该支持的支持了,需要支持的却得不到财政支持,会造成财政资金的浪费和错位。监控可以采取以下措施:

(1)关注企业资金的来龙去脉。

有的财政扶持是针对某些具体方面的,这些资金如果用于其他方面,就无法实现财政支持最初的目的。所以必须对企业资金的来龙去脉进行监管,明确企业是否专款专用。

(2)关注企业的财务报告。

企业的财务报告是企业经营和资金运转状况的反映,关注企业的财务报告,可以了解企业目前的财务状况,从而判断企业是否需要财政支持。如果是财务状况良好的企业,就没有必要再对其提供资金支持。

---

① 杨雪:《浅谈马斯洛需求理论在营销管理中的应用》,《中国科技投资》2017年第9期,第254页。

（3）实施绩效考评制度。

绩效考评制度是审查企业是否将政府的财政扶持资金转化为生产力的方法。政府可以对接收到资金扶持的企业,采取合理的绩效考评标准,从而来判断它们的资金使用效率,决定是否继续对相关企业进行扶持。

综上,我们认为文化企业转型升级的过程中,政府的政策优化起着很重要的作用。进行政策优化可以考虑以下几个因素:提供资金支持,鼓励提高文化产品质量,严格监控财政扶持政策实施成效。

我国互联网技术发展快速,市场竞争日益激烈,因此国内文化企业也在不断创新商业模式,逐渐由原来传统的单一商业模式向平台式、产业链式等复杂商业模式演变。由于理念、战略等各方面的原因,我国文化企业在进行商业模式创新的过程中,出现了跟风模仿严重、盲目跨界失败等一系列的瓶颈和困境。要想突破这些瓶颈,文化企业必须转变观念和战略,创造出适合自己的商业模式。

中国海洋大学管理学院　徐文明
香港中文大学深圳校区　郇千惠

第三章 "互联网＋"演艺产业 的转型升级

● 近年来,互联网及移动互联技术日渐成熟,与文化产业的融合日益加深,创新深化新业态,新形式不断演变呈现,加上文化产业自身现代化、市场化的进程加速,尤其国有院团转企改制深化发展,传统演艺产业与现代数字技术结合日趋紧密,互联网与剧目创意、演出策划、剧场经营、市场营销、演艺产品开发等演艺产业链的各个环节深度融合,逐步实现了演艺产业链的优化与升级。

● "泛娱乐"理论下的 IP 概念、互联网产业的 O2O 模式、大数据与云计算等共同构成了当前"互联网＋"演艺产业的核心。

● 在互联网的影响下,演艺产业链的各个环节都出现了商业模式的创新和颠覆。剧团、剧场、票务代理、网络直播平台等各方都开始加强综合运营能力建设和演艺产业全产业链布局。

一、我国"互联网＋"演艺产业的发展现状

自 20 世纪 90 年代初以来,互联网技术日渐成熟,成为我国经济和社会发展不可或缺的新动力。在"互联网＋"行动计划以及双创政策的共同推动下,互联网与产业经济的结合更加紧密。根据中国互联网络信息中心(CNNIC)2018 年 1 月发布的《第 41 次中国互联网络发展状况统计报》,截至 2017 年 12 月,我国境内外互联网上市企业总数为 102 家,较上年增长 12％,其中,在沪深、美国和香港上市企业的数量分别为 46 家、41 家和 15 家;我国境内外互联

网上市企业总体市值为 8.97 万亿人民币,较 2016 年增长 66.1%。在美国上市的互联网企业总市值最高,占总体的 54.8%,在香港和沪深上市的互联网企业总市值各占总体的 37.5% 和 7.7%。①

在互联网深刻改变社会生活形态的进程中,演艺产业尝试通过互联网来逐步重构产业链并丰富产业结构,从而推动产业的升级转型。首先,剧团、剧场、票务代理等演艺产业主体加强综合运营能力,向产业上下游延伸,建立全产业布局的综合经营体系,并建立消费者互动机制,使演艺产业链逐渐形成首尾相接的闭环。其次,产业链上的各个环节通过互联网与其他产业,如金融业、制造业、创意设计与服务业等的融合,极大地丰富了演艺产业的内涵,使演艺产业链由链状结构向网状结构优化。再次,通过互联网,演艺产品得以突破时空限制,通过新的表现形式、新的传播技术,演艺产业得以突破传统的演艺理念与文化,与时俱进,形成演艺理论的创新。

"十二五"时期,演艺产业就被国家列为重点发展行业;2014 年国家多项政策并行,进一步深化文化体制改革;"十三五"以来,我国进入中国特色社会主义新时代,坚定文化自信,建设社会主义文化强国具有了时代意义,演艺产业也被赋予更重要的使命,进入了发展的全新时期。在社会、政策、产业、技术等诸多因素的影响下,互联网技术在演艺产业被普遍应用,互联网思维得到普及,进一步加速演艺产业形态的改变以及产业链条的优化,推动演艺产业市场化经营逐渐成熟。

(一)优化产业结构,丰富产业链条,推动产业主体的多元化经营

在互联网的影响下,演艺产业从筹资策划到广告宣传,再到票务营销等环节均产生了深刻的变化,尤其是互联网票务体系的建立彻底打破了传统"票源方(剧组、演出团队)——一级代理—二级代理—观众"的票务供应链条,②

---

① 中国互联网络信息中心:《第 41 次中国互联网络发展状况统计报告》,2018-1-20,http://www.cac.gov.cn/2018-01/31/c_1122347026.htm。

② 高庆秀:《"互联网＋"给演出业带来什么》,《中国文化报》,2015 年 4 月 3 日(5)。

形成了创作、销售、评论一体化的 O2O 闭环。为更直接地获得观众的消费需求反馈,演艺创作方逐步强化票务销售和宣传营销能力,并通过众筹等具备多元职能的渠道实现综合化运营。在市场的竞争下,互联网票务平台进一步向演艺创作、消费社群的构建努力,延展产业链经营范围,实现产业链的多元化布局。

演艺产业在与互联网的融合实践中,将创作方到观众之间的距离缩短,但互联网的链接创作能力使更多市场主体参与进来,演艺产业链逐步由链状结构变为网状结构,逐步形成完整的内部"生产—消费"循环体系。

(二)加强受众互动,优化内容创作,提高创作主体的市场竞争力

互联网具备强大的链接能力,通过大数据与云计算,演艺创作方能够跳过传统票务营销的一、二级代理商,直接获得观众消费数据,通过数据挖掘对消费者需求进行精准分析。而网络直播技术的进步,弹幕形式的出现,以及微信、微博等社会化媒体的流行,更丰富了创作方与观众直接互动的形式。

在此基础上,创作方针对观众需求优化演艺产品,使演艺产品在保持传统演艺特色的基础上与时俱进,更具时代气息,使传统演艺产品焕发新的市场活力,同时也进一步提高创作主体的市场竞争力,推动社会效益与经济效益的统一。

(三)推动技术升级,丰富表现形式,提高演艺产业的运营效率

如果技术的使用和演员的表演相互配合,能给观众带来更精彩的体验,那么技术和艺术的结合就是成功的。[1] 互联网为演艺产业带来的不仅是产业结构的变革,在具体的演艺呈现中,通过互联网技术的应用,舞台灯光、音乐

---

[1] [美]莉·阿斯贝尔—史旺格:《美国演艺产业与学术的配合》,《演艺科技》2013 年第 6 期,第 27—32 页。

效果都有进一步的加强以及更加精准的控制。通过尝试当前热度高涨的虚拟现实技术，演艺产业的表演形式更加丰富，能为观众带来更加精彩的舞台体验。而网络直播也努力向着"身临其境"的目标提高，力图实现直播与现场的无差别体验。同时，互联网技术也是演艺场馆智能化的重要技术支持，通过更加便捷的互动渠道、更加精准的营销渠道塑造智能化的场馆运营方式，实现降低运营成本并提高运营效率的目标。

二、"互联网＋"演艺产业的核心要素

互联网与演艺产业的融合既遵循演艺产业发展的一般规律，又融入了互联网日新月异的技术与理念。其中，"泛娱乐"理论下的 IP 概念、互联网产业的 O2O 模式、大数据与云计算等共同构成了当前"互联网＋"演艺产业的核心。

（一）IP 开发与运营

IP 是当前文娱产业的核心概念，美国漫威系列电影、国产网络小说已经充分证明了 IP 巨大的市场潜力。在演艺产业中，《盗墓笔记》衍生的不同主题剧目话剧已经成为"粉丝"津津乐道的话题，开心麻花出品的《夏洛特烦恼》《缝纫机乐队》等更是成为 IP 开发的经典。

IP(Intellectual Property)直译为知识产权，是"泛娱乐"[①]理论的核心概念。江小妍、王亮(2016)对 IP 的概念进行了较为具体的总结，他们认为 IP 是指有广泛受众群体、具有开发挖掘潜力的原创性内容或作品的版权。[②] 但实际上，在文化产业发展的实践中，IP 的概念意义远远超出了知识产权的范畴，江苏大学凤凰传媒学院教授杨新敏(2016)认为：IP 的实质就是经过创作或再创作后能够迅速带来较大盈利的任何东西，这些东西有无知识产权并不重

---

① "泛娱乐"是指以互联网为基础、以 IP 为核心打造粉丝经济的多领域文化娱乐产业。

② 江小妍、王亮：《泛娱乐环境下的 IP 运营模式研究》，《科技与出版》2016 年第 5 期，第 23—27 页。

要,重要的是它是否能迅速带来丰厚的利润。① 尽管 IP 的内涵、实际意义等仍多有讨论,但不可否认的是,IP 体现出的市场潜力是巨大的,其深化的"衍生"意义更为演艺产业带来无限的可能性。

(二)O2O 多群体对接

Online to Offline(O2O)即从线上到线下相结合的交易模式,是伴随电子商务的发展而产生的,成为革新商业模型的重要模式,更在互联网语境的多元化中,脱离了电子商务的行业局限,在演艺产业中得到广泛应用。

1. 互联网广告

O2O 模式的互联网广告是在硬件及技术发展完善、大数据计算能力逐渐成熟的基础上成长起来的。通过融合互联网广告使演艺产业的宣传营销效果得到强化:一方面通过搜集并分析消费者的消费习惯,对其进行针对性的广告推送,可以引起消费者兴趣,提高广告转化率;另一方面,对产品的监控以及消费者的反馈是互联网广告产品设计中的重要部分。由此,互联网广告得以建立起从广告推送到反馈回收的 O2O 闭环。

2. 众筹

众筹是指小企业主、艺术家、个人等通过互联网向投资人展示项目、活动以获得资金的方式。众筹参与者分为发起人、支持者和平台方。众筹有着独特的多元职能,随着众筹与文化产业的日渐融合,不仅成为演艺产品筹资的渠道之一,也成为演艺产业进行精准营销、票务销售的重要渠道。

3. 网络直播

网络直播在我国由来已久,但直到最近两年电子竞技与网络秀场的爆发,才使网络直播更多地走进大众的生活中,并成为一种全新的商业形态。演艺产业与网络直播的融合是"长尾理论"②的充分体现,并逐渐形成传统演

---

① 杨新敏:《IP 影视:概念与诉求》,《中国电视》2016 年第 3 期,第 93—96 页。
② 长尾理论是指由于成本和效率的因素,当商品储存、展示、流通的场地和渠道足够宽广,商品生产成本急剧下降以至于每个人都可以生产,并且商品的销售成本急剧降低时,几乎任何以前看似需求量极小的产品,只要有卖,都会有人买,而这些需求和销量不高的产品所占据的共同市场份额,可以和主流产品的市场份额相当,甚至更大。

艺网络直播与直播平台演艺直播两种类型。

（三）大数据和云计算

大数据和云计算是计算机领域的专业术语，是互联网融入普通生活的基础，也是互联网与各个产业深入融合的关键。

大数据是指无法在一定时间内用常规软件工具对其内容进行抓取、管理和处理的数据集合[①]。IBM 认为大数据有四个关键词，即体量（Volume）、多样性（Variety）、快速化（Velocity）及由此产生的价值（Value），这对大数据中所蕴含价值的挖掘提出了更高的技术要求，传统算法并不能完全适用于海量数据的环境，而云计算则成为大数据算法的核心支撑技术。

当前，基于大数据与云计算的消费需求分析是互联网在演艺产业的重要应用，随着数据来源和沟通渠道的多样化，一改传统演艺产业单向意识形态输出的窠臼，演艺创作者与消费者之间的距离越来越短，互动越来越强，从而提高了演艺主体的市场运作和竞争能力。

三、演艺创作环节的互联网应用

演艺与电影具有相同的故事属性，剧本的创作一脉相承。演艺产业在逐步市场化的过程中，接受互联网带动的娱乐消费文化的演变，逐步应用 IP 理念，集聚粉丝，也更多地通过大数据解析消费群体需求，完善剧本内容。

（一）IP 的生产及运营

IP 作为当前文化娱乐产业的核心，是演艺产业市场化经营的重要推力。在互联网环境的文娱消费中，IP 能够通过集聚粉丝形成社群，使演艺经营团队降低成本，从而丰富收入来源，保持长期盈利。

---

① 郭敏杰：《大数据和云计算平台应用研究》，《现代电信科技》2014 年第 8 期，第 7—16 页。

1. IP生产：原创内容创作

通常意义上，IP原型的创作来源于网络文学、漫画两种表现形式，但在市场的实践中，IP生产已经跳脱出表现形式的窠臼，原创的舞台产品、音乐产品甚至剧团品牌均可以作为IP的表现形式而获得粉丝的凝聚。

演艺剧团通过创作IP，能够充分发挥IP的衍生能力，丰富剧团的盈利渠道。我国传统演艺剧团市场化程度普遍偏低，盈利能力弱，尤其自2013年中宣部、财政部、文化部、审计署、国家新闻出版广电总局联合下发《关于制止豪华铺张、提倡节俭办晚会的通知》以后，以前由政府埋单、企业包场的演出订单大幅减少，依赖"团单送票"的院团演出收入一落千丈。①

然而，剧团具有创作优质IP的天然优势，剧团针对某一剧本往往会规划长时间、多场次的演出计划，并根据观众的现场反应、观后反馈对作品进行不断优化和反复修改，形成能够经受市场考验的IP作品。以开心麻花为例，作为民营剧团的代表，开心麻花十分重视剧本的原创性与创新性。为保证剧本的特色，剧团内部成立艺术评估委员会，实行投票制度决定剧本通过与否，并通过委员会对已获通过的剧本提出修改建议，最终再进行排练以及进一步的修改。2015年上映的电影《夏洛特烦恼》风靡一时，为开心麻花带来了良好的社会和经济效益，但其背后则是历时3年的话剧演出积累。迄今为止，开心麻花已经成功推出了《夏洛特烦恼》《缝纫机乐队》《驴得水》《羞羞的铁拳》等横跨话剧、电影的经典IP。

2. IP运营：网络文学走进剧场

网络文学不登大雅之堂的观念已经成为过去，随着80后、90后的成长，网络文学成为当前文娱消费的重要形式。在市场驱使之下，网络文学逐渐走进剧场，与传统演艺产业进行融合，2017年3月，网络知名IP《鬼吹灯》的姊妹篇《摸金玦》同名话剧启动，已于2018年展开全国巡演，并由保利剧院承接了部分运营。

网络文学走进剧场为传统演艺产业带来了新时代的活力，是剧团向市场化经营转变，迅速实现盈利的便捷通道。网络文学往往体现了当前主流消费者的娱乐消费取向和消费观念，如《盗墓笔记》《鬼吹灯》等优秀IP在经过了网

---

① 鲍婧：《"互联网+"时代演艺市场趋势分析》，《新传媒体》2016年第1期，第59—60页。

络文学、影视剧的双重检验后,已经形成了紧紧围绕 IP 的社群,社群中的粉丝具有较高的消费欲望和消费能力,进一步提高了剧目的收入能力。

(二)大数据对消费群体需求解析

当前,大数据与云计算已经在各个行业中普遍应用,尤其在以互联网技术为基础的视频播放、SNS 社交、网络游戏等文化娱乐领域,通过大数据与云计算进行用户消费行为的解析正日益成为常态,也逐渐成为产品优化的基础。

1. 大数据与消费需求

在互联网时代,数据的获得几乎"零成本",这也深刻改变了市场研究的方法。通过互联网对消费需求的分析,不同于以往社会学、消费心理学的抽样方法,而是通过对购票网站、支付渠道的点击率、访问量以及其他可量化的指标进行采集,然后以更丰富的研究范式进行解析。

由于互联网时代消费文化的多元化,通过大数据进行消费需求的解析能够实现对消费者消费偏好的精准区分。当前,我国主流综合票务平台的数据分析技术已经能够实现对静态数据、动态数据的实时解析,不仅能够通过消费者购买记录进行消费需求解析,还能够通过结合消费者浏览记录、社交习惯、阅读习惯等网络轨迹,对消费者的观赏偏好进行细化分类,使剧团、剧场以及票务平台更好地迎合市场偏好来优化产品。

2. 大数据解析消费需求的优势

相对于抽样式的传统消费需求解析,互联网技术下的大数据与云计算有着无可比拟的优势,能够更加适应和反映出当前快节奏、多样化的互联网消费需求。

(1)全面性。大数据的四大关键词之一即为"体量",大规模的数据带来的是更全面的分析。当前,我国演艺产业的网络票务销售已经成为常态,通过互联网进行支付也成为消费者的普遍选择,演艺产业的消费数据几乎被完全记录。相对传统研究方法而言,大数据的全面性是最大的优势。

(2)准确性。一定体量的大数据带来的是更加精准的消费需求分析,比传统的消费需求分析方式更能如实反映观众消费偏好的发展趋势,更能精准地对消费者消费偏好进行划分,使演艺创作方更加准确地掌握消费者需求,对剧本进行修订和优化。

（3）即时性。随着我国互联网技术的快速进步，通过云计算已经能够实现对动态数据的实时分析，基于此，演艺创作方能够实时掌握市场动态，把握热点风向，进一步提高作品在现代市场中的竞争力。

四、演艺策划环节的互联网金融应用

演出策划是演艺产业链中最重要的环节之一，通过此阶段的筹资，演艺产品得以顺利推进。在传统演艺产业链条中，演艺产业因其票房的较大不稳定性，以及缺乏固定资产抵押，融资渠道比较狭窄。随着文化产业的发展以及互联网金融的诞生，演艺产业的融资渠道得以开拓，创作方与观众之间的关系也在互联网金融模式下发生改变。

（一）互联网金融融资模式

以 P2P 为主流的互联网金融以迅雷不及掩耳之势席卷全国，众筹、众包、P2P 网贷平台、网络小额借贷等模式不断创新，层出不穷。诚然，互联网金融的野蛮生长带来了一定的市场弊端，但在相关部门迅速制定严格的监管政策后，互联网金融已经成为创新社会投融资体系的重要方式。演艺产业与互联网金融的融合相对保守，迄今为止，演艺剧团更多地通过众筹以及互联网融资担保等模式进行筹资。

1. 演艺产业的众筹融资模式

2009 年，世界上第一家众筹平台 Kickstarer 在美国诞生，2011 年，众筹正式在我国出现，成为互联网环境下典型的金融模式创新。众筹有着传统金融所没有的低门槛、运转高效、方式灵活等特点，正适合以无形资产为核心的演艺项目融资。尽管传统金融机构如银行等已经推出了针对文化产业的金融产品，但仍旧无法满足演艺产业巨大的融资需求。众筹的发展正弥补了传统金融业"重资产"的短板，有效地将社会资本和演艺剧团的发展进行对接，向其提供安全、可靠的融资平台，降低演艺创作方在策划和演出过程中遇到的经济风险。

演艺产业与众筹模式的融合早已开始,如专注音乐领域的众筹平台乐童音乐,已经发布并完成了演唱会等多项演艺项目;2014 年 7 月 4 日,李盾原创音乐剧《爱上邓丽君》项目在众筹网上成功完成了 100000 元的众筹目标,仅上线 3 天,《爱上邓丽君》项目已经超额募资达到 117360 元;此外,还有 2014 年汪峰鸟巢演唱会、第五届北京南锣鼓巷戏剧节等演艺项目通过众筹进行融资;2015 年,好妹妹乐队通过京东众筹发起工体演唱会融资,至 2015 年 8 月 2 日完成融资 2368560 元,几乎覆盖了演唱会的全部资金,成为演艺产业众筹的经典案例。

2. 演艺产业的互联网融资担保模式

随着演艺产业市场化运营的不断深化以及互联网金融发展的带动,融资担保通过与大型互联网企业结合,面向演艺企业推出新的金融产品。

融资担保是指担保人为被担保人向受益人融资提供的本息偿还担保,是随着商业信用和金融信用的发展而兴起的特殊的金融中介。担保机构作为第三方保证人介入债权方与债务方,为债务方向债权方提供信用担保,帮助债务方顺利完成融资贷款。担保公司作为该类融资模式的核心,是创新金融产品的主体。2014 年,北京国华文创融资担保有限公司联合大麦网针对演出企业的演出项目融资设计了一款名为"演出保"的信贷创新产品,该产品采用担保公司、票务代理公司与银行联动模式,以演出项目未来收益权作为担保额度评估的基础,通过票务代理公司锁定项目票务回款,用锁定的票务回款优先偿还借款,控制项目风险。[①]

(二)演出内容定制

互联网金融的一大特色是能够集中闲散资金,使传统的消费者通过 P2P 等模式转变为投资者,从而使演艺作品供给方与观众之间的关系发生了深刻的变革。观众不再满足于接受演艺剧团的单向输出,更对演出内容提出建议;对于演艺供给方而言,通过互联网金融带来的数据积累以及互动关系的

---

① 肖帝雷:《"演出保":创新融资依据》,《中国文化报》,2014 年 7 月 26 日。

改变,能够更加直观地获取消费需求,并据此调整演出策略,优化演出内容。

1. 基于投资者关系的消费需求定制

互联网金融深刻改变了演艺产业产品供给方与消费观众之间的关系,正如部分学者所言:众筹的更大意义还在于,项目的投资者同时也是消费者,对于演出项目自然会发表自己的意见甚至是深度参与,与演出方进行交流互动,这样就有利于演出方深入了解市场并根据众多投资人的意见及时调整演出产品。[①]

对演出内容进行定制,不仅是观众作为投资者深度参与演艺项目的欲望与需求,也是剧团优化演艺产品、提高作品被认可程度的重要方式。这一实践已经在演艺产业的众筹市场中多有体现,如2014年汪峰北京鸟巢演唱会众筹项目,通过参与者讨论来选择演唱曲目;话剧《盗墓笔记》等剧目则通过众筹将决定立项城市的权利下放至观众。除民间演艺产业外,内容定制的做法也在备受重视的春晚中有所体现,2015年央视春节联欢晚会,语言节目组发起了"最不希望在春晚上听到的流行语"征集活动,通过网络数据来定制节目内容;现在,央视网推出的"@春晚"为观众定制了场景中自带节目Logo、主视觉等元素的20秒短视频,使乐于使用互联网产品的年轻网友成为春晚内容的一部分。

2. 演出内容定制的优势

演出内容定制是演艺产业与互联网融合发展的必然趋势,在互联网的影响下,演艺产业链逐渐向网状闭合结构发展,链条各个环节相互影响、协同发展,推动演艺产业的市场化运营进一步深化。

加强观众互动,增强用户黏性。通过互联网金融进行演出策划,消费者既是消费作品的观众,又是作品的投资人,剧团与观众之间的互动由以往的单向互动变为双向互动,更有利于剧团通过剧目凝聚消费者,通过投资给消费者带来深度参与感,增强消费者对剧团品牌的忠实度和黏性。

增强剧团创作策划能力,提高市场竞争力。互联网环境下,剧团运营更加透明,市场化的运营程度更加深化,任何错误都会迅速在消费者中传播,进

---

① 刘筱梅:《"互联网+"时代演艺产业的创新与发展》,《中国文化产业评论》2015年第1期,第249—263页。

而被放大,这为剧团的运营带来了极大压力,但也客观上推动演艺剧团进一步强化创作和策划能力,提高市场竞争力。

五、剧场经营环节的互联网技术应用

早在"互联网＋"的概念提出之前,互联网技术已经在剧场经营中有了充分的运用,"互联网＋"的提出进一步推动我国智能场馆的建设,更多剧场利用先进的计算机技术、信息传输技术实现场馆信息资源共享、场馆内外实时监控、信息内容智能化和分级存储,使场馆设施数据化、轻量化。

(一)互联网技术的舞台应用

在传统的演艺舞台艺术中,表现技术主要通过荧幕、灯光等设施完成,在现代信息技术时代,又增加了投影技术以及虚拟现实技术的应用,如 LED 面板、数字灯具和投影技术等。

LED 面板已经成为我国演艺场馆普遍配备的设施,也是舞台艺术中经常使用的展现方式,LED 面板通过互联网进行计算机控制,形成比传统荧幕更加丰富的色彩、造型,塑造出多样化的舞台效果;随着技术的进步,舞台灯具的选择也已不再局限于传统灯具,将灯光技术与视频技术相结合的数字灯有了更多的应用,数字灯在计算机技术的控制下,有着更为精准的呈现方式,通过灯光师的操控,与 LED 面板、投影技术与虚拟现实技术相结合,能够营造出更完美的舞台体验;投影技术在我国演艺舞台已有较为广泛的应用,譬如2008 年北京奥运会开幕式上的投影技术已令世界惊叹;虚拟现实技术与投影技术相似,但能够直接营造出虚实相间的舞台效果,演艺舞台应用的虚拟现实技术通常为增强现实技术(AR),可将眼前的现实场景与虚拟成像相结合,形成独特的视觉体验。

(二)互联网技术在智能场馆建设中的应用

在智能场馆建设过程中,智能场馆管理系统集成交换机、摄像头、存储器、投影仪和电视墙等多种软硬件,可以采集、传输、展示场馆信息资源,具体包括视频采集、传输及交换、存储管理、显示管理、控制及管理等功能。[①]

除场馆管理运营方面的互联网化,随着移动智能设备的普及,场馆 App 逐渐成为剧场进行客户管理,实现运营的重要渠道。通过智能设备,观众不仅能够完成网络购票、场馆活动查询,还能通过场馆 App 实现剧场周边的餐馆预订、租车服务、停车服务等生活消费,构建起围绕剧场经营,以移动互联网为核心的观众消费生态圈。

六、演艺营销环节的互联网技术应用

演艺产业的市场营销主要包含宣传推广与票务销售两个环节。互联网技术早已使广告业与票务代理业发生颠覆式的变革,依托大数据推送的精准广告价值越来越高,而票务销售模式也随着互联网新业态的产生不断创新,形成多元化的票务营销系统。

(一)依托互联网的精准营销

在大数据和云计算技术推动下,传统平面广告、电视广告、户外广告的市场份额迅速滑落,而依托数据计算对观众的消费偏好进行分析,进而实行广告精准推送的互联网广告以更高的转化率成为行业的热点。

1. 互联网广告营销在演艺产业中的优势

广告营销是不同群体之间的信息传播和交换,在互联网环境下,广告文本借助现代技术呈现出传统广告无法实现的特点和优势。

互联网广告能够突破时间、空间的限制。随着智能硬件的普及和移动互联网技术的发展,广告能够通过互联网进行跨区域、跨平台、24 小时不间断的推送。此外,从场景上看,在智能硬件成为随身必备的物品之后,互联网广告

[①] 陈为、万凯伦:《体育场馆信息化智能化建设需求的思考》,《电子制作》2015 年第 8 期,第 235—236 页。

得以通过手机、平板等全面进入各种生活场景,对消费者形成全方位的包围。

互联网广告能够实现较强的交互性。传统广告的传播渠道多为电视、广播、纸媒和户外媒体等,是信息的单向传输,而互联网能够将广告的点击数据、转化数据、传播数据即时反馈,使广告厂商及时方便地掌握消费者的需求偏好和变动情况。

互联网广告具有更强的针对性、精准度。基于互联网大数据与云计算的技术优势,广告传输双方形成有效互动,因而广告商能够针对消费者的兴趣偏好与消费习惯,对推送时间、广告形式、广告内容等元素进行专门的多元化组合,向消费者进行精准推送。

互联网广告更具灵活性、低成本的优势。在传统广告形式中,广告一旦发出,如需修改将花费较高的成本,造成人力、物力、财力的浪费。而互联网具备的即时传输特性,及较低的传播成本,使广告能够根据广告商需求及时修改调整,达到广告的最佳效力。

互联网广告的形式具有较强的衍生性。互联网本身即是一个快速发展、持续创新的行业,在与广告产业进行融合的过程中同样会不断地衍生出新的产业形态、广告形式、商业模式,进一步从表现形式上丰富广告元素,也使得互联网广告越来越能够承担更多不同类型的营销功能。

2. 演艺产业互联网广告营销模式的分类

互联网广告从表现形式上分为静态与动态两种类型;从媒介渠道上可分为门户网站、视频网站、垂直网站、社交媒体等;从广告的具体表现方式上分类则更为复杂,有弹出广告、浮层广告、贴片广告、角标广告等不一而足。演艺产业采取互联网广告,更加重视垂直网站、社交媒体的广告推送,因此在广告类型的选择上较有局限。

垂直网站广告营销。当前我国已有许多综合性的演出票务网站,通过相关网站进行广告投放能够有效地对观众形成吸引力。此外,剧团与剧场建设自己的官方网站,有针对性地进行剧目宣传,如北京音乐厅、国家大剧院,均设有专职的部门、岗位进行网站运营与管理,国家大剧院还设立了古典音乐频道专区,进行垂直领域的广告营销。

社交媒体广告营销。在微信、微博、豆瓣等平台的推动下,现实中的社会关系与虚拟世界的社会关系融为一体。微博、微信具有多媒体融合、精准定位、快速传播等优势,对于艺术传播而言,它可以通过文本、图片、语音、视频等多种形式全面展示作品。[1] 不仅如此,通过网络社交媒体进行广告营销,更能够充分发挥演艺观众的带动作用,快速实现众口相传,形成规模效应。如豆瓣作为知名的青年集聚网络社区,聚橙网、成都演艺集团的演艺产业主体均设立了网络小组;微博、微信是各大演艺集团的主要推广阵地,国家大剧院也通过官方微博、微信公众号构建自有媒体传播渠道,把握宣传推广的主动权。[2]

众筹模式广告营销。众筹兴起之初以筹集创意项目资金为目的,随着市场发展与实践,众筹在进行项目的深度推广时,有着比传统广告以及常见的互联网广告更大的优势:为了吸引投资人,众筹项目往往会进行比较完整的包装,从而使项目的细节更多呈现在投资人面前。当前,奖励众筹已经成为演艺产业进行品牌营销的重要方式,在音乐领域垂直众筹平台乐童音乐中,诸多独立音乐人通过众筹讲述自己的音乐故事,通过粉丝在社交媒体中的分享进行更多的品牌推广。

门户网站广告营销。门户网站广告营销有着与传统广告一样的优势和较大的用户数量以及相对权威的影响力,如新浪、百度以及移动端的今日头条、网易新闻等综合性门户网站和平台,能够为演艺剧团带来大量的人气与流量,创造剧团吸引新观众的先决条件。

(二)在线票务体系

中国演出行业协会网站公布的《2016 中国演出市场年度报告》显示,2016年演出市场总体经济规模 469.22 亿元,其中演出票房收入(含分账)168.09亿元。尽管尚无在线购票的相关数据,但参考影视行业,根据国家电影专资办、艾媒咨询等机构的数据,2017 年第二季度,用户在线购票率占比达78.2%,2016 年该项数据为 74.7%,而在 2013 年,这个数据仅为 8%,构建在线票务体系已经是互联网时代的必然趋势。

---

① 刘黎雨:《微信自媒体:人人都是艺术传播者》,《中国文化报》,2014 年 6 月 19 日。

② 陈平:《剧院运营管理:国家大剧院模式构建》,人民音乐出版社 2015 年版,第 215 页。

1. 在线票务体系的优势

依托互联网技术,剧团与剧场建立起包含自营在线票务与代理在线票务平台两种模式在内的在线票务体系,客观上优化了剧团、剧场的组织结构,完善了市场化运营体制。

首先,节约运营成本,优化剧团、剧场营收结构。通过互联网票务体系的建立,剧团、剧场得以从传统的多级票务代理链条中跳脱出来,建立从票务到消费者的直接沟通渠道,降低代理商成本,有利于提高票务收入,优化营收结构。其次,直接获得市场数据,便于调控票务演出状况。剧团与剧场能够通过在线购票平台即时获得票务的售出、修改、退票等突发情况,因此能够从容地对票务策略进行相应调整,以完善演出效果。再次,便于与互联网广告体系相结合,提高广告转化率。通过互联网技术,广告与票务体系实现一键链接,极大地精简购票流程,压缩消费者的购买时间,提高广告营销的转化率和成功率。

2. 在线票务体系的模式

整体来看,在线票务体系包含自营在线票务与代理在线票务两种模式,但具体到销售模式,代理在线票务中又包含票务平台代理、众筹票务、众包票务与团购票务四种类型。

自营在线票务。为了降低运营成本,完善市场化运营机制,众多剧团、剧场建立了自营在线票务平台。在线票务平台为剧场、剧团提出了现代化要求:在软件方面,要能够通过技术手段不断优化购票流程,保证购票的便捷性与安全性,并能建立与客户之间的及时沟通渠道;在硬件方面,要能够保证大流量访问时票务平台的访问速度与稳定性。为此,剧团、剧场建立专业的电子商务运营团队,并加强不同部门之间的联动,变革组织结构,优化流程管理。在我国的剧场自营在线票务平台中,国家大剧院通过技术手段提升用户购票体验,并以九五折的优惠政策强化价格优势,截至 2014 年底,大剧院累计实名购票用户 15.9 万人(对历史购票记录筛选去重),官网渠道出票 54 万张,销售额度大幅增长。[①]

代理在线票务。一是票务平台代理。通过与大麦网、中国票务网、永乐

---

① 指国家大剧院的管理和运营。

票务、聚橙网等综合型票务平台合作,建立代理分销机制是剧团、剧场减少经营压力、降低经营风险的有效措施,能够有效扩大剧目的市场认知度和覆盖率。二是众筹票务。众筹票务是众筹多元功能中的一项,在奖励众筹中,将演出门票作为奖励进行众筹,实际上是剧团或剧场进行票务营销的又一种选择。如李盾原创音乐剧《爱上邓丽君》的众筹项目,不仅进行票务营销,还与众筹网之间建立了"票房保底"协议,这是在互联网的创新与发展中衍生出的新型票务营销模式。三是众包票务。众包模式是借助互联网外包给网友来完成的商业模式。① 我国首次尝试众包模式的是票务平台"西十区",2014 年,西十区将包括 S.H.E 演唱会、话剧《盗墓笔记》《空中花园谋杀案》等热门演艺剧目在内的一定数额门票向网友开放"抢票",抢得门票的网友可在低于票面价格的基础上进行自主定价并在线"代售",销售盈利则归网友所得。四是团购票务。团购模式是舶来品,是以利润换规模的典型。在团购模式下,演出票价甚至能够以低于成本的价格进行销售,由此也为剧团、剧场带来了意想不到的观众数量。《天生我怂我忍了》是我国第一个尝试团购模式的剧目,团购价格仅为 2.8 折,团购之前每天的上座率是 10%,团购之后达到满座,该剧出品方雷子乐笑工厂话剧一天创纪录卖票 10000 张。② 但是,在团购模式之下,也出现了剧目质量不高、演出管理混乱的情况。

七、演艺产品环节的互联网技术应用

剧目演出是演艺产业最重要的产出,网络直播技术带来呈现方式与传播方式的改变,是互联网对演艺产品环节最大的影响。当前,演艺网络直播有两种模式:一是传统剧目的网络直播,二是以直播平台为核心的草根演艺直播。

---

① 唐烨:《用"众包"模式卖演出票》,《解放日报》,2014 年 5 月 19 日。
② 和璐璐:《团购演出:让利观众还是破坏市场》,《北京晨报》,2014 年 4 月 5 日。

（一）传统剧目的网络直播

对传统演艺节目进行互联网直播，早在 2002 年便由央视进行了尝试，当前进行网络直播的演艺节目多为短期节目，如春晚、各类演唱会、短期演出的话剧等。

1. 传统演出的网络直播优势

网络直播作为互联网环境下的演艺产品传播渠道，是连接剧目与观众的桥梁，它具有以下两方面的优势：一是创新互动方式，增强传统演艺产品的亲和力。一方面在不断创新的互联网技术下，剧目与观众之间的距离在不断缩小，通过不断发展的多视角网络直播，打破了演艺舞台与观众席之间的界限，观众能够通过直播看到摄像机从不同视角捕捉到的演艺细节；另一方面，互联网技术创新了剧目与观众之间的互动方式，如"弹幕"这一技术的兴起，被合理运用在演艺剧目中，形成剧目与观众的即时互动，增强观众的参与感，丰富演出的内涵，强化传统剧目的亲和力。二是丰富传播渠道，提高演艺产品的影响力。网络直播创造了全新的演艺剧目传播方式，通过互联网，演艺剧目能够突破信息传输的技术限制完成跨平台、跨地区的传播，有效地扩大演艺产品的覆盖面，提高演艺产品的影响力。

2. 网络直播对传统演艺产品的改造

网络直播创造了演艺产品的全新传播渠道，同时，也创造了演艺产业新的盈利模式，这也是"长尾理论"的充分体现。传统演艺产品仅能以票房等现场收入为主要盈利来源，而高票价往往限制了观众的数量，但通过互联网，更多无法进入演艺现场的低消费人群能够通过低价的网络直播来观看演艺剧目，由此形成"现场演出＋付费直播"的 O2O 盈利模式。以 2016 年 12 月 30 日王菲举办的"幻乐一场"演唱会为例，不仅在 PC 端、移动端由腾讯视频实现同步直播，还实现了 VR 平台上的现场网络直播。网络直播所带来的附加价值营收创造了传统演艺盈利的新模式。

网络直播技术的进步创新了传统演艺产品与观众的互动方式。"弹幕"自兴起以来就一直成为网络观众最受欢迎的功能。通过观众发布的弹幕信息，剧目演员能够实时了解观众的想法、需求，并对演出进行相应的调整。传统演艺产业与"弹幕"相结合,创新产品与观众的互动方式仍在不断地探索。2016 年,话剧《拉黑》进行了较为前卫的尝试,将弹幕信息作为演艺产品的内容元素融入演出中,使观众也能参与到故事的变化中。

(二)直播平台创造网络演艺新形态

在文化部文化市场司授牌的 13 家网络演出试点单位中,北京六间房科技有限公司是比较特殊的一家,六间房本身并不生产内容,而是演艺内容的直播平台。随着宋城演艺收购六间房,直播平台所创造的网络演艺产业新的商业形态受到普遍关注。

1. 直播平台的优势

网络直播平台作为新型的演艺产业网络传播渠道,改变了演艺产业的产业格局,通过网络进入演艺领域,可以使更多人更容易地成为演艺内容的创作者和发布者。

降低演艺领域进入门槛,丰富演艺内容。直播平台并不生产内容,而是通过招揽演艺主播,向主播们提供内容传播与推广的平台。在这一模式下,从事演艺产业不再需要经过专业的考核,任何人都可以通过直播平台展现自己的才华与能力,任何怀有演艺梦想的人都可以担任主播,真正进入演艺事业中。由此,演艺产业从业人员基数迅速增加,从而带来演艺内容的多元化。

平台大流量导入,降低内容提供商运营成本。在主播与平台的合作中,直播平台的重要功能之一是通过主播集成的规模效应引入观众,而主播则专注于内容生产,丰富网络演艺内涵。由此,网络主播能够极大程度地节约宣传推广的成本,提高内容生产效率和质量。

创新盈利渠道,探索新的商业模式。网络直播虽然成长迅速,但依然处于发展的初级阶段,商业模式的探索仍须继续。直播平台以数量大、轻量化的小型直播为主,低成本的运营使其能够迅速地实践不同的商业模式,而无须被大制作的传统演艺产品所拖累。

2. 直播平台所引领的网络演艺产品

在以六间房为首的直播平台引领下,全新的网络演艺产品形态,即由大量网络主播提供小制作、低成本的演艺产品的模式已经形成,演艺内容多为歌舞秀。在这一新的产业形态中,形成了与传统演艺产业产品截然不同的观众互动方式与企业盈利模式。

在直播平台的演艺产品中,演艺产品的核心——网络主播与观众真正实现即时的互动,并能够根据观众要求随时进行演出内容的变化与调整,而观众则能够通过直播平台提供的方式如弹幕、奖励等对演出做出反馈。不同于传统演艺＋网络直播所创造的"现场演出＋付费直播"模式,直播平台运用了更多的互联网思维,即"免费引流＋附加价值盈利"的思路。直播平台的演艺节目是免费开放的,网友可以通过直播平台任意观看每个主播所提供的演艺内容,而真正的盈利则来自网友对主播的"打赏"。而对演出内容的供给方,即网络主播,其主要收入构成一是直播平台支付的基本薪资,二是赚得的"打赏"收入提成。以此模式经营的草根演艺直播平台六间房,截至 2016 年,签约表演者人数超过 22 万,月均页面浏览量达 6.65 亿,注册用户数超 5000 万,月均访问用户达到 4350 万。

八、"互联网＋"演艺产业融合发展趋势

在互联网与演艺产业共同发展的二十余年里,传统与创新的碰撞不断创造出新的演艺产业局面,从舞台技术的应用到产业形态的改变,再到产业链的重构与优化,"互联网＋"演艺产业逐渐勾勒出清晰的发展图景。

(一)产业主体多样化

随着演艺产业链向网状结构发展,并构建出"演艺创作—观众消费"的产业链闭环,越来越多的市场主体涉足演艺产业,如金融机构推出针对演艺产业的金融产品,传统工艺美术品制造业涉及演艺衍生品创作等。而互联网技术的创新、产业形态的创新,又与演艺产业不断融合,创造出新的产业主体,如众筹平台、互联网金融等新型市场主体融入演艺产业链中。未来,随着演艺产业市场化经营能力的加强,将会逐步加强与相关产业的合作,将更多市场主体纳入演艺产业链中,而互联网的创新则会进一步创造新的商业形态,

形成新的与演艺产业紧密相连的市场主体。

（二）商业模式创新化

在互联网的影响下，演艺产业链的各个环节都出现了商业模式的创新和颠覆。剧团、剧场、票务代理、网络直播平台等各方都开始加强综合运营能力建设和演艺产业全产业链布局。不同产业链环节的市场主体在面对不同的消费人群、核心竞争力和运营规律时，根据业务变化的需求创新盈利模式，同时优化组织结构，加强不同部门之间的联动，建立与业务经营、盈利模式相匹配的组织体系，从而带来了演艺产业商业模式的不断创新与探索。

（三）演艺内容垂直化

市场实践已经证明，互联网能够为产品供给方带来大量的消费人群，但相应的，互联网也使消费需求更加细化，由此导致的是消费市场的深入与细分。演艺产业也在按照这一规律发展，并在演艺产品的网络直播中体现得尤为突出。网络直播的普及增加了消费者基数，也有更多具有较高观赏需求的消费者参与进来，对歌舞、戏剧、曲艺、舞台剧等不同的艺术形式提出不同的直播要求；网络演艺产品的创作方或网络直播平台则根据市场需求，结合不同类型演艺产品的表现形式、特点及规律进行差异化直播，形成内容领域的专业化与垂直化。

中央文化管理干部学院科研处　　陈　昱

第四章　文博行业的产业化走向

● 　继 2016 年"文博行业文化创意元年"之后，文博行业政策在基础保障方面持续发力，促进行业标准化和规范化发展。不同于 2016 年的创意设计产品爆发之势，2017—2018 年博物馆文化产业呈现出内容深耕、平台深化之态，其中，以研学为代表的博物馆教育产品是值得关注的行业新动态。

● 　就博物馆本身而言，如今其发展方向开始逐渐由藏品导向趋于受众导向；功能上从内向的藏品保存、研究，逐渐呈现以藏品研究为基础、以公众文化服务为目的的功能定位，以最大限度地发挥其文化及空间资源的多重价值，也有利于实现博物馆自身造血和良性发展。

● 　当前文博行业的产业化，主要以博物馆文化资源为核心，以博物馆单位为开发主体之一，形成了包括展陈、教育、旅游、创意设计、泛娱乐等产品形态。作为文博行业基础产品，展陈是相对较为成熟的产业，并发展成从硬件设备到内容策划的产业链；而博物馆创意设计和泛娱乐等，则是近两年在政策鼓励和互联网企业参与下催生的新兴业态。

由于我国文博行业起步晚、发展不成熟，对于文博行业的构成，学界和业界没有一致的标准。从行业主体的相关性来看，除了公立博物馆等事业单位，还有民营博物馆、相关层的文化企业、衍生层的文化设备类企业；从横向的产业类别看，包括展陈产业、教育产业、艺术品鉴定与拍卖、文化内容与创意产业等业态。作为文博行业的传统和基础产业，展览陈列已有较为成熟的产业链，在当今技术条件下不断更新发展，呈现出硬件科技含量提高、软件内容逐渐丰富的特点。在文博行业的衍生层中，表现尤为突出的是博物馆文化资源与文化创意产业的结合，形成了诸如创意设计、数字内容（影视、音乐、动漫、游戏)等业态,且其传播渠道逐渐呈网络平台化,传播方向也从单向传播转向与大众双向互动。在政策的持续鼓励下,社会力量的参与更加多元和深入,互联网企业的纷纷布局也不断助力文博行业的多样化与公众化发展。在这种背景和趋势下,博物馆相关的文化市场具有较大潜力,文博行业的休闲娱乐、教育产品、内容产品等面临前所未有的发展机遇。

一、政策环境持续利好,法律法规逐渐完善

2016年在政策鼓励下,博物馆文创产业呈现爆发式兴起,行业发展热度显现,包括互联网和传统行业的各类企业角色纷纷尝试与博物馆文化资源进行对接。2017年至2018上半年,行业发展环境趋于稳定化,政策方面从2016年大力鼓励博物馆文创开发经营,到注重文物保护、标准制定等行业发展的基础条件,法律和规章制度也在不断得到完善。对于每一个城市而言,博物馆既是对外而言的地域名片,同时对内而言,也是链接本地市民和社区的公共文化空间和城市会客厅。为了更好地发挥其文化空间的功能,从2008年发布的《关于全国博物馆、纪念馆免费开放的通知》开始,国家就通过系列政策法规来支持博物馆从一个藏品保存、研究机构转变为公众文化服务机构,扩大其文化效益和社会效益。近10年来,除了在免费开放方面的大力支持,政策的指挥棒作用还体现在文化事业单位管理机制、绩效评价、结构改革、对非国有博物馆的支持鼓励、博物馆文化资源的保护与创意开发、对相关企业的税收优惠等方面的全方位发力。

(一)文博行业相关政策

从2014年至2016年以来,一系列政策法规密集出台,鼓励文博创意产业发展(表4-1)。2014年3月,国务院出台《国务院关于推进文化创意和设计服务与相关产业融合发展的若干意见》,标志文化创意和设计服务与相关产业融合发展已经成为国家战略。2015年3月20日,《博物馆条例》正式实施,明确博物馆可以从事商业经营活动,与文化创意、旅游等产业相结合,挖掘藏品

内涵,并鼓励博物馆多渠道筹措资金促进自身发展。这为博物馆发展文创产品提供了法律和制度保障,将文创产品发展推入了"快车道"。2016 年 3 月国务院发布《关于进一步加强文物工作的指导意见》,倡导大力发展文博创意产业,在经营管理上,鼓励"社会资本广泛参与研发、经营等活动"。2016 年 5 月,国务院办公厅转发文化部、国家发展改革委、财政部、国家文物局的《关于推动文化文物单位文化创意产品开发的若干意见》。随后,文化部、国家文物局先后确定或备案了 154 家试点单位,鼓励试点单位探索通过博物馆知识产权作价入股等方式投资设立企业,从事文化创意产品开发经营。

在政策鼓励下,2016 年也因此被认为是博物馆资源开发甚至是"IP 运营"的元年,这也意味着文化创意产业在政策和实践层面正式成为博物馆的"标配",博物馆运营以文化创意产业为切入点,尝试与消费市场的对接。

2017 年 2 月,国家文物局在《国家文物事业发展"十三五"规划》中更是提出了 2020 年发展目标:打造 50 个博物馆文化创意产品品牌,建成 10 个博物馆文化创意产品研发基地,文化创意产品年销售额 1000 万元以上的文物单位和企业超过 50 家,其中年销售额 2000 万元以上的超过 20 家。

表 4-1　近年来文博行业相关重大政策

发文时间	发文部门	文件名称	涉及要点
2014 年 3 月 14 日	国务院	《国务院关于推进文化创意和设计服务与相关产业融合发展的若干意见》	文化创意产业
2015 年 3 月 20 日	国务院	《博物馆条例》	博物馆的商业经营
2016 年 3 月 8 日	国务院	《国务院关于进一步加强文物工作的指导意见》(国发〔2016〕17 号)	文博创意产业
2016 年 5 月 16 日	文化部、国家发展改革委、财政部、国家文物局	《关于推动文化文物单位文化创意产品开发的若干意见》(国办发〔2016〕36 号)	文博创意产业
2016 年 10 月 18 日	国家文物局	《关于促进文物合理利用的若干意见》(文物政发〔2016〕21 号)	文物合理利用、文博创意产业

续　表

发文时间	发文部门	文件名称	涉及要点
2016 年 11 月 29 日	国家文物局、国家发展和改革委员会、科学技术部、工业和信息化部、财政部	《"互联网＋中华文明"三年行动计划》（文物博函〔2016〕1944 号）	文物资源＋互联网、大数据
2016 年 12 月 29 日	科技部、文化部、国家文物局	《国家"十三五"文化遗产保护与公共文化服务科技创新规划》	文化遗产＋科技
2017 年 2 月 21 日	国家文物局	《国家文物事业发展"十三五"规划》	文博创意产业规划

（二）文博行业政策变化态势

继 2016 年对鼓励博物馆文化创意开发的相关政策之后，2017 年至 2018 年，政策着力点主要偏重于对文物保护、文博行业标准制定、知识产权等方面，不断为行业发展提供基本保障和持续优化（表 4-2）。

首先，对文博行业的鼓励依旧是明确的政策方向。第十九次全国人民代表大会于 2017 年 10 月召开，坚定文化自信是十九大报告中文化建设部分的关键词，满足人民日益增长的文化需求则是满足人民日益增长的美好生活需要的重要内容，作为国家文化建设过程中中坚力量的文博行业，有责任和潜力弘扬传统文化，提供更为丰富多元的文化产品和服务，打造文化产品，促进人民文化消费升级，增强民族文化自信。

其次，2016 年的文博创意产业热潮过后，政策导向逐渐趋于文博行业的基础规范，旨在为行业发展奠定一个健康的环境和稳定的基础。国家文物局发布的《文物建筑开放导则（试行）》从规范管理角度提出文物建筑保护前提下的合理开发利用。《关于进一步推动非国有博物馆发展的意见》中则专门强调对非国有博物馆在管理组织、经营活动、资金筹措等方面的规范和扶持。

另外从 2016 年到 2018 年，教育部陆续发布对于青少年研学的发展意见和推荐单位名单，以及国务院关于全域旅游发展指导意见中涉及对博物馆教育和文化旅游资源的合理利用，是近两年文博行业政策动态的亮点，也或将成为接下来博物馆文化产业发展的方向之一。

表 4-2　近两年文博行业政策动态

类型	时间	部门	名称	涉及要点
法律	2017 年 11 月 28 日	第十二届全国人民代表大会常务委员会修正、国家文物局发布	《文物保护法》(2017年修正本)	文物保护相关法律
规范性文件	2017 年 11 月 13 日	国家文物局	《文物建筑开放导则(试行)》	文物建筑合理开发利用
政策通知	2017 年 7 月 17 日	国家文物局	《关于进一步推动非国有博物馆发展的意见》	非国有博物馆的规范和扶持
全国第一部地方性博物馆专项法规	2017 年 9 月 13 日	广州市人大常委会	《广州市博物馆规定》	博物馆规范化、文化创意产品开发
管理规章	2017 年 12 月 15 日	文化部文化市场司	《娱乐场所管理办法》	博物馆及文物类建筑的管理保护
政策意见	2018 年 3 月 22 日	国务院	《国务院办公厅关于促进全域旅游发展的指导意见》	博物馆与文化旅游
政策意见	2016 年 12 月 2 日	FWW教育部	《教育部等 11 部门关于推进中小学生研学旅行的意见》	中小学生研学旅行
	2017 年 12 月 6 日	教育部	《教育部办公厅关于公布第一批全国中小学生研学实践教育基地、营地名单的通知》	博物馆与研学基地
	2018 年 6 月 7 日	教育部	《关于开展"全国中小学生研学实践教育基(营)地"推荐工作的通知》	博物馆与研学基地

　　通过盘点近年来对文博行业发展有重要意义的政策法规、规范性文件等,可以从政策导向中看到文博行业在未来发展方向上具有日趋专业化、规范化与区域化的特点,博物馆与文化创意产业的结合也将在政策背景下展开,逐渐从市场和资本的追逐热度中趋于稳定化、规范化与深化发展,真正开

始博物馆文化资源优化利用以及博物馆文化产业的逐步探寻之路。

二、博物馆文化产业与企业发展动态

依据国家统计局发布的《文化及相关产业分类(2018)》,六大文化核心领域分别是新闻信息服务、内容创作生产、创意设计服务、文化传播渠道、文化投资运营、文化娱乐休闲服务,其中,博物馆是作为"内容创作生产——内容保存服务"角色而出现在分类中的。就博物馆本身而言,现如今其发展方向开始逐渐由藏品导向趋于受众导向;功能上从内向的藏品保存、研究,逐渐呈现以藏品研究为基础、以公众文化服务为目的的功能定位,以最大限度地发挥其文化及空间资源的多重价值,也有利于实现博物馆的自身造血和良性发展。另外,就以博物馆相关文化产业而言,主要以博物馆文化资源为核心,以博物馆单位为开发主体之一,形成了包括展陈、教育、旅游、创意设计、泛娱乐等产品形态。作为文博行业基础产品,展陈是相对较为成熟的产业,并发展成从硬件设备到内容策划的产业链;而博物馆创意设计和泛娱乐等,则是近两年在政策鼓励和互联网企业参与下催生的新兴业态,市场潜力初现,但行业规范和馆企合作机制尚不成熟。另外,包括互联网知识内容、青少年研学团等博物馆教育产品是 2018 年博物馆相关文化产业的一大亮点,虽然目前处于初步发展阶段,研学市场乱象纷纷,但博物馆作为非正式教育的前沿阵地,具有相当的市场深耕的价值和潜力。

(一)博物馆教育:市场蓝海尚待发掘

博物馆在定义中就被赋予了教育功能的内涵,博物馆教育目前主要针对的是未成年人,以馆校合作、馆企合作、博物馆自主开展、企业独立运营等多种方式对博物馆文化和空间资源进行合理利用。

1. 资源潜力初现

2015 年,全国未成年人参观博物馆达 2.47 亿人次,约为 2010 年的 2 倍,

2016 年,这个数字基本保持不变,为 2.36 亿人次[1],博物馆逐渐成为未成年人非正式教育的前沿阵地之一。根据 2016 年发布的《教育部等 11 部门关于推进中小学生研学旅行的意见》,教育部于 2017 年 12 月公布了第一批"全国中小学生研学实践教育基地"(以下简称基地)和"全国中小学生研学实践教育营地"(以下简称营地)。在这 204 个基地中,有 46 个单位为博物馆(院),占比 22.5%,博物馆、纪念馆、展览馆、科技馆等文化场馆类单位共为 97 个,占比 47.5%,按内容来看,包括军事、航天、水利、消防、地质、工业、气象、海洋、铁道、煤炭、历史纪念、文物遗址、综合艺术、民族民俗等门类。2018 年教育部继续遴选命名一批研学基地和实践营地,合理利用博物馆等场所的文化资源,同时将博物馆的非正式教育作为校园教育的补充。

可以预见的是,博物馆教育的市场潜力是值得期待的,在目前缺乏规范监管体制、行业标准,进入门槛低的现实下,构建馆企校合作机制、培育壮大市场主体、打造品牌产品、引领行业标准,才是行业良性发展的根本方向。

2. 研学市场热度催生乱象,行业标准尚待完善

研学是旅游市场和教育市场结合而生的新业态,是近两年业内纷纷抢占的新蓝海,是国民文化消费升级拉动下的市场反应。在资本和市场的追逐下,研学产品也存在着诸如质量参差不齐、教育价值缺失、价格奇高等诟病,反映出研学市场目前存在产品体系不够成熟、企业进入门槛低、行业资质监管缺失等问题。博物馆作为研学活动的主要阵地之一,各企业机构纷纷利用其近乎免费的文化资源,开展付费型教育活动,但由于行业发展不成熟,文化文物类部门、工商管理部门的管理责任不清晰,博物馆监督合作的角色不明等原因,也不可避免地存在产品质量问题。

首先,多数研学产品有游无学,内容的缺失使得教育产品标签化。就研学产品的内容设置特点和组织主体主要分为两种,一种是有教育机构参与的,一种是旅行社独立组织的。前者往往还有些课程活动和内容的设计,后者则大多是以"研学"为噱头开展青少年观光旅游,博物馆只是其长达数日的旅程中的一站,有的产品设计中甚至没有配置基本的博物馆讲解内容。

---

[1] 国家统计局:《2016〈中国儿童发展纲要(2011—2020 年)〉统计监测报告》,http:// www. stats. gov. cn/tjsj/zxfb/201710/t20171026_1546618. html.

其次,部分教育机构致力于博物馆教育产品的专业深耕,然而中小微及创业企业势单力薄,难以推动行业标准的建立和系统式发展。南京尤里卡时刻教育科技有限公司(以下简称"尤里卡教育")成立于 2014 年,致力于博物馆教育的课程内容与活动设计,被评为 2015 年"搜狐教育"年度创新力产品。截至 2018 年 7 月,尤里卡教育一共推出以南京直立人化石遗址博物馆、古生物博物馆、南京紫金山天文台、中国科举博物馆、南京六朝博物馆为目的地的 10 款教育产品,内容设置贴合博物馆本身,通过讲解、情景游戏、实践操作、绘本阅读等活动形式,提升青少年的参观兴趣,达到非正式教育的效果。

3. 相关案例解读

北京忆空间文化发展有限公司成立于 2014 年 11 月,这个创业团队从成立之初便定位于关注青少年博物馆教育,致力于通过"线上+线下"的方式,以图书、音频、课程、游学等教育产品形式,深入挖掘和开发博物馆等文化场馆的资源,致力于亲子家庭人文核心素养的提升。

就主要业务来看,在线上部分,忆空间着力打造"耳朵里的博物馆"品牌,以"和百万家庭深度看展"为目标,提供展讯相关的微信自媒体,现已形成数十万用户的稳定互动群体;同时,着力打造"阅读和音频"两大平台,通过与国内外知名出版社的合作,汇聚各类优秀博物馆童书,形成博物馆童书阅读推广平台;通过与国内外众多博物馆的合作,制作适合青少年群体的音频导览和主题节目,开发"耳朵里的博物馆"App,形成博物馆音频内容推广平台。线下部分,基于对本地博物馆资源的发掘和研究,开发青少年博物馆课程,现已在北京、西安等地开发了"发现城市""中国通史"等系列课程;同时以合作角色参与到部分博物馆社会教育活动、临展特展相关专题课程中。另外,团队先后与埃及驻华使馆、以色列驻华使馆、希腊国家旅游组织等建立合作,形成"古都中国史"和"古国世界史"主题产品,拓宽境外文化资源和业务范围。

总体看来,博物馆教育市场处于发展初期,各类企业主体的无门槛进入、市场监管机制的不完善仍是制约行业发展的基本因素,课程体系和产品标准的建立,有赖于馆校企合作研究路径的探索。

(二)博物馆展陈:从硬件到内容的升级

展陈是博物馆的基本化服务和产品内容,在博物馆展陈产业链中,一直是展柜、灯光等硬件设备公司和策展公司占据主体地位。近两年由于互联网技术的发展和用户的移动端消费习惯,博物馆展陈行业也面临着转型升级和内容提升,主要是导览信息服务和语音内容讲解两大类产品,为博物馆展陈的传统产业链注入了新生活力。

成都今古科技有限公司开发的博物馆语音讲解类产品——"古猫|陪你去看博物馆"App,旨在为用户提供便捷及个性化的博物馆语音讲解服务,配合"最新""热门""附近"的展馆及其最新展览来提供展讯信息及语音讲解,截至 2018 年 7 月 29 日,古猫 App 共上线数十款免费语音讲解产品,以四川博物院、成都武侯祠博物馆、杜甫草堂、成都博物馆、金沙遗址博物馆、三星堆博物馆等四川省内的博物馆为主,还包括国家博物馆、圆明园遗址公园、秦始皇帝陵博物院、南京六朝博物馆、重庆自然博物馆等部分四川省外博物馆及都江堰、青城山、乐山大佛等四川省历史人文景区,收听量最高的是成都博物馆的讲解内容,单个展览最高收听 11 万次,其音频最低收听也在 1000 次以上。例如"古蜀华章·国博站"这款配合特展的音频,截至 2018 年 7 月 29 日,被收听 3407 次,App 内评分 9.3 分。以互联网为平台,优质内容为核心,古猫 App 突破了传统讲解方式的时空限制、优化传统讲解设备的体验,实现了内容传播的规模效应。但是目前此产品尚处于探索初期,盈利模式还不明晰,或许将以博物馆合作、用户付费等方式探索商业变现之路。仅就其内容而言,这是目前国内博物馆讲解类 App 中口碑和反响较好的产品。

在博物馆展陈中,除了讲解类产品,还有导览信息服务类产品是近年的新生力量之一。上海多棱镜网络科技有限公司的主力产品之一是"博物馆·看展览"App,致力于为用户提供展览信息整合与推送服务,截至目前,此平台已经录入了 2000 多家博物馆的信息,多棱镜与其中 200 多家签订了战略推广协议。基于此自研发产品的尝试与经验,多棱镜现在主要业务是为博物馆做移动应用开发,为企业搭建技术框架,再由博物馆自己进行内容运营,包括微信导览、App 客户端等平台。公司现已与南京博物院、上海博物馆、湖南博物馆、苏州博物馆等全国知名的一级大馆和新疆楼兰博物馆、贵州民族博物馆等特色中小博物馆达成业务合作。

(三)互联网＋博物馆：从技术到平台的整合

在数字技术和互联网平台的推动下，博物馆的藏品收藏、保护与陈列展示的方式手段在逐步地向信息化、智慧化、公众化方向发展。博物馆的数字化是指基于信息的采集、呈现、分析、应用的系统过程，包括采样、建档、三维建模等方面。智慧博物馆则是更广泛意义上的概念，包括物联网、观众行为分析、博物馆职能部门数据共享，等等。而公众化方向，则是强调数据采集与VR(虚拟现实)、AR(增强现实)技术的结合，以提升观众的体验，增强观展的"浸入感"。

与已成为博物馆传播渠道标配的网站建设不同，此类技术的开发与运营成本高，除了部分大馆和特殊展览，国内大多博物馆并不具备与之相符的人力和财力，平台化有利于降低数字博物馆的建设成本，另外集约式平台有利于引导用户流的重复增值，增大信息曝光度，降低单个博物馆的运营成本和风险。以互联网巨头为代表，互联网＋博物馆的平台化建设从2016年开始至2018年，在不断探索中得到深化发展。

百度百科数字博物馆早在2012年1月4日就正式上线，在2014年5月改版至3.0版本，全面升级为平台，又于2018年5月全面升级，正式更名为百度百科博物馆计划，平台不断得到纵深发展。2018年7月，法国枫丹白露宫与百度百科签署合作协议，为"百度百科博物馆计划"扩展了国际数字展品资源。截至2018年7月29日，百度百科数字博物馆共上线238家博物馆，共收录1624家博物馆，参观人次达8336万。其中包含了近60个3D全景类数字博物馆及安阳殷墟艺术博物馆、北京工艺美术博物馆等共170多个图文类数字博物馆。

除此之外，早在2016年，在各类鼓励文物合理利用和博物馆文化创意开发的政策鼓励下，完成游戏、动漫、影视等行业的IP布局后的互联网巨头，纷纷尝试结合自身业务特色来布局文博行业，以期发掘传统文化优质IP资源，直到2018年上半年，各互联网企业仍在探索与博物馆的深化合作，并呈现平台化发展趋势。在发挥技术优势方面，腾讯在2018年6月的戛纳国际创意节上推出了"全球数字文博开放计划"，为博物馆提供全面数字解决方案；阿里巴巴继阿里鱼 IP 授权平台之后,又与故宫博物院进行了电商方面的战略合作。

在发挥内容优势方面,网易云课堂与国家文物局达成合作,开展国家文化遗产系列公开课;腾讯在"互联网＋中华文明"项目中,更是结合自身在内容开发与运营的先天优势,在与秦始皇陵、敦煌莫高窟、故宫博物院的合作中,涉及游戏、动漫、社交、音乐等不同产品线的共同开发,全方位立体打造兵马俑等 IP 品牌。在互联网企业与文博的合作上,似又会上演"平台"与"内容"之争,而定位为"科技＋文化"的腾讯或许会走得更远。

(四)传媒产品:内容资源的二次创造

博物馆的文化产品发展维度较广,除了以知识为中心打造教育产品,以展陈为中心打造文化旅游产品,以藏品元素为中心打造创意设计产品,更重要的是博物馆藏品资源的文化内涵与故事内容的深度挖掘与创意表达,并以小说、绘本等出版物,纪录片、动画短片等影视载体呈现,进行博物馆文化资源的二次创造和开发,从而实现资源价值更好地扩展新受众群体。

自从 2017 年 1 月 25 日,中共中央办公厅、国务院办公厅印发了《关于实施中华优秀传统文化传承发展工程的意见》,政策鼓励背景下掀起了一股传统文化综艺热,继《中国诗词大会》《朗读者》《见字如面》之后,于 2017 年 12 月开播的文博类电视节目《国家宝藏》也是央视与传统文化资源对接的又一力作。截至 2018 年 7 月 30 日,《国家宝藏》在豆瓣有 5.9 万人参与评分,为 9.0 分,在 bilibili 视频网站上的总播放量为 1578 万,节目收藏人数 21.8 万,弹幕总数 108 万,远超 2016 年的现象级文博纪录片《我在故宫修文物》的热度。《国家宝藏》以 2010 年财政部和国家文物局曾公布的 8 家"首批中央地方共建国家级博物馆"为合作对象,以舞台剧编演的形式探索文物背后的历史故事,结合当下文物保护和创新的现实故事讲述,加上馆长坐镇、明星助演,吸引了大批年轻观众,拉近了文物与大众之间的距离,也使得博物馆在大众心目中的疏离和陌生感有所降低。

虽然此节目的成功得益于制作团队的实力、平台的影响力和大馆的品牌力,作为一个综艺产品难以复制,但值得关注的是节目中通过文化内容的二次创作,改变博物馆一贯的展陈文本叙事方式,以影视传媒内容的创作为博物馆文化传播带来另一种可能性,这是文博行业在内容深度化发展中值得借鉴之处。

三、文博行业相关企业发展中面临的问题及其对策

得益于政策支持、经济技术推动和文化消费拉动,博物馆文化行业于近年的初步探索中呈现出良好势头,尤其是从 2016 年开始至 2018 年,文化事业大力发展、市场活力初步释放、互联网公司持续加深文博布局,将有利于进一步推动文博行业的良性发展、优化文化产品供给体系,从而促进文化产业的整体繁荣。然而总体看来,在实际运营中,由于文博行业的发展历史、现行管理方式和文物保护等方面的特殊性,相比一般的文化产业,其市场发育起步晚、受行业固有观念和体制束缚更大,仍然面临着巨大的挑战。

(一)保障机制不完善,束缚更多新的尝试

博物馆在管理体制、经营理念和方式上的滞后,造成其在文化产品和服务开发上的积极性不强、实力不够,其产品供给往往与行业发展和市场需求脱节,造成人力、财力资源浪费,甚至折损博物馆的品牌形象。在博物馆文化产品开发中,博物馆应明晰角色定位,发挥专业特长,与擅长市场运作的企业进行合作,扬长补短,达到专业知识内容与商业经营手段的完美契合。这样的合作是建立在科学的运营机制和馆企合作机制之上的。

在博物馆内部建立科学运管机制,最首要的就是要建立起科学的用人机制、激励机制、财务和审计机制,形成科学严谨的自我产品开发流程、产品监制准入制度和产品入场管理制度。在馆企合作机制中,从项目式组织管理、人员调配、部门协调整合,到商业合作模式、角色定位、利润分配等一系列问题都需要建立起有益的管理和运行模式,实现博物馆与企业的优势互补。

（二）市场主体过于弱小，缺乏行业领跑者

除了互联网巨头在泛娱乐领域的文博资源布局和 IP 衍生，对博物馆本身及其基础文化产品与服务进行内容深耕和优化升级的，大多是文博行业内的小微企业及创业团队，缺乏有力的行业领跑者和标准制定者。究其原因，除了博物馆文化市场的机制不健全，还有文化产业小微企业面临的普遍问题：融资难、人才短缺、知识产权保护机制不完善、政策扶持力度不足和维度不够精准等。

首先，培育高校创业团队，增强文博行业活力。将文博行业发展与"大众创业、万众创新"紧密结合，扶持文博领域的创新创业，尤其是高校内的文博相关创业项目和团队。以文化企业孵化器、众创空间等公共服务平台和信息咨询、投融资、知识产权交易、经营管理的培训辅导等各项服务的完善优化，来吸引并培育创业团队。探索博物馆与高校、企业与高校、馆校企等多种合作方式，学术类和实践类人才培养机制、项目培育机制，发起创新创业项目招标、培育，为高校团队提供实验场所、专业咨询，待项目成熟后可引入企业实施落地。利用互联网平台实现人力、资金、信息等资源流通，达到馆校企各方优势资源的互通互融，培育创业团队。

其次，培育文博类骨干文化企业。重视对民营博物馆的引导和支持，加大文博行业的协会组织类平台建设，除了馆际合作沟通，更重要的是企业之间、馆企之间的交流合作，发挥行业内的集聚效应。甚至产业关联度高的文化企业以资本为纽带进行联合重组，甚至跨地区跨行业跨所有制并购重组，提高文化产业规模化、集约化、专业化水平，充分发挥其示范、带动和辐射作用。

（三）文博行业尚待进一步探索挖掘

文博行业目前呈现的产品主要有展览类、教育活动类、创意设计类、数字内容类、出版物类，市场主体参与不足，资源的专业性开发力度不够，面对文化消费市场的需求升级，文博行业仍有很大资源潜力尚待挖掘拓展。

坚持内容为王,深度挖掘博物馆文化创意内容,焕发博物馆文化生命力。目前文博行业的文化创意产品仍显得涉及形式很丰富、但内容产品上的研究不足,与文化创意产业的结合还大多局限于创意设计类商品上,在影视、小说、动漫等数字内容方面的开发关注者较少。《国家宝藏》成功的偶然性并不代表博物馆内容产品的发展态势,互联网企业对文博行业的布局应更加关注内容产品的开发和深耕。

扩展目标受众群,以青少年教育为核心,同时关注其他消费群体。在经济不断发展的背景下,大众需求层次不断提高,终身学习逐渐成为一种社会氛围和时尚理念。博物馆作为集艺术价值、教育价值于一体的公共文化空间,其教育活动和相关产品不应只局限于青少年或学生群体,扩展老人、白领、亲子家庭中的家长等目标受众群并进行细分,打造针对性的产品,扩展深化博物馆教育市场。

结合休闲旅游,突破单一参观体验,挖掘博物馆休闲体验价值。并不是所有人都是来博物馆搜寻知识、寻求文化体验的,博物馆应结合自身类别和特点,参考城市综合体、复合书店、主题公园等文化空间的运营,探索自身功能定位的更多种可能性,从而实现教育体验、休闲体验、审美体验、社交体验等多重价值。

中国海洋大学文化产业系　任　婷

第五章 文化企业投融资与并购

● 2017年是深入实施"十三五"规划的关键节点,在顶层设计的指引下,文化艺术、新闻出版、广播影视、文化旅游等文化产业子行业领域的规划纷纷出台,为文化企业的茁壮成长提供了优质的产业环境,而文化金融资本在此过程中起到了不可替代的作用。

● 不可否认,2017年我国文化企业投融资与并购热度不减,但是与前些年出现的虚高估值、盲目炒作现象不同,在金融监管趋严的宏观背景下,文化企业投融资与并购正回归理性,市场泡沫减少,文化企业投融资与并购朝着良性方向发展。

● 2017年以来,由于证监会颁行资产重组新规,文化企业并购总体规模下降,市场规制趋严,并购行为更加理性。更重要的是,随着文化产业发展步入"互联网+"时代,数字内容行业成为文化企业并购的热点领域,海外并购也呈现出机遇与挑战并存的特征。

一、2017 年文化企业投融资概况

文化企业的运营离不开充足的资金支持,它为文化企业的市场化运营提供物质保障。下面将从文化企业投融资渠道入手,分析各投融资渠道对文化产业各子行业领域的贡献,兼及文化企业投融资的地域差异。

（一）债券融资成为文化产业各子行业领域的重要资金来源

随着我国债券交易市场活动主体的日益增加,交易种类不断丰富,有效降低了文化企业的融资成本,有利于优化文化企业债务结构,补充流动资金。2017年7月,证监会出台《中国证监会关于开展创新创业公司债券试点的指导意见》,意见将国家高新技术产业园区、国家综合配套改革试验区圈定为债券融资的重点扶持对象,通过优化可转债的发行方式,使文化企业的融资环境得到优化。同年8月,国家发展和改革委员会将文化产业确立为产业专项债券重点发行领域,为文化企业的债券融资开辟绿色通道。在政策的大力支持下,2017年我国文化企业债券融资发行规模达1419.21亿元,成为新闻出版、创意设计、文化传播、文化投资、文化娱乐五大子行业领域企业运行的重要资金来源。图5-1反映了以上五大文化产业子行业领域2017年债券融资总额及其占比。按照债券融资在五大文化产业子行业领域融资总额中的占比由高到低排列,依次为文化投资、新闻出版、文化娱乐、创意设计、文化传播,均保持在10%以上,说明债券融资已成为各类文化企业的重要资金来源。此外,在五大文化产业子行业中,债券融资在从业文化投资的企业融资总额中的占比最高,达到98%,且债券融资绝对数额居于各子行业之首,充分说明债券融资是文化投资企业从事资产管理、总部管理与园区管理最重要的资金来源。

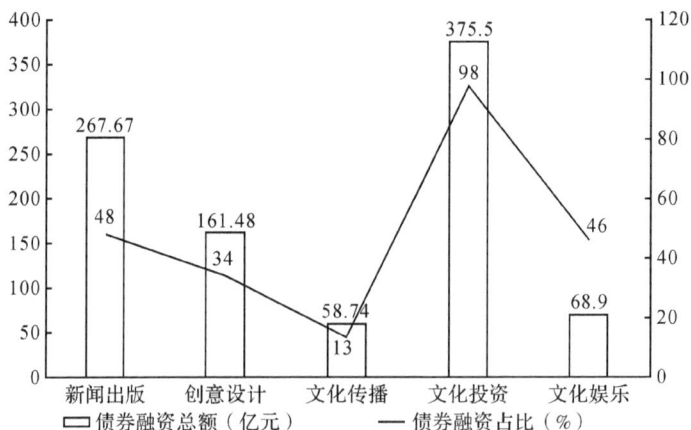

图 5-1　文化产业子行业领域 2017 年债券融资总额及其占比

（资料来源:新元文智—文化产业投融资大数据系统）

（二）上市后再融资对创意设计、文化传播行业贡献率高

　　由于文化产业现代市场体系趋于健全，文化上市公司获得飞速发展，文化上市公司运用配股、发行可转换债券等方式，实现直接融资，尤其在创意设计、文化传播行业领域，上市后再融资充当了不可替代的角色。图 5-2 反映了文化产业子行业领域 2017 年上市后再融资总额及其占比。按照上市后再融资在五大文化产业子行业领域融资总额中的占比由高到低排列，依次为文化传播、创意设计、文化娱乐、新闻出版、文化投资，各子行业上市后再融资绝对数额排序与之完全一致。经过进一步观察不难发现，上市后再融资对创意设计、文化传播领域的文化企业贡献突出，分别达到 36％、39％，与之相应的上市后再融资绝对数额分别为 170.78 亿元、174.14 亿元，所占比例与绝对数据均比新闻出版、文化投资、文化娱乐领域的企业高出 10 倍以上。

　　然而，由于近年来上市后再融资出现融资效率低下、股利分配政策不健全，加之融资投向表现出明显的盲目性特征，文化企业的再融资行为亟待回归理性。在此背景下，2017 年 2 月，证监会发布《上市公司非公开发行股票实施细则》。细则明确规定，企业若计划实施上市后再融资，董事会决议时间与资金到位时间相隔不得低于 18 个月。受此新政影响，众多文化企业纷纷放弃或者推迟上市后再融资议程，文化企业上市后再融资行为更加理性。

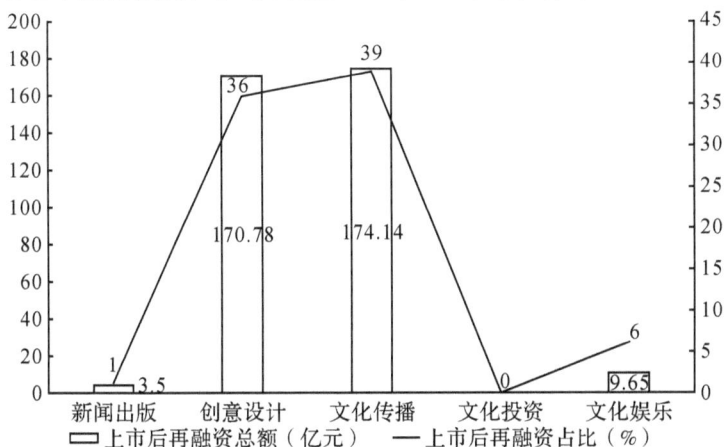

图 5-2　文化产业子行业领域 2017 年上市后再融资总额及其占比

（资料来源：新元文智—文化产业投融资大数据系统）

（三）私募融资对新闻出版、文化传播行业贡献率高

与债券融资、上市后再融资等融资方式不同，私募融资通过和投资人或者债权人的私下商谈，获取风险投资，从而有效改善股东结构、治理结构、监管体系，充分调动文化企业员工积极性，帮助文化企业实现规模经济，最终达到提升文化企业绩效的目的。图 5-3 反映了文化产业子行业领域 2017 年私募融资总额及其占比。按照私募融资在五大文化产业子行业领域融资总额中的占比由高到低排列，依次为新闻出版、文化传播、创意设计、文化娱乐、文化投资，各子行业私募融资绝对数额排序与之完全一致。通过进一步分析可知，私募融资在新闻出版、文化传播行业领域的贡献最大，分别达到 42％、35％，是创意设计、文化投资、文化娱乐领域企业的 2 倍以上。聚焦到新闻出版行业领域，私募融资呈现出明显的集中化趋势，加之双创理念不断深入人心、IP 价值链的延展、文化产业跨界融合的升级，私募融资将越来越集中，而处在初创期的文化企业将成为未来私募融资聚焦的热点。

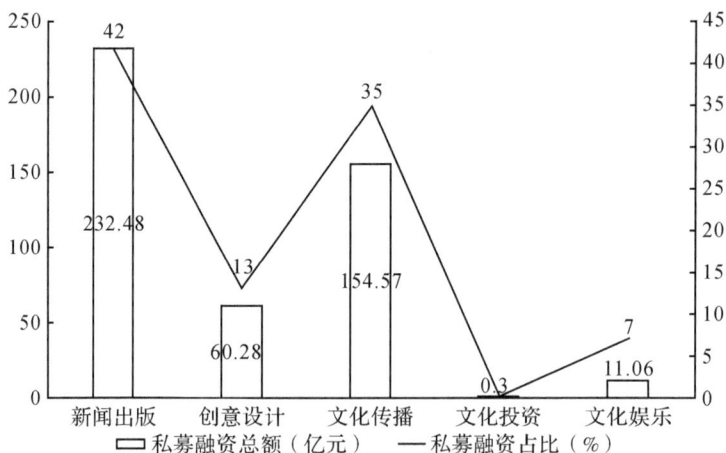

图 5-3　文化产业子行业领域 2017 年私募融资总额及其占比

（资料来源：新元文智—文化产业投融资大数据系统）

（四）文化企业 IPO 呈上升趋势

首次公开募股（IPO）是指企业经由证券交易机构，第一次以公开的方式，向投资人增发股票，从而募集企业发展所需资金。与 2016 年同期相比，2017 年文化企业 IPO 呈现回暖态势：据中国经济网不完全统计，2017 年我国共有 24 家文化企业实施 IPO，是 2016 年的 1.60 倍。其中，选择在 A 股上市的文化企业为 21 家，是 2016 年的 1.91 倍；选择在中国香港上市的文化企业为 3 家，是 2016 年的 1.50 倍。表 5-1 汇总了 2017 年文化企业 IPO 的典型案例。从地域分布来看，北京、上海、福建、广东、湖南等东中部省市是文化企业 IPO 的重点区域；从行业类型来看，新闻出版、创意设计、文化传播是文化企业 IPO 的关键行业。

表 5-1　2017 年文化企业 IPO 典型案例汇总

交易板块	时间	文化企业名称	所属地区	行业类型
上交所主板	2017 年 1 月 4 日	吉比特	福建	创意设计
	2017 年 1 月 18 日	中国科传	北京	新闻出版
	2017 年 4 月 25 日	新经典	天津	新闻出版
	2017 年 8 月 11 日	中广天择	湖南	新闻出版
	2017 年 9 月 21 日	掌阅科技	北京	文化传播
	2017 年 10 月 20 日	风语筑	上海	文化艺术
深交所创业板	2017 年 1 月 20 日	华凯创意	湖南	文化传播
	2017 年 2 月 15 日	宣亚国际	北京	文化传播
	2017 年 4 月 11 日	德艺文创	福建	创意设计
	2017 年 6 月 19 日	杰恩设计	广东	创意设计
	2017 年 9 月 19 日	创源文化	浙江	创意设计
香港交易所创业板	2017 年 1 月 5 日	奥传思维控股	香港	文化传播
	2017 年 6 月 14 日	ITP HOLDDINGS	香港	文化娱乐
	2017 年 11 月 8 日	阅文集团	香港	文化传播

（资料来源：中国经济网）

在具有中国特色的独特网络语境下，以网络文学为主营业务的文化企业走向了风口浪尖。此类文化企业成功实施 IPO,离不开 IP 产业链的开发和互联网技术的迅速发展:一方面,作为 IP 最关键的源头之一,网络文学成为动漫、影视、游戏等衍生产品开发的灵感来源,开展此类业务的文化企业发展潜力巨大,使得 IPO 得以顺利实施;另一方面,2017 年我国网络文学用户数量多达 3.53 亿,占到网民总数的 50%,其中手机端用户占网络文学用户的92.63%,成为网络文学用户的主力军,无疑也为此类文化企业的 IPO 提供了契机。由表 5-1 可知,2017 年以网络文学为主营业务的文化企业实施 IPO 的实例包括:2017 年 9 月 21 日掌阅科技在 A 股上市,同年 11 月 8 日阅文集团在香港交易所创业板上市。

(五)文化企业挂牌新三板数量下降

作为我国多层次股权资本市场的关键组成部分,被誉为"中国纳斯达克"的新三板是文化企业进驻文化资本市场的重要渠道,具有审批流程简单、成本低廉等优点,成为文化企业融资的渠道之一。与前几年文化企业纷纷进驻新三板市场不同,2017 年文化企业挂牌新三板的数量总体呈现下降趋势:据中国文化产业投融资数据平台显示,2015 年共有 358 家文化企业挂牌新三板,2016 年达到 818 家,但 2017 年前 10 个月内,挂牌新三板的文化企业仅为354 家,仅为 2016 年的 43.28%,文化企业挂牌新三板的数量大幅缩水。图 5-4 反映了 2017 年 1 月到 10 月文化企业挂牌新三板的数量。由图 5-4 可知,2017 年第三季度以来,文化企业新三板市场持续低迷,面临流动性困境,这与新三板市场发展的宏观大环境直接相关:据统计,2016 年 7 月 1 日到 2017 年6 月 30 日,共有 3792 家企业挂牌新三板,其中实现融资目标的企业仅占总数的 18.47%,使得新三板对各类企业的吸引力减弱,这在文化企业领域也得到了反映。

不仅文化企业挂牌新三板数量呈减少态势,部分已经挂牌新三板的文化企业开始摘牌:2017 年我国挂牌新三板的文化企业摘牌数量达到 64 家,是2016 年的 16 倍。在此宏观背景下,转股 IPO 成为文化企业的另一选择:以中广影视、永声动漫、长江文化、开心麻花、和力辰光、世纪天鸿为代表的文化企业成为排头兵。

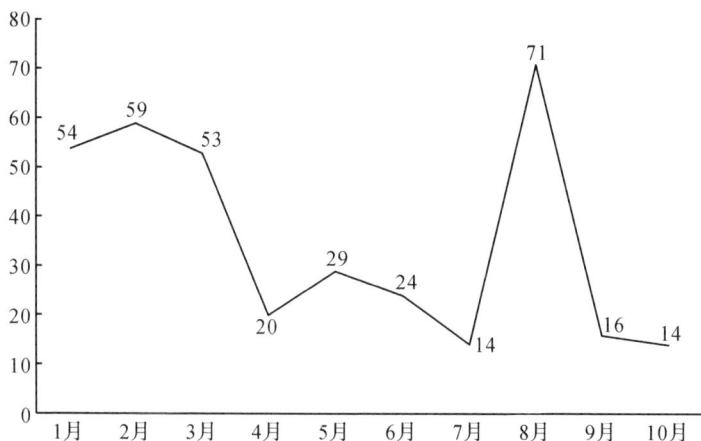

图 5-4　2017 年 1 月到 10 月文化企业挂牌新三板的数量(单位:个)

(资料来源:文化产业数据库)

(六)新型文化企业融资模式趋于成熟

随着文化产业市场规模的不断扩大,文化企业运营管理所需资金不断增加,新型文化企业融资模式正从幼稚走向成熟,主要表现为信托融资趋于健全、文化产业基金逐步到位。

一方面,信托融资趋于健全。信托,顾名思义,就是信用委托的意思,是指文化企业通过和信托公司的洽谈,接纳委托人的资产进行资产管理。与其他融资方式相比,信托融资具有程序简单、环节少、准入门槛低等优势,获得部分中小型文化企业的青睐,处于市场发展的探索阶段。虽然信托融资在文化产业领域的起步较晚,但在 2017 年,北京、上海、广东、江苏等 12 省市已有文化企业开始尝试性地使用信托融资,成为文化企业信托融资的开元之年。在众多行业中,文化旅游企业的发行数量与规模处于前列。值得注意的是,在现行文化资本市场上,融资方主要扮演信托的角色。但从长远看,融资方的角色更加多元,通过开展 PPP、ABS、股权投资等信证合作业务,使信托融资方式不断巩固,为文化资本市场的健康运行保驾护航。

另一方面,文化产业基金为文化企业提供更广阔的资金渠道。前文提及的债券融资、上市后再融资、私募融资、挂牌新三板、信托融资是文化企业在市场化环境下,获取资金的关键渠道。但是,由于我国现行文化体制不健全,政府公共文化财政投入依然是文化企业资金链必不可少的组成部分,文化产业基金正是政府扶持文化产业的新型模式。文化产业基金由各级财政部门发起设立,通过贷款贴息、积累投资基金等形式,引导社会资本进驻文化产业领域,帮助各文化企业投融资体系走向完善。图 5-5 反映了 2012 年以来文化产业基金新增只数。由图 5-5 可知,文化产业基金新增只数总体呈上升趋势,平均增长率达到 23.98%。

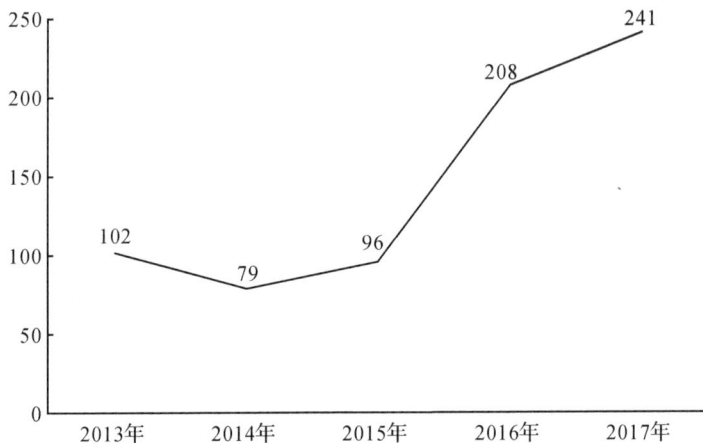

图 5-5 文化产业基金新增只数(单位:只)

(资料来源:前瞻网)

(七)文化产业发达区域对资金的虹吸效应显著

改革开放四十年来,我国文化产业获得迅猛发展,日益成为国民经济的重要组成部分。但是,可喜成绩的背后,文化产业区域发展失衡现象依然突出:文化产业发展程度呈现东、中、西依次递减的格局,由于资本的逐利性,往往会自发流向相对发达的东部地区,产生显著的虹吸效应。表 5-2 反映了2017 年文化产业各子行业资金流入的前三名。由表 5-2 可知,文化产业五个子行业领域资金流入排名前三的省市均位于东部发达地区。与西部地区相比,东中部地区技术、劳动力、创意等生产要素更充裕,文化消费需求更旺盛,政府对文化企业投融资的扶持力度更强,投资者抓住机遇,纷纷涌向位于东中部发达地区的文化企业,以期获取更丰厚的利润,这在无形中拉大了文化企业的地域差距,使得文化企业区域发展不协调现象更突出。

表 5-2　文化产业各子行业资金流入前三名省市

行业领域	排名	省市	融资总额(亿元)	所占比例(%)
新闻出版	1	北京	323.82	58.57
	2	浙江	79.78	14.43
	3	上海	76.42	13.82
创意设计	1	北京	186.99	38.39
	2	上海	125.27	26.05
	3	广东	70.12	14.58
文化传播	1	北京	108.78	24.66
	2	江苏	101.06	22.91
	3	辽宁	60.20	13.65
文化投资	1	广东	200.00	52.37
	2	浙江	53.02	13.88
	3	北京	28.00	7.33
文化娱乐	1	广东	50.91	34.14
	2	江苏	45.71	30.66
	3	上海	13.73	9.21

(资料来源:新元文智—文化产业投融资大数据系统)

二、2017 年文化企业并购概况

在社会化大生产时代,文化企业迸发出显著的规模经济效应,受到文化资本的青睐,文化资本市场热度仅次于信息产业,在此背景下,文化企业的并购重组也愈发频繁。但是,2017 年以来,由于证监会颁行资产重组新规,文化企业并购总体规模下降,市场规制趋严,并购行为更加理性。更重要的是,随着文化产业发展步入"互联网+"时代,数字内容行业成为文化企业并购的热点领域,海外并购也呈现出机遇与挑战并存的特征。

(一)文化企业整体并购规模下降

自 2016 年下半年起,政府对并购的监管趋严,使得文化企业的并购活跃度下降。以文化传媒业为例,2017 年宣布并购的文化传媒企业数比 2016 年下降 26.54%,真正完成并购的文化传媒企业数比 2016 年下降 17.00%。与之相对应,2017 年文化传媒企业实施并购涉及金额的预计值、实际值分别比 2016 年下降 50.45%、48.41%。图 5-6 反映了 2017 年文化传媒企业实施并购的具体情况。由图 5-6 可知,文化传媒企业并购规模呈先上升、后下降的变动趋势。

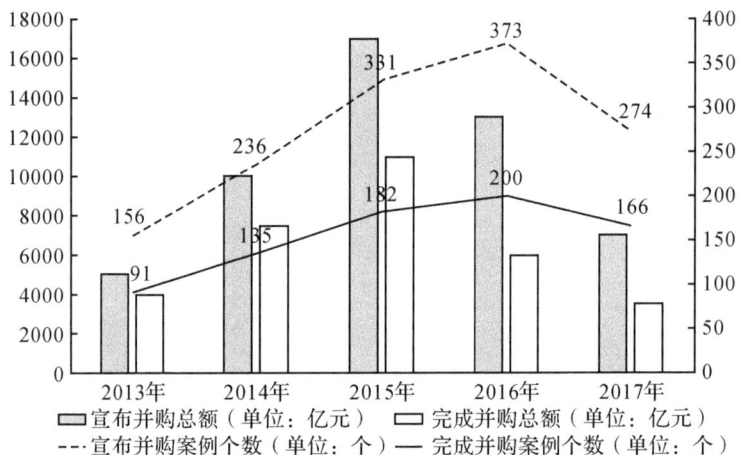

图 5-6 文化传媒企业并购数量

(资料来源:投资中国)

与图 5-6 相印证,进入 2017 年以来,文化企业并购终止的事件数见不鲜。表 5-3 汇总了文化企业并购终止的典型案例。由表 5-3 可知,文化企业并购终止主要存在放弃收购、终止协议、宣告破产等形式,其中以放弃收购最为常见。

表 5-3　文化企业并购终止典型案例汇总

时　间	具体事件
2017 年 2 月 23 日	乐华文化宣布着手准备独立 IPO,终止同共达电声的并购协议。
2017 年 7 月 19 日	台基股份宣布放弃收购润金文化。
2017 年 9 月 26 日	长城影视宣布放弃收购德纳影业,同时调整对首映时代的收购计划。
2017 年 9 月 28 日	华录百纳宣布放弃收购欢乐传媒。
2017 年 10 月 17 日	印记传媒宣布终止企业重大资产重组。
2017 年 11 月 8 日	美国派拉蒙音乐人宣布终止同中国华桦传媒的融资协议。
2017 年 11 月 15 日	出版传媒宣布放弃收购世熙传媒。
2017 年 11 月 29 日	文投控股宣布海润影视不再被纳入收购目标企业,终止双方代表谈判。
2017 年 12 月 15 日	宣亚国际直播事件收购案宣告破产。

(资料来源:经济日报、中国经济网)

(二)并购模式多元化

1. 总体分析

　　并购是文化企业实施一体化战略的可行路径之一,根据文化企业并购双方的产业组织特性与业务方向,并购包括纵向并购、横向并购与混合并购三种模式,与纵向一体化、横向一体化、混合一体化战略一一对应。纵向并购是指具有生产协作关系的文化企业间的并购行为;横向并购是指提供相似产品或服务的文化企业间的并购行为;混合并购是指文化企业通过跨界融合,并购不具有生产协作关系、不提供相似产品和服务的文化企业。文化企业往往根据主营业务特征,选择最为合适的并购模式。图 5-7 反映了 2017 年我国文化企业各类并购模式的具体情况。由图 5-7 可知,在三种并购模式中,纵向并购处于绝对领先地位,2017 年我国文化企业纵向并购涉及金额分别是横向并购、混合并购的 1.64 倍、1.65 倍,案例总数分别是横向并购、混合并购的 1.31 倍、1.70 倍,横向并购与混合并购差距不大。

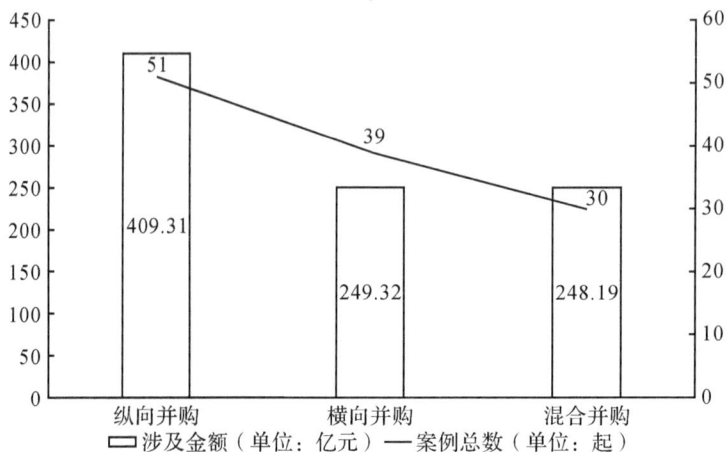

图 5-7　2017 年我国文化企业各类并购模式涉及金额与案例数

（资料来源：新元文智—文化产业投融资大数据系统）

2. 分类分析

　　文化产业各子行业主营业务存在差异，为进一步明晰各类业态文化并购最合适的模式，表 5-4 梳理了 2017 年文化产业各类并购规模排名前五的行业的具体信息。

表 5-4　2017 年文化产业各类并购规模排名前五的行业的具体信息

并购模式	排　名	行业名称	涉及金额（亿元）	案例总数（起）
纵向并购	1	网络游戏	108.70	10
	2	软件业	55.50	4
	3	培训业	51.99	3
	4	影视制作发行	47.64	7
	5	文化体育	39.27	2
横向并购	1	影视制作发行	79.06	4
	2	网络游戏	68.31	13
	3	互联网内容创作	66.36	2
	4	培训业	16.48	5
	5	软件业	9.01	5

并购模式	排　名	行业名称	涉及金额(亿元)	案例总数(起)
混合并购	1	网络游戏	79.67	7
	2	软件业	55.66	3
	3	互联网信息服务	28.83	6
	4	户外媒体	24.00	1
	5	培训业	19.60	2

(资料来源:新元文智—文化产业投融资大数据系统)

与 2016 年同期相比,2017 年文化企业实施纵向并购的案例总数虽然下降了 8.93%,但涉及金额增长了 83.35%,涵盖 18 个文化产业子行业,其中网络游戏居于纵向并购之首,是居于第二位的软件业的 1.96 倍,占到纵向并购涉及金额的 26.56%,说明网络游戏行业内的文化企业上下游扩张能力增强。

与 2016 年同期相比,2017 年文化企业实施横向并购的案例总数增加 1 起,然而涉及金额下降了 49.86%,体现出文化企业主营业务扩张动力减弱。在涉及横向并购的 11 个文化产业子行业中,影视制作发行行业涉及金额最高,占横向并购涉及总金额的 31.47%。网络游戏行业横向并购案例总数居于第一位,但涉及金额仅为影视制作发行的 86.40%,说明网络游戏行业的横向并购相对谨慎。

早在 2016 年 5 月,证监会明确宣布停止互联网、影视、VR、游戏行业领域文化企业的跨界定增。同年 9 月,由证监会颁布的《上市公司重大资产重组管理办法》正式实施,抑制跨界、炒作等投机性融资迈入正规化轨道。受此政策规制,2017 年文化企业的跨界并购行为受到影响,以北京市为例,文化企业混合并购涉及金额、案例总数同比下降了 65.39%、66.15%。在此背景下,网络游戏领域的混合并购一路高歌,涉及金额是居于第二位的软件业的 1.16 倍。

(三)数字内容产业成为文化企业并购热点

在信息网络化时代,文化产业发展呈现出大平台、大融合、大联盟、大整合、大视频、大植入、大市值、大研发、大创新、大创业十大趋势。在此背景下,数字内容行业成为文化企业并购的热点领域。图 5-8 反映了 2017 年我国文化企业并购规模居于前十的具体行业。由图 5-8 可知,在 2017 年我国文化企业并购规模前十行业中,网络游戏、影视制作发行、软件业、互联网内容制作、互联网信息服务、户外媒体六个行业均属于数字内容产业的范畴。其中,网络游戏行业处于绝对优势地位,涉及金额是居于第二位的影视制作发行业的 2.01 倍,这同 VR 与粉丝经济的退潮,传统行业领域文化企业进军网络游戏业界有关。在网络游戏行业中,从事移动端游戏产品开发的文化企业并购热度最高:据统计,2017 年我国移动端游戏行业并购总额达 128.71 亿元,占网络游戏行业并购总额的 50.14%,成为此类文化企业的并购热点。

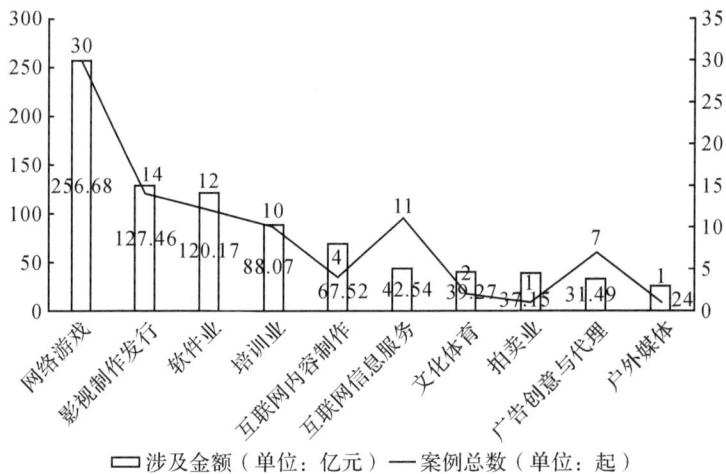

图 5-8 2017 年我国文化企业并购规模居于前十的具体行业

(资料来源:投资中国)

表 5-5 进一步梳理了 2017 年文化企业并购重点行业领域的具体案例。由表 5-5 可知,2017 年文化企业并购涉及广告创意、影视制作与发行、文化传播等子行业领域,上述子行业均属于数字内容行业的范畴。

表 5-5 2017 年文化企业并购案例汇总

时　　间	并购方	被并购方	所属行业类型	并购规模	并购股权占比
2017 年 1 月 18 日	印记时代	印记传媒	广告创意	36.81 亿元	10.50%
2017 年 3 月 1 日	天神娱乐	合润德堂	广告创意与代理	7.42 亿元	96.36%
2017 年 3 月 2 日	思美传媒	观达影视	影视制作发行	9.17 亿元	99.99%

时　间	并购方	被并购方	所属行业类型	并购规模	并购股权占比
2017 年 3 月 10 日	梦舟股份	梦幻工厂	影视制作发行	8.75 亿元	70.00%
2017 年 3 月 17 日	久其软件、久其科技	上海移通	广告创意与代理	14.40 亿元	100.0%
2017 年 3 月 21 日	阿里巴巴	大麦网	其他娱乐传媒	不详	100.0%
2017 年 3 月 31 日	浙报传媒控股	浙数文化	新闻出版	19.97 亿元	浙数文化 21 家一级子公司股权
2017 年 4 月 21 日	科达股份	爱创天杰	文化传播	8.09 亿元	85.00%
2017 年 7 月 26 日	南方传媒	新华发行	出版业	11.88 亿元	45.19%
2017 年 8 月 31 日	融创中国	乐视影业	影视制作发行	10.50 亿元	15.00%

（资料来源:经济日报、中国经济网）

上述行业内的文化企业在实施并购时仍有所侧重:以影视制作发行为例,相较于电影、动漫的制作与发行,电视制作与发行对文化资本的吸附能力更强。图 5-9 反映了 2017 年影视制作发行领域文化企业并购规模。由图 5-9可知,电视制作与发行占据绝对优势地位,分别比电影制作与发行、动漫制作与发行高出 14.34 个百分点、17.78 个百分点。

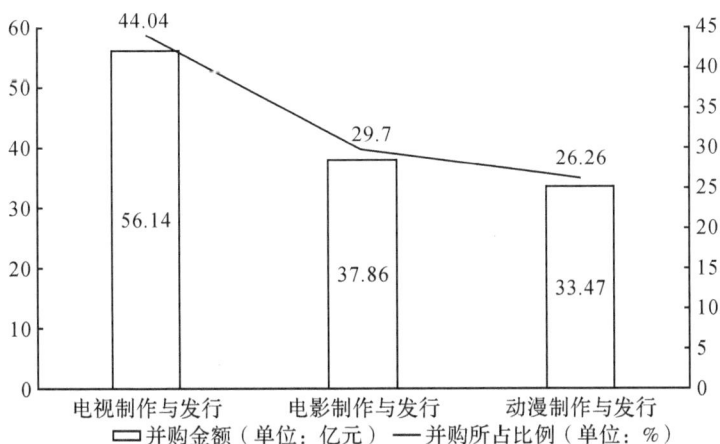

图 5-9　2017 年影视制作发行领域文化企业并购规模

（资料来源:新元文智—文化产业投融资大数据系统）

（四）北京文化企业并购规模居于绝对优势地位

与文化企业投融资相类似，文化企业并购规模也存在显著的地域分异。图 5-10 反映了 2017 年我国文化企业并购规模居于前十位的省市的具体情况。由图 5-10 可知，北京文化企业并购规模处于绝对优势位置，文化企业并购涉及金额是居于第二名的浙江省的 1.85 倍，案例总数是浙江省的 3.00 倍。更进一步将北京市同毗邻的天津市、河北省对比，不难发现 2017 年天津市文化企业并购涉及金额仅为北京市的 21.47％，案例总数仅为北京市的 4.17％；河北省由于产业结构不合理，以文化产业为代表的新兴第三产业尚不成熟，文化企业并购规模较小，未进入全国前十，同北京间的差距更明显。然而，从长远来看，伴随京津冀一体化战略的逐步推进，北京文化企业并购的浪潮将延伸到邻近的天津市、河北省，与浙江、广东、上海等文化企业并购发达省份相呼应，搞活各地区的文化企业并购，实现规模经济效应。

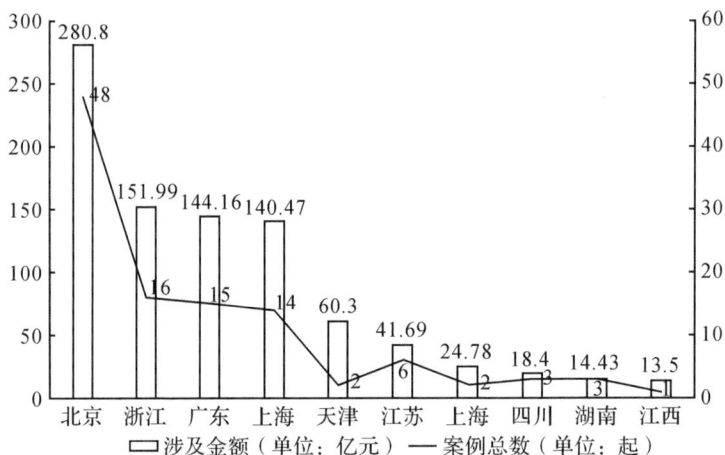

图 5-10　2017 年我国文化企业并购规模居于前十位省市的具体情况

（资料来源：投资中国）

（五）文化企业海外并购机遇与挑战并存

近年来,我国文化企业国际竞争力明显增强,文化企业凭借完备的投融资平台,有机结合优质的 IP 资源、高水平的经营管理团队、系统化的营销网络、强大的品牌影响力,积极进驻海外市场,我国文化产品和服务的市场化水平、国际化水平实现质的飞跃。据不完全统计,2017 年中国企业海外并购总额占全世界的 20％以上。表 5-6 反映了文化企业海外并购的具体情况。

表 5-6　文化企业海外并购具体情况

时间	并购方	被并购方	所属地区	所属行业	并购规模	股权占比
2017 年 3 月 1 日	新文化、Young	PDAL	中国香港	影视制作与发行	13.26 亿元	51.00％
2017 年 9 月 20 日	中国国际广播电台	阿联酋Citruss	阿联酋	电视制作与发行	不详	不详
2017 年 9 月 27 日	奥飞娱乐	FunnyFlux	韩国	动漫	1.06 亿元	60.02％
2017 年 10 月 16 日	印记传媒	福布斯传媒	美国	传媒	2.56 亿美元	超过 10％
2017 年 10 月 30 日	Nice Rich	天马影视	中国香港	影视制作与发行	4.86 亿港元	58.71％

（资料来源:经济日报、中国经济网）

但是,可喜成绩的背后,也存在隐忧:企业实施海外并购的成功率仅为30％,说明文化企业实施海外并购既有机遇,也有挑战。其中,文化差异是导致并购失败的重要原因之一。尤其对于提供具有精神属性的产品与服务的文化企业而言,在实施海外并购的过程中不可避免地要面对"文化折扣"。所谓文化折扣,是指由于文化价值观念存在差异,国际市场上的文化产品与服务不被消费者认同,从而引发价值的减损。总而言之,文化企业在实施海外并购的过程中机遇与挑战并存,只有果断抓住机遇,有效防范风险,才能趋利避害,保障海外并购的顺利实施。

三、文化企业投融资与并购典型案例

随着文化体制改革的逐步推进,文化企业投融资与并购趋于规范化,成为文化产业市场化经营的重要前提。下面将选取万达集团与华人文化集团作为典型案例,例证 2017 年文化企业投融资与并购呈现出的主要特征。

(一)万达集团

成立于 1988 年的万达集团历经三十年的发展,现已形成以商业地产为核心的经营模式。进入 21 世纪后,在房地产业存在严重泡沫、实体经济空心化愈发严重的背景下,万达集团另辟蹊径,用文化引领房地产开发,通过文化提升房地产价值,活化传统建筑业,开始积极探索由传统地产企业向文化企业的转型。早在 2004 年,万达集团就开始尝试性地将文化观影中心作为购物广场的一部分,此举获得巨大成功。2012 年,万达集团文化地产收入占集团总收入的 14.6%,成为万达集团重要收入来源之一。历经十多年的发展,万达集团已经形成集影视开发、文化旅游、字画收藏、连锁娱乐、舞台演艺、报刊传媒、主题公园于一体的"文化＋地产"运营管理模式,预计到 2020 年,万达文化地产收入占总收入的比例将达到 50%以上,文化产业成为万达集团重要的营利来源。

在 2016 年以前,万达集团在并购领域采取了扩张路线,但到了 2017 年,万达集团由原来的收购方变为如今的被购方。这同集团面临的内外部风险密切相关:2017 年 2 月,由于集团资金链出现问题,加之审批受限,集团出资 10 亿美元收购 DCP 全部股份的计划宣告破产;6 月,由于网络上谣传多家出资机构要求其经理人清仓同万达集团间的债券,使得当月 22 日万达集团在资本市场上遭遇大规模的股债双杀;9 月,万达集团麾下电商集团飞凡运营管理中的问题被放大,原定 2017 年执行的 15 亿美元投融资方案被迫推延至 2018 年。在此背景下,万达集团模仿迪士尼、环球等国际大型文化企业,由原来的收购方转变为被购方,通过资产转让的方式融资,进而清偿债务。表 5-7 反映

了 2017 年万达集团转让的资产明细。由表 5-7 可知,万达集团资产转让涉及
房地产、影视等两大行业领域,下面分别予以说明。

表 5-7   2017 年以来万达集团转让资产明细

项目名称	涉及金额	接盘方
13 个文旅房地产项目	438.44 亿元	融创集团
77 个酒店	199.06 亿元	富力地产
伦敦九榆广场	4.7 亿英镑	中渝置地、富力地产
万达商业 14% 的股份	340 亿元	腾讯集团、苏宁易购、京东集团
万达电影 12.77% 的股份	78 亿元	阿里巴巴、文投控股

(资料来源:投资界)

1. 房地产

2017 年 7 月,万达同融创集团和富力地产订立三方并购协议,将包括西
双版纳、南昌、合肥、哈尔滨、无锡、青岛、广州、成都、重庆、桂林、济南、昆明、
海口在内的 13 个文旅房地产项目 91% 的股权转让给融创集团,涉及金额高
达 438.44 亿元,将 77 个酒店以 199.06 亿元的低价向富力地产出让。尽管业
界将万达此举视为偿债迫不得已的做法,但是王健林却明确表示万达此举意
在实现向轻型轻资产的转型。万达集团转让持有地产并不仅仅局限于国内:
2017 年 8 月,万达集团最终决定放弃持有的位于英国伦敦的大型开发地块九
榆广场,由中渝置地和富力地产以 4.7 亿英镑接手;同年 11 月,万达集团通过
提议,将位于英国伦敦的万达 ONE、美国洛杉矶的 One Beverly Hills、美国芝
加哥的 Vista Tower 等 5 个项目以 50 亿美元转让。

2. 影视

2015—2016 年,万达集团先后收购美国的 AMC 院线与卡麦克院线、大
洋洲的 Hotys 院线、欧洲的 ODEON&UCI 院线,海外并购花费 520 余亿元,
当之无愧地成为全球最大的院线。万达电影的投融资与并购征程并非一帆
风顺。2017 年 2 月并购 DCP 的失败,让三次问鼎中国首富的王健林察觉到
了危机,开始探索与互联网企业的跨界合作;2018 年 2 月,万达集团同阿里巴
巴、文投控股订立战略投资方案,方案规定,阿里巴巴与文投控股均以每股
51.96 元的价格收购万达电影 12.77% 的股份,阿里巴巴与文投控股分别以

46.8 亿元、31.2 亿元的出资额成为万达电影的第二、三大股东,标志着万达集团将在电影推介、电影发行、线上票务平台、广告制作与代理、衍生品营销推广等方面同阿里巴巴、文投控股展开深度合作,实现影剧、影游、网络院线的协同并进。

综观整个 2017 年,万达集团通过转让资产减债 400 多亿元,回收现金近 700 亿元,从而有效增加了经营安全性,使得集团有能力承受不确定性风险的冲击。随着万达集团海外有息负债逐步得到清偿,万达集团退出 A 股也有了可行性方案,企业负债降至绝对安全水平指日可待。其中,信誉至上的企业经营理念发挥了不可替代的作用,万达集团也无疑成为恪守信用的杰出榜样。

(二)华人文化集团

成立于 2006 年的华人文化集团是我国第一批由民营资本组建的综合性文化传媒产业集团。华人文化集团凭借优质的 IP 资源,广泛开展投融资与并购业务,覆盖影视、游戏、动漫、地产、演艺等行业领域,通过电影院线、OTT、TV、垂直频道等媒介渠道,实现文化产品和服务的价值增值。历经十多年的发展,通过与万达集团、华影集团、中影集团、伯纳影业等影视公司的合作,华人文化集团在金融创新、文化教育、粉丝经济、文娱营销等领域取得了突出成就。2017 年以来,集团先后投资包括爱奇艺、B 站、快手、SNH48 在内的 30多个项目,同时推出《脱口秀大会》《吐槽大会》等脍炙人口的文化娱乐节目,深刻践行"内容为王"的生存之道。进入 2018 年,华人文化集团投融资与并购的扩张趋势愈加明显。

一方面,华人文化集团的扩张并不仅仅局限于国内,而且还放眼海外。2018 年 2 月,华人文化通过全资控股中外合资的东方梦工厂的协议,并启用英文名 Pearl Studio,华人文化集团领头人黎瑞刚开拓海外文化市场的雄心壮心可见一斑。另一方面,华人文化集团积极谋求同从事实体业务企业的跨界融合。在供给侧结构性改革的宏观背景下,华人文化集团深知通过跨界融合实体行业领域内的企业,才能在激烈的市场竞争中立于不败之地。于是,2017 年 10 月,华人文化集团同万科集团在休闲度假、智慧社区、产城融合等领域订立合作框架协议,打通多元合作渠道。同年 12 月,万科集团以 10.5 亿元的资本加盟华人文化基金,涉及新闻出版、体育、游戏、影视等投资领域。2018 年 7 月 3 日,华人文化集团 100 亿元的 A 轮融资正式宣告完成,其中万科集团成为本轮融资的领投方。

在技术创新驱动下,文化企业消费形态实现升级,正面临深刻的调整。作为全世界第二大经济体,我国亟须新型传媒与娱乐产业机构。华人文化集团正是始终恪守对优质内容、前沿技术的信仰,通过内容与平台、线上与线下、境内与境外,优化企业战略布局,在新老出资人的大力支持下,向着战略愿景砥砺前进。

总体上看,以商业地产为主营业务的万达集团以影视业为引擎,积极探寻文化＋地产的新型商业模式;以文化传媒为主营业务的华人文化集团在推进并购的过程中,不忘借力于万科等实力雄厚的实体企业。这说明实体经济的发展离不开文化产业的滋养,文化产业的繁荣需要实体经济提供物质支持,实体经济与文化产业正朝着高水平的良性耦合迈进。

四、文化企业投融资与并购中的问题及其对策

回望过去的 2017 年,文化企业的投融资与并购之路可谓一波三折,从 2015 年文化企业并购与 IPO 达到历史峰值,到 2016 年及以后一系列投融资与并购规制政策的出台,文化企业投融资与并购开始回归理性。深究其背后原因,正是文化产业固有矛盾与新兴问题间的失衡。本部分将总结 2017 年文化企业在投融资与并购过程中的主要问题。

(一)存在的问题

1. 文化企业投融资未成体系

我国文化企业投融资大致经历了两大阶段:1978—1992 年,由于文化产业刚刚诞生,中央政府通过集中财政拨款,为处于初创期的文化企业解了投融资的燃眉之急;1992—2002 年,继社会主义市场经济正式施行后,文化企业开始探索市场融资的各类模式;2002 年至今,文化企业市场融资获得井喷式

增长。本章第一部分系统分析了不同行业领域的文化企业主要的投融资方式,发现除债券融资外,其余各类融资方式具有明显的行业导向性,说明文化产业各子行业的投融资渠道较为单一。具体到单个文化企业,投融资渠道可能更为匮乏,文化企业尚未形成完备的投融资体系。

具体到各类投融资方式:债券融资方面,品牌、创意等无形资产是文化企业的核心价值之所在,但无形资产具有难以科学估值、价值变动迅速等内生缺陷,加之银行对无形资产债券融资业务相对陌生,即便高成本的贷款也未必能帮助文化企业赢取足够的资金。私募股权融资方面,当文化企业出让股权,稀释了原有股东的股权后,股东间的利益关系发生调整,文化企业往往更需要中长期战略投资,但期限越长,投资者面临的不确定性风险越高,由于缺乏必要的风险投资中介配套机制,文化风险投资往往采取快进快出的方式,文化企业持有的资金稳定性不足。挂牌新三板方面,目前,文化企业从中得利下降,文化企业的投资者不仅盈利很难,退市难上加难,加之券商等中介机构面临的风险不断加大,文化企业进驻新三板已进入瓶颈期。各类市场融资方式各有优劣,文化企业只有实现投融资方式的多元化,逐步形成完备的投融资体系,才能实现有效的市场融资。但从目前情况来看,我国文化企业投融资方式较为单一,容易受到外在不确定性因素的冲击。

由于我国文化企业市场投融资体系不完善,缺额部分需要政府公共文化财政的支持,非营业性的文化事业更是如此。虽然近年来我国加大了对文化企业的财政扶持力度,2007 年以来我国地方财政文化体育与传媒支出呈线性增长趋势,平均增长率为 17.51%,说明政府有关职能部门更加充分地意识到文化产业在国民经济发展中的战略支柱地位。但是文化财政的普惠性不够,文化企业平均享有的公共文化财政金额较少且增长率较低。在政府文化财政补贴方面,国外拥有优秀的经验:以英国、美国为代表的西方国家已经形成健全的文化产业基金会制度。文化产业基金由财政部门发起设立,充分调动大型国企与金融机构,为文化企业搭建投融资平台,通过贷款贴息、项目补贴、补充资本金等途径,带动新型文化产品和服务的开发,全面增强各类文化企业的市场竞争力。但与发达国家相比,我国的文化产业基金仍然处在起步阶段,政府融资与市场融资的良性耦合格局尚未形成。

2. 文化企业并购程序复杂、主观性强、人才缺乏

文化企业通过并购,能有效扩大经营规模,实现规模经济效应。但是,文化企业在并购过程中,面临程序复杂、主观性强、人才缺乏等体制性障碍。

国外文化企业的并购具有流程简易、决策迅速的特征,平均耗时均控制在五个月以内。然而,我国文化企业在投融资过程中往往耗时较长且具有不确定性,在瞬息万变的文化市场中,极易错失市场良机。具体而言,我国文化企业若计划实施对海外文化企业的跨国并购,需要经过以下流程:第一,向国家发展和改革委员会提交并购项目的详细报告,获得确认函;第二,接受来自商务部反垄断局的反垄断调查;第三,开展资产评估;第四,企业资产评估结果上报国资委审批;第五,经党委宣传部门同意后,向国家发展和改革委员会、商务部相关职能部门申请备案;第六,在外管部门与银行办理外汇登记。

我国一些文化企业实施并购不仅审批程序烦琐,还存在资产评估主观性较强的问题。资产评估是文化企业实施并购必不可少的环节,但文化企业属于典型的轻资产公司,创意、品牌等无形资产是企业核心竞争力之所在。然而,此类无形资产的并购估值较为困难,具有较强的主观随意性,具体表现为对其商誉的估值可能过高,用收益估值法预判文化企业未来发展趋势时发生偏误的概率较大,无法准确判定国有文化资产是否流失风险。在追求效率的市场大环境下,众多文化企业过于急躁,抛出高于企业绩效十多倍的市场估值,想尽一切办法拿下标的实施并购,最终的结果往往是难以成功变现。

文化企业并购的成功实施需要高水平人才的支持。与一般行业的并购人才不同,文化企业并购的从业者需要具备丰富的文化知识、强大的商务沟通能力,属于典型的复合型人才。但从目前情况看,我国文化企业尚未形成专业化的并购人才队伍,多由企业其他职能部门的人员兼任,这在无形中也加大了文化企业在并购中的系统性风险。

(二)文化企业投融资与并购的对策建议

党的十九大报告明确指出,要满足人民对美好生活的向往,必须提供充足的精神食粮,而文化产业在此过程中的作用不容忽视。作为国民经济发展的新型支柱产业,文化产业对产业结构的调整与升级、供给侧结构性改革的深化意义非凡。然而,由于我国现代文化产业体系与市场体系尚不健全,市场运营机制亟待更新,文化企业投融资与并购顺利实施障碍重重。为从根本上解决这些问题,需要从文化企业、政府两端协同发力,实现文化金融市场的盘活。

1. 文化企业要强化内源性融资

内源性融资是指文化企业利用自身的信用、固定资产、折旧、票据等要素来谋求发展的融资行为,具有自主性、有限性、低成本性与低风险性四大特征。相对于外部融资,内源性融资所需成本较低。由于我国现行文化市场运行体系尚不完善,文化企业全面实行内源性融资的条件尚不成熟。鉴于此,文化企11业可根据具体情况,灵活采取多种方式,推进内源性融资,具体形式包括留存盈余融资、应收账款融资、票据贴现融资、资产典当融资、商业信用融资、租赁融资等(表 5-8)。

表 5-8 文化企业内源性融资的具体形式

具体形式	具体做法
留存盈余融资	文化企业当期利润不完全分配,只是将盈利的一部分进行分配或者向股东发放股票股利而不发放现金股利。
应收账款融资	文化企业对外销售商品、提供劳务等所形成的尚未收回的被购货单位、接受劳务单位所占有的本企业资金,是文化企业流动资产的一个项目。
票据贴现融资	持票人为了融资的需要而在票据到期前以贴付一定利息的方式向银行出售票据。
资产典当融资	当户将其动产、财产权利或其不动产作为当物抵押给典当行,交付一定比例费用,取得当金并在约定期限内支付当金利息、偿还当金再赎回典当物的融资行为。
商业信用融资	文化企业之间在买卖商品时,以商品形式提供的借贷活动。
租赁融资	通过租借设备的方式来维持生产,从而产生效益,再把生产所得收益的一部分用来偿还租金。

2. 加大对文化企业的公共财政扶持力度

由于我国众多文化企业,尤其是小微型文化企业的运行机制尚未成熟,需要政府公共文化财政投入以解决文化企业投融资难的问题。具体而言,主要包括以下三方面措施:第一,减轻文化企业税负。作为文化产业的微观细胞,文化企业的运营状况直接关系到文化产业整体质量。在增值税改革的宏观背景下,将文化企业作为税制改善的重点领域,采用税收豁免、纳税扣除、税收减免、优惠税率、延期纳税、盈亏相抵、加速折旧、退税等方式,实现对文化企业的间接补贴,降低文化企业营业成本,通过削减文化资本投入,提升文化企业投融资效率。第二,设立文化产业专项基金。发达国家的经验表明,文化产业基金既可以支持文化企业的发展壮大,又能引领文化企业未来的发展动向。为此,中央和地方各级政府职能部门都应设立文化产业专项基金,解决公共文化财政投入不足的问题。另外,不同文化企业主体经营业务各不相同,在向各类企业注入文化产业专项基金的过程中,要坚持分类指导的原则,构建起合理科学、针对性强的基金配置方案,调动文化企业投融资的积极性。第三,政府还应当不断简化文化企业投融资与并购的行政审批程序,降低文化企业投融资与并购成本。

3. 完善文化企业投融资与并购中介服务平台

要实现文化企业的长足发展,必须进一步完善文化企业中介服务平台,实现文化企业与资本市场的有效对接,更好地发挥资本市场在文化企业投融资中的引领作用。由于文化市场存在信息不完全、不对称的问题,文化企业往往找不到合适的出资人,投资方也很难寻觅到合适的文化企业,通过搭建文化企业投融资中介服务平台,为文化企业和出资人"牵线",方能实现资源的优化配置。文化企业投融资中介服务平台的形式有很多,例如,证券交易所可携手文化管理部门,为文化企业提供全方位的投融资服务;设立区域性文化企业投融资交流联盟,深化文化企业之间、文化企业和金融机构间的交流,为科学评估文化企业内部的无形资产提供智力支持,实现文化产业与金融业这两大 21 世纪朝阳行业的齐头并进。

4. 文化企业加强对并购的统筹规划

在社会化大生产时代,文化企业正朝着规模化、集约化、专业化的方向发展,越来越多的文化企业力图通过并购重组,实现规模经济效应。但是,并购重组需要消耗大量的人力、财力、物力,是一个复杂的系统工程,为此,需要做好以下三方面工作:第一,优化资本结构。文化企业可通过使用多元化的支付方式,考虑到资金来源的差异性,实现资金收益性和流动性之间的平衡。在匹配支付方式和融资方式的过程中,应当根据企业的实际交易情况而定,将各类支付方式对企业中长期绩效的作用考虑在内。第二,放眼长远,重视并购后企业内部的持续整合。收购方与被购方在品牌内涵、经营理念、组织结构等方面存在较大差异,对于海外并购而言,更是如此。只有当被购文化企业真正认同收购文化企业的品牌价值,才能保证文化企业在并购完成后的平稳运行。海尔集团正是成功的范例:海尔集团在实施海外并购时,优先派出人员进驻目标收购企业的企业文化部,全面了解文化差异可能对并购产生的影响,为并购完成后的文化整合提供可行路径。第三,加强文化企业并购人才队伍建设。高水平的专业人才队伍为文化企业顺利实施并购提供智力支持,为此,文化企业应通过校企合作等形式,努力为自己储备一批高素质的文化企业并购人才。

总而言之,虽然文化企业在投融资与并购的过程中不免存在一些问题,但是,随着文化企业投融资与并购方式日趋多元化,与互联网的结合程度不断提升,加之相关制度架构日趋完善,文化企业投融资与并购机制将会更加成熟,有利于增强我国文化产业的总体竞争实力。

中国人民大学经济学院 蒋 治

第六章　文化企业上市

● 随着社会主义市场经济改革向纵深推进,源于个体创造力、技能和才华的文化产业成为实现经济动能转换的引擎。在此宏观背景下,一大批文化企业纷纷选择上市,使文化产业市场更加活跃,对提升我国文化企业国际竞争力也具有标志性意义。本章在系统分析 2017 年文化产业市场概况的基础上,进一步说明文化企业上市的主要特点、市场绩效,并给出相应的政策性建议。

● 互联网文化产业市场以网络新媒体为载体,以专业垂直、O2O 模式、股权众筹、在线参与为主流业态,以即时性、交互性、共享性为主要特征,实现文化与科技的高度融合,提升文化产业的数字化水平。

● 随着我国居民生活条件的改善,文化市场需求趋于多元化、个性化,由此产生多个新兴文化消费热点。文化企业在上市过程中,应当精准把握消费者心理诉求,推陈出新,开创新兴业务板块,与传统业务板块协调配合,由此掌握多个业务盈利点,减少文化市场需求变动对企业上市绩效的负向影响。

一、2017 年文化产业市场概况

我国文化产业诞生于改革开放之初,历经萌芽期、培育引导期、加速发展期,文化产业的战略性支柱地位将得到巩固,竞争力得到加强,使我国第三产业内部结构与不同产业间结构持续优化,文化市场日渐繁荣。文化市场的发展受到多重因素的影响,下面将系统说明 2017 年文化市场发展态势。

（一）文化产业市场稳中有进

2017 年我国国内生产总值增速达到 6.9％,实现 2010 年以来的首次回升。由于国民经济大环境的回暖,文化产业市场总体稳中有进。

根据对我国 5.5 万余家规模以上文化企业的调查,2017 年各类文化企业总收入高达 91950 亿元,同比增长 10.8％,增速比 2016 年提升 3.3 个百分点。表 6-1 反映了 2017 年我国各行业规模以上文化企业营业收入的具体情况。由表 6-1 可知,文化产业各子行业领域均实现平稳较快增长,其中文化艺术、文化信息传输、文化休闲娱乐、文化用品生产四大领域的营业收入增长率超过 10％,成为文化市场持续繁荣的支柱行业。

表 6-1 **2017 年我国规模以上文化企业营业收入**

具体行业领域	营业收入绝对值（亿元）	增长率（％）
新闻出版	3566	7.2
影视制作发行	1749	6.1
文化艺术	434	17.1
文化信息传输	7990	34.6
文化创意设计	11891	8.6
文化休闲娱乐	1545	14.7
工艺美术品生产	16544	7.5
文化产品辅助生产	9399	6.4
文化用品生产	33665	11.4
文化专业设备生产	5168	3.7
总计	91950	10.8

（资料来源:搜狐财经）

具体到我国各个地区,文化企业营业收入表现出不同的特征。图 6-1 反映了 2017 年我国东部地区、中部地区、西部地区与东北地区规模以上文化企业营业收入总额及其增长率。由图 6-1 可知,我国东、中、西部地区文化企业营业收入的增长率均保持在 10％以上,中、西部地区的增长率分别比东部地区高出 0.4 个百分点、1.6 个百分点。目前我国文化产业市场的发展程度呈现由东向西递减的格局,因此文化企业营业收入也呈现自东向西减少的变化趋势。但是,随着西部大开发、中部崛起等统筹区域发展战略的逐步落实,不同地理区位文化企业的营业收入差距将不断缩小。值得注意的是,东北地区文化企业营业收入表现为负向增长,说明东北地区文化市场发展情况不容乐观,这与当地资源枯竭、经济动能转换困难有关。

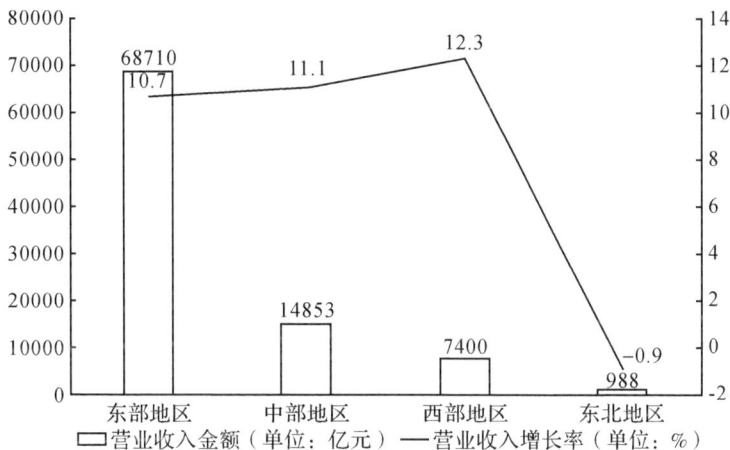

图 6-1　我国各地区文化企业营业收入总额及其增长率

(资料来源:搜狐财经)

(二)互联网＋文化产业商业模式日渐成熟

在国民经济信息化时代,互联网凭借着大数据、云计算、物联网、虚拟现实、人工智能等前沿技术,支持文化产业朝着数字化的方向发展,形成互联网＋文化产业的新型商业模式。互联网文化产业市场以网络新媒体为载体,以专业垂直、O2O 模式、股权众筹、在线参与为主流业态,以即时性、交互性、共享性为主要特征,实现文化与科技的高度融合,提升文化产业的数字化水平。

2017 年,我国 PC 端网民规模达到 6.88 亿人,普及率达 50.3％,同比增长 2.4％;手机端网民规模达 6.20 亿人,普及率达 90.1％,同比增长 4.3％。互联网普及程度提高直接带动互联网文化产业市场的发展:根据中国互联网络信息中心数据,2017 年 PC 端网络新闻、网络视频与网络音乐的用户规模同比增长 8.4％、16.4％、4.9％,手机端网络新闻、网络视频与网络音乐的用户规模同比增长 11.3％、13.6％、29.5％。与之相适应,2017 年我国文化产业十大主要行业的营业收入稳步增长,其中,以"互联网＋"为依托的文化信息传输营业收入高达 7990 亿元,增长率为 34.6％,居于各类文化行业之首。

下面重点分析互联网文化产业子行业领域的发展情况:第一,网络大电影。2017 年,我国网络大电影有 2193 部,是 2014 年的 5 倍,意味着平均每天有 7 部电影在爱奇艺、搜狐、芒果 TV、乐视等互联网在线平台上映。第二,数字音乐。2017 年,我国数字音乐规模达 529.26 亿元,同比增长 6.2％,其中,移动端和 PC 端的总产值共计 143.26 亿元,增长率达 39.36％,是总规模增长率的 6 倍。具体到数字音乐的业务类型,新增的 4G 音乐多媒体流量业务实现井喷式增长,其多元化的盈利模式成为数字音乐的重要盈利点。第三,互联网动漫。众多动漫制作商秉承内容为王的发展战略,通过线上与线下相结合的方式,同观众积极互动,迎合观众审美偏好,使得 2017 年互联网动漫活跃用户规模成倍扩大。

(三)文化旅游备受青睐

近年来,随着居民生活水平不断提升,文化旅游市场一派繁荣,文化＋旅游成为未来旅游产业发展的必然趋势。主题公园、特色小镇是文化产业和旅游业结合的纽带。

第一,主题公园。主题公园是根据某个特定主题,为满足游客多样化休闲娱乐需求的文化旅游场所。2017 年注定是我国主题公园建设意义非凡的一年。回首 2017 年,北京环球主题公园建设雏形日渐清晰,作为典型的文化创意密集型产业,环球主题公园的成功实践对北京加速形成高精尖的产业结构发挥了积极作用。2017 年 10 月,欢乐谷集团正式成立,成为欢乐谷连锁经营进入全新发展阶段的重要里程碑,顺应华侨城"文化＋旅游＋城镇化＋互联网＋金融"的多维战略部署。2017 年 11 月,用积木构筑的乐高主题乐园安家网红城市重庆,乐高乐园恰当运用玩具梳理品牌特色,形成对当地文化产业和旅游业融合发展的有力支撑。

第二,特色小镇。建设集产、城、人、文于一体的特色小镇。建设特色小

镇是保留城镇精神文化记忆、提升经济城镇化水平的可行路径。以当地文化
资源禀赋为基点,利用互联网、物联网、虚拟现实、人工智能等高新技术,打造
基于优质 IP 的"文化＋科技"产业链,带动产业链上游的艺术创作领域,中游
的影视娱乐、媒体网络领域,下游的文化衍生品消费、文化旅游,实现全产业
链融合发展,形成文化产业和其他新兴三产发展效率共同提高的产业生态网
络。2017 年 8 月 22 日,住房城乡建设部印发《住房城乡建设部关于公布第二
批全国特色小镇名单的通知》,又有 276 个乡镇入围国家级特色小镇名录,至
此,我国特色小镇已形成立体化格局:第一梯队的特色小镇是以北京、上海、
广州、深圳为核心的周边乡镇,距离市中心 50—120 千米,1—2 小时车程;第
二梯队的特色小镇以杭州、武汉、重庆、青岛、大连等新一线城市为依托,距离
市中心 30—50 千米,0.5—1 小时车程;第三梯队的特色小镇以昆明、泉州、郑
州、石家庄等二线城市为依托,距离市中心 5—20 千米,5—20 分钟车程。特
色小镇通过完美融合特色旅游,为文化旅游发展提供新方向。

(四)文化体制改革持续深入推进

在市场化改革的宏观背景下,发挥市场在文化产业资源配置中的决定性
作用的同时,更好地发挥政府作用是保证文化产业健康发展的必然要求。文
化产业市场的繁荣发展,离不开政府层面完备的顶层设计。近年来,我国文
化大部制建设取得显著成效,即政府相关部门对文化、新闻传媒、出版发行、
体育、旅游等部门机构进行整合改革与大部调整,形成党委领导、政府管理、
行业自律、企业依法经营四位一体的文化产业管理格局。综观过去的 2017
年,文化体制改革的重大事件包括:第一,文化央企方面。步入 2017 年,关于
文化央企改革的重磅性措施接连出台,包括进一步规范文化国有资产交易、
开展文化国有资产预算改革、促进文化国有资产朝着"放管服"方向迈进等。
第二,文化行业组织建设方面。鉴于文化市场上涌现了一批为文化企业提供
咨询的文化行业组织,2017 年 5 月,中共中央与国务院办公厅印发《关于加强
文化领域行业组织建设的指导意见》,从自身建设、发展培育、规范管理等角
度入手,为文化行业组织的规范发展提供必要遵循。中国文联与作协积极响
应号召,成为文化行会领域改革的排头兵。第三,公共文化服务方面。2017

年 1 月,文化部、财政部、广电总局等五部委联合印发《关于推进县级文化馆图书馆总分馆建设的指导性意见》,明确指出群众性公共文化机构的建设需要社会力量的参与。同年 9 月,中宣部、文化部等七部委印发《关于深入推进公共文化机构法人治理结构改革的实施方案》,为公共文化组织治理机制的合理化提供制度保障。第四,文化对外开放方面。以上海自贸区等成功先例为借鉴,2017 年我国新晋 7 个自由贸易试验区,在各试验区的创新清单中,均大量涉及文化产业方面的内容。

与之相适应,2017 年我国文化立法工作取得突破性进展,为文化机制向纵深推进提供法律保障:2017 年 3 月 1 日,《中华人民共和国电影促进法》和《中华人民共和国公共文化服务保障法》相继问世后正式实施;2017 年 11 月,《中华人民共和国公共图书馆法》获得通过,已于 2018 年 1 月 1 日起正式实施,为实现基本公共文化服务的均等化提供更具针对性的建议。

二、2017 年文化企业上市绩效分析

(一)指标评价体系构建

为科学合理地评估文化企业上市绩效,必须建立一套完善的指标体系。本节遵循可信性、可比性的原则,从盈利能力、变现能力、营运能力、偿债能力四个维度入手,构建如表 6-2 的指标评价体系。

表 6-2　文化企业上市绩效指标评价体系

一级指标	二级指标	计算公式
盈利能力	净资产收益率	净资产收益率＝净利润/期末净资产×100%
	总资产收益率	总资产收益率＝净利润/平均资产总额×100%
	营业净利率	营业净利率＝净利润/营业收入×100%
变现能力	流动比率	流动比率＝流动资产/流动负债×100%
	速动比率	速动比率＝(流动资产－存货)/流动负债×100%

续　表

一级指标	二级指标	计算公式
营运能力	存货周转率	存货周转率＝营业成本/平均存货×100%
	固定资产周转率	应收账款周转率＝营业收入/平均固定资产×100%
	流动资产周转率	流动资产周转率＝营业收入/平均流动资产×100%
	总资产周转率	总资产周转率＝营业收入/平均资产总额×100%
偿债能力	资产负债率	资产负债率＝负债总额/资产总额×100%
	产权比率	产权比率＝负债总额/股东权益×100%

本节选取在上海证券交易所与深圳证券交易所上市的 25 家文化企业,具体名单及分类如表 6-3 所示。

表 6-3　文化上市公司样本名单

行业分类	样本企业
有线电视网络	歌华有线、天威视讯、华数传媒、湖北广电、电广传媒、东方明珠、广电网络、吉视传媒
电影	长城影视、华谊兄弟、华策影视、光线传媒、华录百纳、新文化
出版传媒	华闻传媒、粤传媒、天舟文化、中文在线、中文传媒、时代出版、新华传媒、中南传媒、皖新传媒、凤凰传媒、出版传媒

(二)实证结果分析

根据表 6-2 建立文化企业上市绩效指标评价体系,对其上市绩效进行评价,原始数据如表 6-5 所示。经检验,选取的 11 项指标均通过 KMO 检验与巴特莱特球状检验,说明能够进行主成分分析。按照特征值大于 1 的准则提取主成分,11 项上市绩效指标可以并为 3 个主成分,能够解释原始变量的 76.649%,高于标准值 70%。

各指标对 3 个主成分的因子载荷量如表 6-4 所示。由表 6-4 可知,资产负债率、产权比率在第一个主成分上的因子载荷值较高,是偿债能力的反映,可以定义为偿债成分;净资产收益率、总资产收益率在第二个主成分上的因子载荷值较高,是盈利能力的反映,由此定义为盈利成分;流动比率、速动比率在第三个主成分上的载荷值较高,是变现能力的反映,由此定义为变现成分。

表 6-4　文化企业上市绩效指标因子载荷矩阵

指　标	成　分		
	1	2	3
净资产收益率	0.494	0.772	0.174
总资产收益率	0.056	0.966	0.006
营业净利率	0.515	−0.494	0.202
流动比率	−0.870	−0.025	0.383
速动比率	−0.873	−0.048	0.324
存货周转率	−0.159	−0.051	−0.832
固定资产周转率	−0.153	0.244	0.300
流动资产周转率	0.138	0.544	−0.686
总资产周转率	−0.095	0.931	−0.020
资产负债率	0.957	0.022	0.137
产权比率	0.866	0.056	0.240

计算 2017 年文化企业上市绩效的主成分得分与总得分,对得分进行排名,所得结果如表 6-6 所示。由表 6-6 可知,本节选取的 2017 年 25 家文化企业上市绩效得分排名前五名的分别为长城影视、华策影视、华录百纳、皖新传媒、中南传媒,得分分别是 1.6530、0.6849、0.5637、0.5079、0.4775,5 家文化上市企业中前 3 名均为电影企业,第 4、5 名为出版传媒企业,说明 2017 年电影企业是文化企业上市征程中的排头兵。2017 年是我国电影产业发展意义非凡的一年:2017 年 3 月,《中华人民共和国电影促进法》正式实施;《战狼 2》《芳华》等一系列优质影视作品进入公众视野,《战狼 2》更是创造了 56.8 亿的票房纪录;截至 2017 年 12 月,2017 年我国电影票房突破 500 亿元大关,达 523.7 亿元,累计观影人次多达 16.22 亿。在此宏观大环境下,我国电影企业发展总体向好,上市绩效居于各类文化企业前列。2017 年 25 家文化企业上市绩效得分排后五名的分别为天威视讯、天舟文化、粤传媒、中文在线、湖北广电,得分分别是 −0.5367、−0.6222、−0.6363、−0.9433、−0.9670,均属于有线电视网络企业和出版传媒企业。2017 年,我国有线电视节目制作总长度达 365.18 万小时,仅为网络视听节目制作总长度的 25.33%,说明在"互联

表 6-5　2017 年 25 家文化企业上市绩效原始数据

企业名称	盈利能力			变现能力		营运能力				偿债能力	
	净资产收益率	总资产收益率	销售净利率	流动比率	速动比率	存货周转率	固定资产周转率	流动资产周转率	总资产周转率	资产负债率	产权比率
歌华有线	0.0600	0.0501	0.9931	6.3219	6.1406	8.2481	0.1990	0.0849	0.0504	0.1659	0.1989
天威视讯	0.0893	0.0650	1.0091	1.7978	1.7744	49.9980	0.2496	0.1435	0.0644	0.2719	0.3735
华数传媒	0.0626	0.0451	0.9892	3.2237	3.1956	25.1357	0.2531	0.0786	0.0456	0.2804	0.3897
湖北广电	0.0583	0.0377	0.9976	0.3586	0.3490	18.8400	0.0686	0.2994	0.0378	0.3530	0.5455
电广传媒	—0.0216	—0.0102	3.1248	2.1144	0.7871	2.3691	—0.0116	—0.0092	—0.0033	0.5274	1.1161
东方明珠	0.0816	0.0647	0.7968	2.9592	2.7458	7.4742	1.1347	0.1348	0.0812	0.2071	0.2612
广电网络	0.0604	0.0256	0.9126	0.5881	0.5402	14.4321	0.0487	0.1077	0.0281	0.5759	1.3581
吉视传媒	0.0614	0.0352	1.0210	0.6959	0.4319	1.4123	0.0859	0.1641	0.0344	0.4272	0.7458
长城影视	0.2689	0.0652	1.4031	0.6599	0.5961	4.3321	0.7571	0.0971	0.0465	0.7576	3.1248
华谊兄弟	0.0942	0.0493	1.2094	1.7143	1.4960	2.3690	0.9400	0.0938	0.0408	0.4764	0.9100
华策影视	0.0993	0.0555	0.9055	1.7977	1.2830	1.7255	21.9031	0.0864	0.0613	0.4412	0.7895
光线传媒	0.1098	0.0781	1.2220	2.8341	1.9947	1.3379	23.2962	0.1878	0.0639	0.2886	0.4057
华录百纳	0.0176	0.0156	1.0118	6.0649	5.8541	3.9741	13.5409	0.0227	0.0154	0.1122	0.1264
新文化	0.0875	0.0514	0.8402	4.2109	3.4815	1.3582	2.8871	0.1007	0.0612	0.4123	0.7016
中文在线	0.0309	0.0279	0.8696	4.2060	4.1593	41.3099	5.1837	0.0679	0.0321	0.0980	0.1087
中文传媒	0.1220	0.0738	0.9396	1.8433	1.6938	4.3391	0.6097	0.0994	0.0786	0.3584	0.5585
天舟文化	0.0316	0.0283	0.7890	2.9945	2.9168	14.7244	3.1846	0.1090	0.0359	0.1046	0.1168
粤传媒	0.0167	0.0153	0.5320	6.9123	6.5884	6.3884	0.2602	0.0511	0.0287	0.0872	0.0956
华闻传媒	0.0451	0.0289	0.7480	2.8249	2.5179	8.1748	1.2597	0.1267	0.0387	0.3949	0.6527
时代出版	0.0590	0.0423	0.9449	2.6382	1.9822	3.0187	0.4477	0.0648	0.0448	0.2827	0.3942
新华传媒	0.0155	0.0104	1.0659	1.8430	1.6033	5.1833	0.1178	0.0167	0.0098	0.3273	0.4865
中南传媒	0.1190	0.0843	0.9645	3.0198	2.7825	4.8609	1.2334	0.1009	0.0874	0.2919	0.4122
皖新传媒	0.1250	0.0974	0.9616	3.6444	3.1698	6.4732	3.2549	0.1295	0.1012	0.2213	0.2841
凤凰传媒	0.0952	0.0607	0.9503	1.8538	1.4844	2.9836	0.3261	0.1159	0.0639	0.3628	0.5693
出版传媒	0.0819	0.0501	0.9949	1.6726	1.1361	2.8080	0.3630	0.0787	0.0503	0.3887	0.6358

（资料来源：巨潮资讯）

网＋"时代,以有线电视为代表的传统媒介的影响力显著下滑,移动终端媒介的统治地位已基本确立,使得有线电视网络企业不可避免地受到冲击。上市绩效居于后五名中的出版传媒企业分别为天舟文化、粤传媒、中文在线,其中前两者均以传统媒介为主营业务:天舟文化以图书发行为基础支撑,粤传媒即广州日报,报纸发行目前依然是其重要的业务板块,说明互联网的飞速发展不可避免地对传统纸媒产生冲击。作为中国数字出版的开创者之一,中文在线于 2015 年在深交所创业板上市,但由于上市时间较短,上市运营经验缺乏,上市绩效排名不高。但从长远来看,中文在线上市绩效向好,是传统出版传媒企业未来发展的必然趋势。

通过进一步计算发现,有线电视网络行业、电影行业、出版传媒行业上市绩效的平均得分分别为－0.2784、0.5209、－0.0817,其中电影企业得分高于总体平均水平,有线电视企业、出版传媒企业低于总体平均水平。再次印证相对于有线电视网络企业、出版传媒企业而言,电影企业上市绩效更好,发展前景广阔。

表 6-6　2017 年 25 家文化企业上市绩效得分排名

企业	偿债成分	排名	盈利成分	排名	变现成分	排名	上市绩效	排名
歌华有线	－1.3987	23	0.0625	11	0.7247	7	－0.2038	17
天威视讯	－0.1032	14	0.4259	10	－1.9327	24	－0.5367	21
华数传媒	－0.4041	18	－0.2191	15	－0.4301	19	－0.3511	18
湖北广电	0.5017	6	－0.0732	14	－3.3296	25	－0.9670	25
电广传媒	1.5299	2	－2.9404	25	0.8454	4	－0.1884	16
东方明珠	－0.5033	19	0.8652	6	－0.2071	18	0.0516	11
广电网络	1.1815	3	－0.6455	20	－0.5194	20	0.0056	12
吉视传媒	0.7936	4	－0.2900	17	－0.6157	22	－0.0374	13
长城影视	2.7085	1	0.9509	5	1.2997	1	1.6530	1
华谊兄弟	0.7505	5	－0.0703	13	0.3179	11	0.3327	7
华策影视	0.3959	8	0.7200	7	0.9388	3	0.6849	2
光线传媒	－0.0883	12	1.2784	2	0.5010	8	0.5637	3
华录百纳	－1.5485	24	－0.9896	23	1.2335	2	－0.4349	20
新文化	－0.1957	16	0.4415	9	0.7326	6	0.3261	8
华闻传媒	－0.0964	13	－0.3924	18	0.0057	15	－0.1610	15
粤传媒	－1.8906	25	－0.7618	22	0.7435	5	－0.6363	23
天舟文化	－0.8048	21	－0.4783	19	－0.5835	21	－0.6222	22

续　　表

企业	偿债成分	排名	盈利成分	排名	变现成分	排名	上市绩效	排名
中文在线	−1.2227	22	−0.6993	21	−0.9079	23	−0.9433	24
中文传媒	0.3563	9	1.0333	4	−0.0566	17	0.4443	6
时代出版	−0.1192	15	−0.2457	16	0.1446	14	−0.0734	14
新华传媒	0.1611	11	−1.4955	24	0.2316	12	−0.3676	19
中南传媒	−0.2077	17	1.2415	3	0.3989	9	0.4775	5
皖新传媒	−0.5310	20	1.7326	1	0.3222	10	0.5079	4
凤凰传媒	0.3000	10	0.5191	8	−0.0095	16	0.2699	9
出版传媒	0.4353	7	0.0303	12	0.1521	13	0.2059	10

在偿债方面,得分居于前五名的文化企业分别为长城影视、电广传媒、广电网络、吉视传媒、华谊兄弟,表明上述文化企业偿还长期债务的能力较强,上市后的财务状况较好,发生呆账、坏账的可能性较小;偿债得分排名居于后五位的文化企业分别为天舟文化、中文在线、歌华有线、华录百纳、粤传媒,表明上述文化企业能用于偿还债务的利润、固定资产折旧、无形资产可能不足值。从行业角度看,有线电视网络行业、电影行业、出版传媒行业偿债能力的平均得分值分别为 0.1997、0.3371、−0.3291,说明前两种行业内的文化企业自我清偿债务的能力普遍较强。

在盈利方面,得分居于前五名的文化企业分别为皖新传媒、光线传媒、中南传媒、中文传媒、长城影视,表明上述文化企业在上市后,能充分利用各类生产要素获取高额利润;盈利得分排名居于后五名的文化企业分别为中文在线、粤传媒、华录百纳、新华传媒、电广传媒,表明上述文化企业由于生产要素利用不充分、经营管理不善等原因,上市后的运行效率偏低,获取利润的能力不强。从行业角度看,有线电视网络行业、电影行业、出版传媒行业盈利能力的平均得分值分别为 −0.3518、0.3885、0.0440,说明电影行业在盈利方面占据绝对优势,虽然出版传媒行业在偿债能力方面弱于有线电视网络行业,但在盈利能力方面领先于有线电视网络行业,文化资本的增值速度更快。

在变现方面,得分居于前五名的文化企业分别为长城影视、华录百纳、华策影视、电广传媒、粤传媒,表明上述文化企业资金链实现良性运转,现金—资产—现金的循环有条不紊地进行,可投入实际生产运营过程的现金充足;变现得分排名居于后五名的文化企业分别为天舟文化、吉视传媒、中文在线、天威视讯、湖北广电,表明上述文化企业在遭遇不确定性风险时,将非现金资产和有价证券转化为现金的能力较弱。从行业角度看,有线电视网络行业、电影行业、出版传媒行业变现能力的平均得分值分别为－0.6831、0.8373、0.0401,平均得分的正负情况和盈利能力一致,电影行业、出版传媒行业满足自我发展所需现金需求的能力较强,对提升行业内企业运营安全程度意义重大。

三、文化企业上市典型案例

本节在评估 2017 年我国有线电视网络企业、电影企业、出版传媒企业上市绩效的基础上,选取有线电视网络行业、电影行业、出版传媒行业的典型文化企业案例,系统分析其在 2017 年的上市之路。

(一)有线电视网络行业:歌华有线

1999 年 9 月,为响应国家"台网分离"的号召,在北京市委、市政府等相关职能部门的配合下,歌华有线正式成立。二十多年来,歌华有线为首都有线广播电视网络的开发、建设与运营注入动力,于 2014 年入围第一届首都文化企业三十强榜单,成为文化企业上市的标杆企业。截至目前,歌华有线旗下已拥有 26 个职能部门、15 家分公司,有线电视用户多达 560 万,高清数字电视用户占 78.57%。作为传统电视媒介运营商的典型代表,歌华有线在新兴媒介的冲击下,顺应三网联合的必然趋势,2017 年正是其破茧成蝶的关键一年。为提升企业的上市绩效,歌华有线以拓宽媒介宣传渠道、塑造良好企业形象为重要抓手。

2017 年,歌华有线努力实现电视、互联网等新旧媒介的完美融合,努力提升上市绩效。2017 年 1 月 22 日,农历鸡年前夕,歌华有线召开 2017 年年度工作会议,在表彰上年度优秀营业厅的基础上,系统分析了企业面临的宏观经济环境、中观产业环境与微观竞争环境,订立"一网两平台"的年度工作总基调,为 2017 年企业的发展指明方向。在这一总方针的指导下,2017 年 6 月

14 日,歌华有线同中国电影股份有限公司订立战略合作协议,携手包括阿里在内的六家企业,成立中国电视院线运营公司,为歌华有线的发展提供了丰富的资源。歌华有线借此东风,于 2017 年 7 月联合东方有线、山东广电等五家文化企业成立全国宽带综合服务运营公司,凭借出资 2250 万元认购公司 11.25％的股份。为进一步发挥互联网企业对企业发展的技术支撑作用,2017 年 11 月 14 日,歌华有线和华为集团达成战略合作共识,拟在大数据、云计算、物联网、人工智能、智慧城市等领域展开深度合作,构建有线＋无线的发展蓝图,实现品牌效应。

2017 年,歌华有线牢牢把握政策机遇,积极承担社会责任,打造良好的信誉与品牌形象,为进一步提升上市绩效储备丰富的无形资产。2017 年 8 月,歌华有线同北京市卫计委订立合作协议,以"互联网＋家庭医生"为驱动,进一步推进新媒体综合信息服务平台建设,以大数据、云计算、物联网、人工智能为技术支撑,实现大消费和大健康的完美融合,为提升北京市民的健康生活指数做出贡献。同年 9 月,歌华有线先后成为大兴区数字化精细管理系统、北京市通州区视频监控网络的中标供应商。作为文化企业的歌华有线,成功参与到社会治埋之中,为优化社会管理体系提供技术支持。

近年来,歌华有线积极采取蓝海战略,聚焦大数据、云计算、物联网、人工智能等高端前沿技术,先后开拓数据、语音等多项业务,成为信息化首都建设的中坚力量。作为有线电视网络企业,歌华有线的上市之路道阻且长,但总体上看,歌华有线的上市绩效正朝着良性方向迈进,其成为有线电视网络企业转型上市的成功典范。

(二)电影行业:华谊兄弟

作为我国知名的民营娱乐集团,成立于 1994 年的华谊兄弟经过二十多年的发展,已日渐成熟,并于 2009 年正式上市,成为我国影视娱乐第一股,实现影视行业与文化资本市场的联合。华谊兄弟自上市以来,以影视业务为依托,先后开发出实景娱乐、互联网娱乐等主板块业务,延长企业价值链,成为国内电影企业的排头兵,具有较强的市场竞争实力。2017 年,华谊兄弟在影视娱乐、互联网娱乐、实景娱乐业务板块业绩卓著,当之无愧地入选中国文化企业三十强。

影视娱乐领域。2017 年对于我国电影行业而言是具有里程碑式意义的一年,华谊兄弟抢抓机遇,成为中国电影史上票房最高的文艺片《芳华》、票房最高的爱情喜剧片《前任 3:再见前任》的发行公司,使企业的知名度进一步得到提升,全年电影业务板块实现 32.7993 亿元的大丰收,同比增长 28.04%。华谊兄弟还勇于向海外电影行业领域开拓:2018 年 1 月,由华谊兄弟和美国 STX 公司共同推出的《茉莉的牌局》,荣获奥斯卡金像奖最佳改编剧本奖提名的殊荣,开创中国电影企业冲击奥斯卡剧本类奖项的新纪元。此外,华谊兄弟精准定位到网络大电影这一盈利点,由华谊兄弟 CEO 王中磊亲自牵头,2017 年共推出包括《一生有你》《决对争锋》在内的 30 余部网络电影。至此,华谊兄弟影视娱乐板块内的立体化营业布局基本形成。

实景娱乐领域。2017 年由华谊兄弟牵头的苏州电影世界、长沙电影小镇等多个实景娱乐项目相继开工,预计 2018 年步入开发运营阶段。截至 2017 年 12 月,华谊兄弟在实景娱乐业务板块的收入达 2.7717 亿元,同比增长 7.89%,在未来一段时间内,华谊兄弟的收益还将不断增加,实景娱乐将从初创走向成熟,获得稳定收益。

互联网娱乐领域。与影视娱乐、实景娱乐领域不同,2017 年华谊兄弟在互联网娱乐领域的发展情况并不乐观。2017 年华谊兄弟主营业务收入为 3.0672 亿元,同比下降 54.63%,投资收益为 8.0547 亿元,同比下降 28.03%,这同华谊兄弟出让其子控股公司广州银汉,使其并购范围出现调整有关。但 2018 年以来,华谊兄弟在互联网娱乐领域的经营情况有所改观:2018 年 2 月,英雄互娱宣布签署 IPO 服务协定,进驻 A 股,持有其 20% 股份的华谊兄弟将从中获益,2018 年互联网娱乐领域的净利润有望重新实现正增长。

作为我国电影行业领域的领军企业,华谊兄弟积极推行多元化战略,紧扣信息网络时代最具影响力的媒介渠道,开拓业务领域,使其成为电影企业成功上市的典范,为电影企业的发展提供有益遵循。

(三)出版传媒行业:凤凰传媒

凤凰传媒是我国规模最大的出版发行企业,经过近二十年的建设,集团已建成具备完整产权的教育用书出版发行系统。在新旧媒介交替的环境下，凤凰传媒朝着数字化的方向发展，从内容和渠道两端双向发力，形成集影视、职业教育、云计算、线上娱乐于一体的产业生态闭环。表 6-7 反映了凤凰传媒 2017 年各大主营业务板块的盈利情况。由表 6-7 可知，影视发行、数据服务、游戏开发已成为集团利润率最高、最具增长潜力的板块。

表 6-7　凤凰传媒 2017 年各大主营业务板块盈利情况汇总

具体行业	利润率（%）	营业收入增长率（%）	营业成本增长率（%）	利润率变动幅度（%）
出版业务	33.99	1.96	1.42	0.35
发行业务	29.61	8.62	11.03	−1.53
印刷业务	12.95	1.44	2.87	−1.21
游戏开发	48.16	−15.97	33.96	−19.32
影视发行	77.90	−63.11	−87.21	41.63
软件设计	33.62	93.18	173.65	−19.52
数据服务	67.38	2.15	5.81	1.13
其他业务	23.15	2.65	22.56	−12.48

（资料来源：巨潮资讯）

凤凰传媒在开拓新业务板块的同时，继续保持其在图书出版与发行领域的优势。2017 年凤凰传媒以 55.44 亿元的品牌价值位居我国文化企业品牌价值排行榜第 11 名，新旧媒介良性耦合、新旧业务相互补充的经营布局已初步形成，有效降低了集团的运营成本，实现内容与渠道功效的最大化，上市绩效朝积极方向迈进。凤凰集团上市的成功经验主要可归结为以下三方面：第一，出版发行数字化集成优势显现。2016 年 12 月，凤凰传媒正式实施 ERP 项目，大力推动电商、智慧书城建设，打造凤凰云计算产业集群，实现对线上线下各类优质 IP 资源的集成。第二，推行文化商城运营管理模式。凤凰传媒通过合作投资、联合经营，优化文化商城运行体系，以江苏南通为基点，辐射带动江阴、昆山等地区文化商城的建设，成为建设大型城市文化综合体的领军企业。第三，进军影视业务板块。2017 年凤凰传媒在影视领域的突出成就要数参投电视剧《人民的名义》，其强烈的社会反响为凤凰传媒赚取了不少的社会关注度。

作为出版传媒企业的龙头,凤凰传媒在开拓新兴业务板块领域的同时,依然坚守住传统主营业务的阵地,将高科技元素有机融入其中,是此类文化企业新旧转型的杰出典范。

四、相关对策建议

随着国民经济信息化程度的不断提升,新旧媒介更新的速度也不断加快。不同行业领域的文化企业为在激烈的市场竞争中立于不败之地,走上了上市的征程,无论有线电视网络行业、电影行业,还是出版传媒行业,文化企业的上市之路机遇与挑战并存,只有科学地识别风险、防范风险,才能趋利避害,提升上市绩效。为此,文化企业需要做好以下几个方面。

第一,推动经营业务板块的多元化。随着我国居民生活条件的改善,文化市场需求趋于多元化、个性化,由此产生多个新兴文化消费热点。文化企业在上市过程中,应当精准把握消费者心理诉求,推陈出新,开创新兴业务板块,与传统业务板块协调配合,由此掌握多个业务盈利点,减少文化市场需求变动对企业上市绩效的负向影响。

第二,顺应"互联网+文化产业"的大潮流。文化企业应加快线上平台建设,占据大数据、云计算、物联网、人工智能、虚拟现实等战略制高点,扩宽企业投融资渠道,充分发挥互联网大平台、集成化的优势。

第三,进一步深化跨界融合。虽然文化企业提供具有精神属性的文化产品和服务,具有一定的特殊性。但从本质上讲,文化企业和其他企业一样,均以实现利润最大化为目的。因此,文化企业在上市过程中应积极寻求同其他产业领域企业的跨界合作,互通有无,通过优势互补,提升自身的上市绩效。

中国人民大学经济学院　蒋　治

中国海洋大学国家文化产业研究中心　张立波

第七章　PPP 运营与文化企业发展

● PPP 最初产生于英国公共服务部门,指公共部门通过与私人部门建立伙伴关系来提供产品或者服务的一种方式。20 世纪 70 年代以来,政府和社会资本合作模式在新公共管理运动推动下,在全球众多国家得到快速发展,从应用成熟程度来看,大致可以分为以英国及澳大利亚为代表的第一梯队、美国及日本为代表的第二梯队、中国及印度为代表的第三梯队。

● 第四批 PPP 示范项目与往年相比较,文化类示范项目数量超上一年度 17%。文化类 PPP 示范项目的推出,凸显了文化领域正在融入经济建设的"主战场",并与国计民生的大项目接轨,有助于转变文化系统的传统观念,逐步解决文化行政部门资金来源单一、使用效率不高的问题,有效引导社会资本投入文化领域建设。

● 文化类 PPP 项目,从运营过程中的"使用者付费"角度进行项目性质区分,非营利性文化项目不但要注重其是否"能盈利",还要开拓思路,创造方法,使其"会盈利",通过 PPP 模式延伸公共文化服务的设施体系是目前流行的一种做法。

一、PPP 与文化企业发展环境

PPP(Public-Private Partnership)起源于 20 世纪 80 年代的英国,主要用于公共基础设施建设。为推动新型城镇化建设和发展,仅靠政府力量很难继续满足民众对公共基础设施和服务产品日益增长的需求。采用 PPP 模式,政府和社会资本共同参与基础设施建设,政府赋予私人部门特许经营权,私人部门通过独立运营和收益权获取利润,特许经营期结束后,政府回收项目。这种模式的初衷是为了缓解地方政府债务压力、解决公共基础设施建设和运营当中的融资难和运营效率差的问题,同时也拓宽社会资本的投资领域,活跃社会资本。

(一)政策的细化与完善

自从 2014 年财政部 4 次发布 PPP 有关通知,从合作模式问题、指导意见、操作指南、示范项目到合同管理,逐步界定 PPP 模式内涵和形式规定以来,财政部、发改委等多部委不断发布 PPP 相关政策通知,陆续颁布的这些政策,使得中国 PPP 市场更加趋向理性和成熟。比如,2017 年 3 月,国务院办公厅印发《关于进一步激发社会领域投资活力的意见》,《意见》从 5 个方面提出了 37 条具体的政策措施,引导社会资本以 PPP 模式参与医疗机构、养老服务、教育机构、文化设施、体育设施建设运营。2017 年 7 月,国务院法制办、国家发展改革委、财政部起草《基础设施和公共服务领域政府和社会资本合作条例(征求意见稿)》及其说明,包含 7 章,共 50 条,对合作项目的发起、实施、监督管理、争议解决、法律责任等做出明确的规定。例如,其中规定 PPP 合作项目期限一般不低于 10 年,最长不超过 30 年。社会资本方的收益根据合作项目运营的绩效进行相应调整。

(二)地方政府融资举债的规范管理

2015 年新《中华人民共和国预算法》实施以来,特别是 2017 年上半年国务院及财政部等有关部门先后多次发文规范地方政府债务和举债融资行为,一方面要求加强对地方债务风险的遏制,加强地方政府性债务管理,另一方面也为地方政府如何有效依法依规筹措资金解决基础设施建设和公共服务问题指明了方向。

2017 年 4 月,财政部等 6 部门联合下发《进一步规范地方政府举债融资行为的通知》,明确指出,地方政府不得以借贷资金出资设立各类投资资金,严禁地方政府利用 PPP、政府出资的各类投资基金等方式违法违规变相举债。2017 年 5 月,财政部发布《关于坚决制止地方以政府购买服务名义违法违规融资的通知》,着力规范政府购买服务管理,明确指出禁止政府购买服务的相关服务项目,如铁路、公路、机场、通信、水电煤气,以及教育、科技、医疗卫生、文化、体育等领域的基础设施建设,储备土地前期开发,农田水利等建设工程。制止地方政府违法违规举债融资行为,防范金融风险。2017 年 11 月,财政部办公厅印发《关于规范政府和社会资本合作(PPP)综合信息平台项目库管理的通知》,进一步规范 PPP 项目运作,防止 PPP 异化为新的融资平台,坚决遏制隐性债务风险增量。《通知》主要从入库项目分类管理、集中清理方面提出相关管理要求及项目清退标准。各项通知通过挤掉 PPP 的泡沫,来规范地方政府融资举债。

(三)PPP 金融市场的建设

PPP 项目融资主要分三个阶段,发起阶段目前主要靠 PPP 基金,建设期可以依靠企业债和项目专项债融资,2017 年 4 月,国家发改委印发《政府和社会资本合作(PPP)项目专项债券发行指引》,明确指出,"PPP 项目专项债券"是指由 PPP 项目公司或社会资本方发行,募集资金主要用于以特许经营、能源、交通运输、水利、环境购买服务等 PPP 形式开展项目建设、运营的企业债券,着重支持传统基础设施和公共服务领域的项目。5 月,中国保监会发布《关于保险资金投资政府和社会资本合作项目有关事项的通知》,支持保险资产管理公司等专业管理机构作为受托人,发起设立基础设施投资计划,面向保险机构等合格投资者发行受益凭证募集资金,投资一个或一组合格的 PPP 项目。

运营阶段则有 PPP 资产证券化,PPP 资产证券化可以满足运营时期的社会资本方的融资需求。2017 年 2 月,上海证券交易所、深圳证券交易所分别对各自的市场参与人发布了《关于推进传统基础设施领域政府和社会资本合作(PPP)项目资产证券化业务的通知》,要求交易所成立 PPP 项目资产证券化工作小组,明确专人落实相应职责,积极推进符合条件的项目通过资产证券化方式实现市场化融资,为 PPP 项目联通资本市场提供配合与支持。6

月,财政部、人民银行、证监会联合发布《关于规范开展政府和社会资本合作项目资产证券化有关事宜的通知》,提出要分类稳妥地推动 PPP 项目资产证券化,鼓励项目公司开展资产证券化,优化融资安排,探索项目公司股东开展资产证券化盘活存量资产,支持项目公司其他相关主体开展资产证券化。10月,上海证券交易所、深圳证券交易所、机构间私募产品报价与服务系统三部门共同发布了《政府和社会资本合作(PPP)项目资产支持证券挂牌条件确认指南和信息披露指南》,对于三类基础资产,即 PPP 项目收益权、PPP 项目资产、PPP 项目公司股权合格标准、发行环节信息披露、存续期间信息披露等做出了详细的规定。

PPP 项目专项债的发行可极大支持项目建设期的融资需求,解决 PPP 项目进入问题;PPP 资产证券化可解决投资者退出需求,二者将形成"前端＋后端"的有效互补。

(四)文化等幸福产业 PPP 项目获得优先支持

《文化部"十三五"时期文化发展改革规划》中重点提到,鼓励和引导社会资本进入文化产业,会同有关部门落实鼓励和引导社会资本进入文化领域的各项政策措施。深化文化金融合作,落实以奖代补、基金注入等重要政策,以推广文化领域的政府与社会资本合作模式为抓手,扶持引导社会资本进入文化领域。为推广文化领域的政府与社会资本合作(PPP)模式,争取更多的文化类 PPP 项目入选示范项目,争取更好完成"十三五"期间文化改革目标,2017 年 8 月 1 日,文化部办公厅出台《关于做好文化类政府和社会资本合作(PPP)示范项目申报工作的补充通知》,号召各地文化厅充分发挥贴近文化企业、文化项目的优势,及时通知符合条件的企业和项目积极申报。各地文化厅(局)将采取 PPP 模式的文化基础设施、文化产业园区、文化旅游项目、特色文化小镇、文化资源保护与利用项目等纳入支持范围。2017 年 11 月,在中央文化产业专项基金中,文化部联合财政部文化司对文化类的 PPP 项目给予优先支持。

整体而言,四年来,PPP 政策发布,主体不断多元化,从开始的财政部主导扩展为多部委联合,明确多方主体职责,统筹协调并各有侧重;政策内容不断细化,从项目流程、前期合规、项目融资、项目监管等方面对 PPP 项目进行全过程运作的管理指导,在明确 PPP 边界与流程的基础上,倒逼 PPP 发展与其本质和目标相契合,从根源上控制项目执行过程中可能出现的风险隐患,以推动 PPP 项目理性健康发展;金融市场提供配套支持,如设立 PPP 项目资产证券化工作小组、保险资金投资 PPP 项目、确定 PPP 项目资产支持证券挂牌条件等,推动 PPP 项目资产交易,丰富资本进入渠道和退出方式,大大加强资产流动性,提升社会资本参与 PPP 项目的积极性,有效促进 PPP 项目落地,甚至实现参与主体的多轮优化。

二、我国 PPP 发展现状

四年时间里,我国构建了一个相对完整的 PPP 政策体系;发展成为全球 PPP 规模最大市场(根据财政部 PPP 综合信息平台数据,截至 2017 年 12 月 31 日,全国入库项目数量达 14059 个,项目规模共 17.74 万亿元),速度在全世界 PPP 发展历史中罕见;PPP 产业链和衍生市场获得极大发展,包括工程设计承包、咨询培训、数据分析、资产运营管理、各种 PPP 基金等;对地方政府基建融资方式和工程承包商业务转型影响巨大。

(一)行业适用面不断扩大

从 2004 年的市政公用项目和公路交通项目,扩展到国家发改委提出的七大领域十几个行业、财政部 PPP 项目库中的十九类行业,PPP 的行业类型不断扩展,适用行业的扩展带动了相关项目的积极申报,截至 2018 年 2 月 1 日,财政部已会同行业部委推出四批共 1093 个 PPP 示范项目,投资额达 2.6 万亿元。第四批共征集各地申报项目 1226 个,投资额达 2.12 万亿元。其中,文化类 PPP 示范项目共 53 个,投资额近 769 亿元。

2018 年 2 月 6 日,财政部发布了《关于公布第四批政府和社会资本合作示范项目名单的通知》,正式公布了第四批 PPP 示范项目,山西省忻州市岢岚县宋长城景区一期等 35 个文化类项目拟确定为示范项目。与往年相比较,本次入选的文化类示范项目数量超上一年度 17％。本轮 PPP 示范项目的筛选评定是在规范实施 PPP 模式的背景下开展的,在严控市政交通等传统行业项目的同时,向文化产业等幸福产业倾斜。2018 年的项目涵盖了传统文化场馆、文化旅游,并扩展到了文化园区(其中文化场馆 16 个、文化旅游 13 个、文化园区 6 个)。文化类 PPP 示范项目的推出,凸显了文化领域正在融入经济建设的"主战场",并与国计民生的大项目接轨,有助于转变文化系统的传统观念,逐步解决文化行政部门资金来源单一、使用效率不高的问题,有效引导社会资本投入文化领域建设。

(二)提质减速新阶段

为防范潜在的"变相举债融资"及"违法违规"的风险,从 2017 年 11 月到 2018 年 3 月底,财政部主导集中清理总投资达 17 万亿元的万余个 PPP 项目,重点清理不合规的项目,示范库中出库项目总计 724 个,投资额达 7239 亿元。各省纷纷叫停并整改 PPP 项目,2018 年,新疆、湖南、湖北、江苏等地对 PPP 项目进行整改,比如新疆叫停开发区 2016、2017 年政府付费类项目;湖南下发"建议退库"类项目的通知,并要求"建议整改"类项目要结合项目问题给出整改方案、整改进度和预计整改完成时间;江苏已经停止无收益性质的增量 PPP 项目。

经过这一轮治理,PPP 市场从"狂热"走向冷静,在库项目不断规范完善,新增项目速度放缓,但即使在清理阶段,一些田园综合体、乡村振兴等关系民生福祉的 PPP 项目也加速入库。2018 年 4 月 24 日,文化和旅游部与财政部联合印发《关于在旅游领域推广政府和社会资本合作模式的指导意见》,一些开放型旅游项目尤其利好,串联起各个景点、景区、旅游项目,让路上也成为风景,全域旅游领域为 PPP 的实施提供了落脚点。从 PPP 清库、新项目加速入库及旅游领域 PPP 的春天可以看出,PPP 领域规范性要求提高,项目结构正趋于优化。文化企业参与 PPP,不仅需要参与文化设施的设计、建设、融资等环节,更为重要的是参与文化项目的运营全过程,通过资本筹集、商业经营模式和专业技术能力等优势,实现与政府的合作,不仅解决政府在设施建设、空间设计等方面的压力,在一定程度上还可以弥补公共文化服务供给模式存在的不足,创新文化产品及服务的供给方式,同时提升供给效率。

(三)PPP 项目证券化和债券化

2014 年我国首次提出 PPP 项目资产证券化,2015 年以来,在国家决策层的推动下,发改委、证监会、央行等多部委分别发布文件,对 PPP 项目资产证券化提供支持。2016 年底,发改委与证监会将 PPP 项目资产证券化作为重点工作,明确适用资产证券化的 PPP 项目条件。2017 年 6 月底,财政部、人民银行、证监会三部委联合印发《关于规范开展政府和社会资本合作项目资产证券化有关事宜的通知》,将可以发行资产证券化产品的项目库扩充至财政部。2017 年 4 月发改委发布《政府和社会资本合作(PPP)项目专项债券发行指引》,再次为 PPP 项目的债券融资提供指导。

但从目前情况来看,2017 年至今,PPP 资产支持证券计划共发行了 10 只,总金额 89 亿元,在全市场万亿级别的资金需求中,占比极为有限。与决策层的大力推动及支持形成对比,参与 PPP 项目的部分上市公司,更多通过债市融资,而近期 PPP 明星概念股"东方园林"发债遇冷事件,表明 2018 年的示范库清理及上市民企的违约事件频发引发资本市场信用收紧,投资者风险偏好大幅降低。PPP 项目在强监管之下,信贷资金或融资渠道都呈现收缩态势。

2018 年 7 月 18 日,广州珠江实业集团有限公司成功发行 10.2 亿元社会领域产业政府和社会资本合作(PPP)项目专项债券,发行主承销商为海通证券。这是国家发展改革委自 2017 年推出《社会领域产业专项债券发行指引》和《政府和社会资本合作(PPP)项目专项债券发行指引》以来,国内发行的首只 PPP 项目专项债,也是全国首只社会领域产业专项企业债。这只债券的发行改变了以往 PPP 项目主要依靠银行贷款等间接融资方式的融资格局,为 PPP 项目拓宽了融资渠道,降低了融资成本,引导民间资本进入我国体育等社会领域产业,进一步激发社会领域投资活力。

2014 年以来,PPP 政策整体利好,带动 PPP 项目数和投资额呈现爆发式增长,逐渐暴露出政府隐形债务风险及 PPP 项目合规性问题,国家层面带头,各地区自查和清理 PPP 项目库,PPP 发展从量变逐步走向质变,PPP 融资环境收紧,合规优质的 PPP 项目依旧广受青睐,市场参与各方逐步走向规范。

三、文化类 PPP 发展中存在的问题及相应对策思考

从 2017 年下半年开始,从中央到地方逐级清理 PPP 项目,有关 PPP 的关键词一直围绕着如何"规范操作"PPP 项目,PPP 的发展构建起数万亿市场的同时也出现一些乱象,出现了重建设轻运营、无绩效考核、拉长版 BT、明股实债等问题。文化类 PPP 项目由于文化产品或服务特性,还面临一些其他问题。在 PPP 收紧的环境下,各地政府当务之急是如何将规范落实,发挥 PPP 支持有效投资、拉动经济增长的作用。

(一)PPP 项目普遍问题[①]

1. 能够产生稳定收益的经营性项目占比过少

从 PPP 项目的运行模式来看,可行性缺口补助项目、政府付费项目比重逐年上升,使用者付费逐年下降,这与最初采用 PPP 模式来鼓励公私合营的核心价值背道而驰(PPP 的核心价值是伙伴、收益和风险)。旅游 PPP 虽然是示范项目中的"少数派",截至 2018 年 4 月 25 日,全国 PPP 综合信息平台中入库旅游项目 806 个,占入库项目总数的 5.8%,但却是采用使用者付费比例最高的领域。

地方政府在 PPP 项目上的不合理选取,将大量没有资金收益的市政类公益项目或者收益较少且很难弥补成本的准经营项目进行整体打包,包装成 PPP 项目进行推广,造成 PPP 项目本质上与 BT 模式并没有区别,并不是真正意义上的 PPP 模式。从长远角度来看,这种项目的投资建设并不会减少政府财政的支出,只是把资金支付的时间向后拖延。虽然缓解了前期财政资金紧张的情况,但却给后期政府回购造成了巨大压力,甚至形成中长期政府债务风险。由于项目缺少后期运营收益,最后只能依靠政府买单。有些地方政

---

① 杨磊:《我国 PPP 项目开展中存在的问题分析及对策研究》,《中国集体经济》2017 年第 14 期。

府为了招标顺利,还会隐性做出兜底的承诺,甚至选择明股实债的方式。

2. 忽略后期相应的市场化运营环节

我国推广 PPP 模式,其本意是转变政府职能,在以前社会资本难以进入的公共服务建设领域引入社会资本,通过社会资本的参与,增强市场竞争性,借助社会资本雄厚的资金、先进的技术和高效的后期管理运营能力提升公共服务的质量。但在目前看来,在 PPP 项目中大多存在只顾项目建设,而后期运营乏力的现象。PPP 模式强调的是社会资本全生命周期的参与,不是只有前期的建设环节,更加强调社会资本的后期运营管理环节。但在实际操作中,地方政府往往会忽略这一点,导致项目后期缺少市场化的运作,更谈不上进行金融创新。

在 PPP 项目的招标过程中,政府很难转变以往观念,一般更倾向于选择资金实力雄厚、工程技术先进的大型工程建设施工单位作为社会资本方,合作进行 PPP 项目的开展。但是这类单位虽然资金雄厚,但是其往往缺少 PPP 项目中最重要的后期项目运营管理的经验,只是简单的建设移交,难以实现有效运营。而很多优质项目是可以通过有效的创新和运营实现盈利,覆盖建设成本,实现真正意义上的 PPP 模式的。

3. 政府方融资渠道狭窄及缺少必要的金融创新

政府作为 PPP 项目的参与者,其融资渠道相比社会资本来说相对狭窄,参与项目建设的资金基本只有两个来源:靠财政资金的划拨和向银行申请贷款,很难有其他融资方法,缺少必要的金融创新。这不仅会大量占用财政资金,给政府财政支出带来压力,造成财政资金紧张,数额庞大的银行贷款也会给中长期的政府财政预算带来负担。通过这两种融资渠道获得的资金可用性较差,在资金的使用和管理上都存在诸多限制,难以灵活分配使用,而且银行贷款一般均有期限要求,很难适用 PPP 项目建设运营周期长、回款较慢的特点。

4. PPP 专业人才稀缺

目前虽然各地都在热推 PPP 模式,但其兴起时间较短,政府中真正能熟悉和掌握 PPP 原理和操作的专业人才较少,所以在项目的前期识别、后期的管理运营上大都靠第三方咨询公司。而这些公司的专业水平参差不齐,在没有自己专业人员全程参与的情况下，提出的论证往往与当地实际情况不符，工作效率不高。这就导致了对项目的定位不准确，模式选择不合理，最后致使项目进展缓慢，落地难。

（二）文化类 PPP 项目发展难点

相比于污水处理厂、高速公路等可以获得固定收益的基础设施，文化基础设施的回报率对社会机构来说吸引力不够。具体看来，纯公益类建设项目有可能并不适合采用 PPP 模式，或者说很难对社会力量产生较大吸引力。对社会力量来说，建设和运营公共文化设施所获收益具有较多不确定因素。像博物馆、图书馆、文化馆、综合文化服务中心等公共文化设施，其提供的产品和服务具有公共物品属性，这些设施不但在建设初期投入较大，在建成运营之后，为了保持其公益性，需要采用免费或低价方式提供服务，导致盈利空间并不大[1]。基层地区，特别是在一些边远地区或外出务工情况较为严重的农村，群众对综合文化服务中心、图书馆等公共文化设施的需求存在很大差异，难以形成稳定而大量的受众需求[2]，更增加了盈利的难度。对于社会力量来说，没有盈利的空间，则很难被吸引到 PPP 项目中。旅游项目的管理难度在于如何区分公共性，在发达地区它可以是商业项目，完全可采取使用者付费的方式；在贫穷落后地区就是公共品，需要政府来付费。

另一方面，面对长期以来我国的体制和市场定位限制，剧院等存在"使用者付费"机制的文化设施，其 PPP 项目的后期运营方式需要进行探索和创新。

（三）对策思考

1. 科学审慎，切合实际地选择 PPP 项目

在 PPP 项目的识别上，要科学审慎地进行物有所值论证和财政承受能力论证，充分考虑项目投入、回报和财政承受能力的匹配度，切合实际地做好财

---

[1] 李纪桦：《从公共品属性视角探讨 PPP 模式在文化项目建设中的运用》，《现代经济信息》2016年第12期，第52页。

[2] 邵坚宁：《哪些公共文化设施适用 PPP》，《投资北京》2015 年第 10 期，第 26—28 页。

政预算。同时,拒绝整体打包的形式,要根据项目自身的类型,合理选取运作模式。对于能够产生稳定现金流并可以覆盖建设成本的经营性项目,要积极采用 PPP 模式进行推介;对于具有一定收益但不能完全覆盖成本的准经营性项目,要明确政府和社会资本方各自的支出责任,政府在进行可行性缺口补贴时要严格把握财政预算支出;对没有现金收益的公益性项目,要审慎选择采用 PPP 模式,如要采用,需明确社会资本方后期运营维护的职责和政府方的绩效考核标准。

2. 应用金融创新开拓融资渠道,加大项目后期市场化运营

正确适当地运用金融工具的创新,完全可以实现用杠杆效应来撬动大量社会资本参与 PPP 项目的建设。在需要大量建设资金的前提下,政府方可以考虑设立城市建设的产业引导基金,引导社会资本出资参与设立各类项目的专项投资基金,参与到城市建设中来;进行资产证券化的运作,将政府授予项目公司的特许经营权所产生的收入和其他稳定收入打包成优质资产,通过与证券、信托和基金等金融机构合作,发起设立专项资产管理计划,拓宽融资渠道,加大市场化运营;与具有优质资金的社会资本方合作,探索发行可转换债券进行融资,允许社会资本在项目运营良好,产生稳定收益的前提下进行债权向股权的转化,在减少政府支持压力的前提下,与政府方共享收益,实现政府与社会资本的双赢。

3. 强化对 PPP 模式的学习,积极培养和引进专业 PPP 人才

政府作为 PPP 项目的参与者,要正确理解 PPP 模式的内涵,积极邀请专业知识丰富的专家学者为相关人员定期开展 PPP 相关内容的培训,并经常组织学习发改委和财政部发布的各类 PPP 项目操作指南,不断强化 PPP 从业队伍的专业技能,做到各类规范要求心中有数。咨询机构要坚持"合法、合规、专业、自律"的原则,深入研究民间资本参与 PPP 项目咨询服务新要求,加强 PPP 项目策划、论证、建设、运营阶段管理能力建设,准确把握民间资本参与 PPP 项目的商业诉求,提高项目全过程咨询服务能力。健全行业自律管理体系,通过 PPP 咨询机构论坛等多种形式,加强同业交流与合作。制定和完善 PPP 咨询业务操作标准规范,着力解决 PPP 项目工程技术、招投标、投融资、项目管理、法律和财务等方面难题,为民间资本 PPP 项目提供优质高效的咨询服务。

4. 分析适用性，创造盈利空间

文化类 PPP 项目，从运营过程中的"使用者付费"角度进行项目性质区分，针对文化馆、图书馆等在试用阶段对用户免费的公益性项目，若采取 PPP 模式建设运营，可以通过一定的方式对实现模式加以改造，创造条件和盈利空间，以便吸引更多层面的资金进入公共服务领域，发挥市场活力，创新合作理念，以达到双赢的效果[①]。福州海峡文化艺术中心，原本的项目缺乏直接的盈利点，然而政府通过 PPP 项目设计为企业划定了盈利空间——项目将建设和运营相结合，在运营时通过购买服务的方式，授予其特许经营权，最终使政府延长了支付年限，缓解了资金压力，企业也取得了一定的投资回报，形成了双赢的局面。由此可以看出，非营利性文化机构不但要注重其是否"能盈利"，还要开拓思路，创造方法，使其"会盈利"。通过 PPP 模式延伸公共文化服务的设施体系是目前流行的一种做法，在咖啡馆、书店、酒店、公园、景点、社区、菜场等空间，开展 PPP 的空间合作。那么这就需要吸引真正懂文化产业运营的投资者介入，来做出切合市场需求的产品，从项目的规划、设计、建设、运营阶段即充分考虑落地运营，并体现在 PPP 合同中，确保文化项目的公共性及市场收益能平衡。

中国海洋大学国家文化产业研究中心　朱　萌

---

① 马霞：《文化 PPP 来袭，你准备好了吗?》，《中国文化报》，2015 年 12 月 12 日，

第八章　文化特色小镇

● 2017—2018 年特色小镇与文化企业之间的正相关发展逻辑依旧明显，集约化、规模化、专业化水平不断提升，主要体现在：文化企业规模集聚，特色小镇高效生产；在"政府主导、名企引领"模式下，核心文化企业高效引领特色小镇发展；特色小镇为文化企业提供资源共享平台，推动人力、信息、技术、管理、营销等资源与要素在文化企业之间共享、扩散；特色小镇是社会群体、文化、产业、自然、公共管理等社会层次的高度耦合，构建了文化企业的良性生态。

● 文化产业是助推产业转型升级的重要载体，具备融合多种产业的能力，对地方社会产生的综合效益较高，是当下我国特色小镇建设的主要抓手之一。文化产业主导的特色小镇类型主要分为历史文化类、文化创意类、休闲度假类、文化科技类。

● 为使文化产业主导的特色小镇与文化企业良性互动发展，应以文化产业思维建设特色小镇，以团队文化思维培育小镇文化，搭建全方位的文化企业创客孵化体系，促进特色小镇社区赋权增能。

文化产业作为高创意、高附加值、低能耗、跨界融合能力强的经济形态，在特色小镇成长过程中占据重要地位。2016 年住房城乡建设部、国家发展和改革委员会、财政部三部委联合发布《关于开展特色小城镇培育工作的通知》，提出"在全国范围内开展特色小城镇培育工作，到 2020 年争取培育 1000 个左右各具特色、富有活力的特色小镇"的目标。此后，一大批特色小镇迅速崛起，凭借产、城、人、文四位一体的优势，成为新时期城乡建设的有力抓手，强力引领区域经济发展。截至 2018 年 7 月，住建部已发布《住房城乡建设部关于公布第一批中国特色小镇名单的通知》《住房城乡建设部关于公布第二批全国特色小镇名单的通知》,公布两批国家级特色小镇共计 403 个。本章立足于 2017 年以来文化产业主导的特色小镇的发展态势,梳理其主要商业模式,分析特色小镇与文化企业发展的关系,并提出促进二者良性互动发展的建议。

一、2017 年我国特色小镇政策环境

2017 年特色小镇申报与建设浪潮席卷全国,各类指导意见、政策相继出台,发力点涵盖特色小镇的融资、用地、申报、规范等诸多方面。

表 8-1 盘点了 2017 年国家级的特色小镇政策。

表 8-1　2017 年国家特色小镇重要政策盘点

时间	发布单位	文件名称
2017 年 1 月	住房城乡建设部、国家开发银行	《关于推进开发性金融支持小城镇建设的通知》
2017 年 1 月	国家发展改革委、国家开发银行	《国家发展改革委国家开发银行关于开发性金融支持特色小(城)镇建设促进脱贫攻坚的意见》
2017 年 4 月	住房城乡建设部、中国建设银行	《关于推进商业金融支持小城镇建设的通知》
2017 年 5 月	财政部	《关于开展田园综合体建设试点工作的通知》
2017 年 8 月	国土资源部、住房城乡建设部	《利用集体建设用地建设租赁住房试点方案》
2017 年 9 月	农业部、国家发展改革委、教育部、科技部、民政部、人力资源和社会保障部、国土资源部、中国人民银行、工商总局、国家统计局、共青团中央、中华全国妇女联合会	《关于促进农村创业创新园区(基地)建设的指导意见》
2017 年 10 月	农业部	《关于开展农业特色互联网小镇建设试点的指导意见》
2017 年 12 月	国家发展改革委、国土资源部、环境保护部、住房城乡建设部	《关于规范推进特色小镇和特色小城镇建设的若干意见》

表 8-2 盘点了 2017 年地方级的特色小镇代表性政策。

表 8-2　2017 年地方特色小镇代表性政策盘点

时间	发布单位	文件名称
2017 年 1 月	辽宁省人民政府	《关于成立辽宁省特色乡镇建设工作领导小组的通知》
2017 年 2 月	湖北省住房和城乡建设厅	《关于做好 2017 年特色小（城）镇申报工作的通知》
2017 年 3 月	云南省人民政府	《关于加快特色小镇发展的意见》
2017 年 3 月	吉林省住房和城乡建设厅	《关于开展吉林省特色小镇培育的通知》
2017 年 4 月	重庆市人民政府	《关于推进特色小（城）镇环境综合整治的实施意见》
2017 年 6 月	海南省人民政府	《关于印发海南省特色产业小镇建设三年行动计划的通知》
2017 年 6 月	安徽省人民政府	《关于加快推进特色小镇建设的意见》
2017 年 7 月	广西壮族自治区人民政府	《关于培育广西特色小镇的实施意见》

上述利好政策通过加大奖励补助支持力度、设立引导基金与专项资金、强化基础设施建设、将特色小镇划入重点项目、构建 PPP 平台等途径，使特色小镇在 2017 年度呈现全面开花态势。当下，中国各级特色小镇已超过 2000 个，初步形成一极（浙江省）、四区（长江三角洲片区、京津片区、珠江三角洲片区、川渝片区）的格局，成为新型城镇化推进过程中的重要角色。

二、以文化产业为主导的四类文化特色小镇发展

文化产业是助推产业转型升级的重要载体，具备融合多种产业的能力，对地方社会产生的综合效益较高，是当下我国特色小镇建设的主要抓手之一。由于文化产业的兼容并包特性和文化资源的丰富性，我国文化产业主导的特色小镇类型多样，主要分为历史文化类、文化创意类、休闲度假类、文化

科技类四种类型。由于功能、定位、资源、核心产业、盈利模式各有特色、互有交叠,故各类型之间的区隔不甚显著。

(一)历史文化类

历史文化类特色小镇将历史文化资源作为小镇发展的核心资源、基础资源,其发展往往依赖于传统文化就地转化为文化产业形态。该类特色小镇文化主题鲜明、重点突出,是延续历史文脉的良好载体。

当下中国具有代表性的历史文化类特色小镇有绍兴黄酒小镇、中国青瓷小镇、乌镇、舟山朱家尖禅意小镇、中国旗袍小镇、茅台镇、松阳茶香小镇、湖笔小镇、中国丝绸小镇、丽水莲都古堰画乡小镇、古北水镇、水磨古镇、茶峒古镇、天台山和合小镇、楚雄彝人古镇、丁蜀镇、西湖龙坞小镇等。

——"中国青瓷小镇"案例解读

龙泉青瓷被誉为"瓷器之花",以"青如玉,明如镜,声如磬"享誉世界,其烧制技术已入选世界非物质文化遗产保护名录。龙泉青瓷小镇坐落于浙江省龙泉市,是第一批浙江省省级特色小镇。

小镇以龙泉青瓷为核心资源、基础资源,更新改造老瓷厂区,并紧密围绕青瓷文化主题开发披云青瓷主题餐饮、青瓷DIY等相关产品,打造青瓷博物馆、青瓷景观墙、青瓷寻踪、鉴真青瓷品牌店、国际陶艺村、龙渊古迹等相关景点,已经成为龙泉青瓷产业集聚区、旅游度假区和文化生态区。

小镇吸引大批青瓷相关企业和手工技艺作坊,并与清华大学美术学院、中国美术学院、景德镇陶瓷学院等美术工艺科研教育机构合作培养人才,并吸引名师名家入驻。整合青瓷销售网络,搭建集成性商贸中心,并依托龙泉鉴真陶瓷有限公司和其他厂家的各大销售平台建设青瓷产业园。举办中国青瓷宝剑节、当代青瓷艺术邀请展等陶瓷文化交流活动,构建了龙泉青瓷传承与发展的良性生态。

(二)文化创意类

"原创为王"是文化创意类特色小镇区别于历史文化类特色小镇的根本

特质。该类特色小镇首要依赖其本身的文化造血功能,而非某种既已成熟的文化资源。强调孵化优质IP,并通过多重业态开发IP的商业价值。内容产业、艺术产业、设计产业是该类特色小镇常见的主导经济形态。相对而言,该类特色小镇的"轻资产"优势突出,文化企业的进入与退出门槛较低,资源消耗较少。

当下中国具有代表性的文化创意类特色小镇有横店镇、周窝音乐小镇、雪山艺术小镇、宋庄镇、张家楼油画小镇、余杭艺尚小镇、梧桐山艺术小镇、老达保乡村音乐小镇、海宁皮革时尚小镇等。

——"横店影视城"案例解读

横店镇坐落于浙江省东阳市,现为全球规模最大的影视拍摄基地,被誉为"中国好莱坞"。近二十年来,《英雄》《无极》《雍正王朝》《汉武大帝》《画皮》《狄仁杰之通天帝国》《甄嬛传》《宫》《步步惊心》等优秀影视作品在此问世。

小镇以"影视＋旅游"为核心价值,建立集影视制作、影视拍摄、影视行销、餐饮、娱乐、住宿、观光、购物等业态于一体的综合性影视旅游基地;突破自我经营的狭小局限,将影视旅游产品供应商、宣传零售商等相关企业集中在镇内实行统一管理,并提供相关配套服务,构建影视旅游大平台。

小镇借影视作品拍摄之机遇,顺势建立多个影视基地子项目(如广州街·香港街、秦王宫、清明上河图、明清宫苑、梦幻谷、大智禅寺、屏岩洞府、华夏文化园、明清民居博览城、国防科技园等),不断增添优质人文景观和自然景观,完善影视旅游硬件设施,夯实影视旅游物质基础。

小镇的每个影视基地均有原创IP,可催生大量相关衍生品。例如,在主打中国古代市井文化的清明上河图大宋坊商业区内,销售当地土特产(如金华酥饼、石洞米酒、金华火腿、石洞米酒等)和工艺品(如东阳木雕、东阳竹编、东阳土布等),还为游客提供"大宋公平秤""龙须糖"等特色体验。在主打帝王文化的秦王宫地下皇城内,设置集观光、休闲、购物为一体的展览馆,再现《英雄》《汉武大帝》等历史正剧的经典场景,并展出仿真兵马俑等文物,雄风十足。

此外,影视旅游带动小镇就业,影视打工一族(即"横漂")等新型特殊职业在此产生,旺活小镇人气。

（三）休闲度假类

休闲度假类小镇以观光、康体、休闲、度假为主要功能，往往选址于距离城市较近的城郊地带，便于承接都市旅游度假人群；对生态环境、基础设施和服务条件有较高要求，以满足高收入人群的生活品质要求，延长游客度假消费时间。

当下中国具有代表性的休闲度假类特色小镇有灵山小镇·拈花湾、九色玫瑰小镇、磁山温泉小镇、桐庐健康小镇、金龟露营小镇、俄罗斯风情小镇、磨憨镇、嘉善巧克力甜蜜小镇、仙居神仙氧吧小镇、常山赏石小镇等。

——"灵山小镇·拈花湾"案例解读

灵山小镇·拈花湾位于江苏省无锡市滨湖区，是国家 AAAAA 级旅游景区。小镇依傍太湖、灵山大佛等著名景点，峰峦叠嶂，津湾密布，森林覆盖率极高，负氧离子成分丰富，被誉为"净土、净水、净空"之地，有不可比拟的自然资源、文化资源禀赋。小镇融合江南水乡和日本建筑风格，营造超然脱俗、如真似幻的意境，为游客提供身体与精神上的愉悦、放松与逃离。

一方面，小镇将"禅意"主题注入产品、布景、体验等诸多方面，以唐宋诗词元素命名小镇内的景观、客栈、禅院与楼阁，并借助陶艺、花道、瑜伽、拓印、串编珠串、划船、茶道等元素，构建"慢生活"的浸入式体验。另一方面，小镇依托半山街日（拈花湖）、拈花塔、妙音台、百花堂、禅乐馆、福田阁等旅游吸引物和"迦叶之镜""无我无相""镜花水月"等禅宗意象，将禅意主题与传统戏剧、漫天花海、历史人物、文化空间联结起来。此外，打造云门谷、竹溪谷、银杏谷、禅心谷、鹿鸣谷的"五朵佛莲"格局，为游客提供品茗、漫步、参禅悟道、冥想等放空自我的文化空间。依托镇内特色景观和禅宗意境，打造大型水上现场演艺秀——《禅行》，密集展示茶、花、香、琴、陶、灵修等文化元素，营造空灵优雅的艺术氛围。

凭借上述优势，小镇虚实结合地开创了"心灵度假"模式，成为国内禅意生活体验的首选目的地。

（四）文化科技类

文化与科技融合是文化产业发展的大势所趋。文化科技类小镇以智慧产业、互联网产业、数字产业、高端制造业等高科技产业为主导。利用技术创新和文化创意协同引领商业模式创新，是其区别于其他类型特色小镇的独特属性。小镇的"文化科技"特征，一方面体现在围绕"文化与科技结合"打造全产业链体系；另一方面体现在将小镇原有功能进行高科技、智慧化升级，实现小镇各元素的互联互通，使小镇文化化、科技化。

当下中国具有代表性的文化科技类特色小镇有杭州梦想小镇、云栖小镇、义乌国际电商小镇、丁兰智慧小镇、富阳硅谷小镇、西溪谷互联网金融小镇、天子岭静脉小镇、运河财富小镇等。

——"云栖小镇"案例解读

云栖小镇位于浙江省杭州市西湖区，是全国特色小镇的先行者之一。以原有转塘科技经济园为基础，在阿里云公司的引领下转型升级传统工业，建成以云计算、大数据为核心的特色小镇。小镇坚持产业、文化、旅游、社区"四位一体"，打造阿里云、OS（操作系统）、智能硬件、卫星云四大生态。

在企业方面，小镇引入阿里云、富士康、英特尔、数梦工场、洛可可等知名大型企业和数百家中小型涉云企业。在科技创新层面，小镇参与建设民办研究型大学——西湖大学，使其在生物学、基础医学、理学和前沿技术等领域为小镇产业发展提供技术支持，推动高端科研成果在镇内直接转化利用。在文化旅游层面，小镇凭借山水环绕的自然环境、难以仿制的产业特色、世界级会议的人气聚集能力和云栖客栈等三大地标，被评为国家AAA级旅游景区。

三、文化特色小镇与文化企业发展

2017年，特色小镇与文化企业之间的正相关发展逻辑依旧明显，集约化、规模化、专业化水平不断提升，具体体现在以下四个方面。

（一）文化企业规模集聚，特色小镇高效生产

特色小镇使文化企业规模集聚，培育文化产业集群，形成规模经济。一方面，文化企业在上下游之间和复杂的生产要素网络中完成复杂的分工协作，建立细分产业的价值链条，并与各类服务管理机构组织共生发展，极大地降低生产与交易成本，实现单个文化企业与特色小镇的整体利益最大化；另一方面，特色小镇的大量政策工具对文化产业相关资源和要素进行重组，围绕小镇自身特色提升产业相关度，削减文化企业配套服务的对外依赖程度，降低无合作关系的同质文化企业间的竞争内耗。此外，特色小镇"一镇一品"，往往纵深发展某种特色产业，由此导致镇内文化企业的文化创意、生产技术、业务板块、盈利模式、核心价值常存在共通之处，各方面的创新与进步容易发生转移与模仿，这种竞争关系刺激文化企业持续创新，以保持相对优势和持久活力。

特色小镇要发挥好上述功效，关键在于形成文化产业集群，常见模式是"一意多用"，即将 IP 或其他文化资源贯穿于前端的科研设计、中端的生产制造、后端的开发应用，用核心资源带动全产业链结构，并通过招商、投融资等手段开发衍生价值，通过具体项目落地于旅游、地产、物流、营销等领域。

以嘉善巧克力甜蜜小镇为例。小镇位于浙江省嘉兴市嘉善县，是浙江省首批服务业特色小镇、国家 AAAA 级旅游景区。小镇深入、持续地发掘巧克力甜蜜文化，整合温泉、水系、花海、乡村、巧克力等资源，重点开发歌斐颂巧克力小镇、云澜湾休闲度假园区等项目，丰富产品体系，形成分工明确、合作密切的巧克力甜蜜文化产业集群。

在前端，小镇的可可园、花果园种植可可、香草兰等植物，供大批量生产、销售巧克力原浆与巧克力成品，为巧克力产业链提供初始材料；在中端，歌斐颂巧克力能源厂全线开放巧克力流水生产作业过程，配有廊道全程展示机械自动化生产、手工包装等细节；在后端，巧克力大师互动展演、游客试吃、巧克力个性化定制、电子销售等业态丰满。此外，建设巧克力浪漫婚庆区，提供婚纱照拍摄、婚庆策划、蜜月度假、喜糖设计与制作等一条龙服务，借此补齐小镇婚庆、蜜月产业链，营造时尚、浪漫、温馨、甜蜜的气息。

小镇紧紧围绕巧克力甜蜜主题,通过歌斐颂巧克力小镇、云澜湾休闲度假园区等引擎项目,推进工业旅游、文化旅游、农业旅游、养生旅游,成功打造集巧克力研发、生产、体验等功能为一体的文化产业综合体。

(二)核心文化企业引领特色小镇发展

当下我国文化产业主导的特色小镇主要有以下三种投资建设模式:一是企业主导,政府提供配套服务;二是政府直接参与投资,主导规划建设,并对外招商;三是政企合作,企业独立运营。

在第一种投资建设模式中,核心文化企业在特色小镇的发展与变革中占据最为重要的战略地位。特色小镇运营管理方常着眼于核心文化企业的发展需求,引进上下游配套产业和服务行业,小镇的整体产业特色也在此过程中逐渐形成;大中型核心文化企业也同时利用其在行业内的巨大影响力,推动自身所属产业在小镇内向上、中、下游拓展,并为小镇内中小型企业提供扶持,构建完整的文化产业生态系统。

以上文提到的云栖小镇为例。云栖小镇的发展与壮大,离不开内部核心文化企业——阿里巴巴集团阿里云公司的引领。小镇采取"政府主导、名企引领"的发育模式,突出市场主体地位,将政府的角色设定为规范、服务、引导者,使阿里云自由、充分发挥其在世界云计算领域内的影响力。

为促进中小涉云企业和小镇整体发展,阿里云公司做了大量相关工作。阿里云建立创业创新基地,打造"云栖小镇超级孵化器"项目,为云计算创业人才提供各类服务,推出扶持入镇企业政策,如"凡园区入驻企业在阿里云官网云市场里进行宣传、推广、售卖的云产品和服务,阿里云免收三年佣金;园区入驻企业基于阿里云平台进行有助于云计算生态圈的开发工作所产生的相关费用,可以向阿里云申请云示范补贴;阿里云将向园区企业导入风投等机构,扶持云创业创新企业的发展……"[①]阿里云召开世界级行业盛会——阿里云开发者大会,与大量企业达成入驻协定,通过"现象级事件营销"将云栖小镇打造为云计算高端人才的首选集聚区。此外,阿里云牵头发起成立云计

[①] 郑希均:《云栖! 云起!》,浙江日报,http://zjrb.zjol.com.cn/html/2015-02/05/content_2849450.htm? div=-1。

算联盟——"云栖小镇"联盟,确立了云栖小镇在国内的行业主导地位。

在此模式中,核心文化企业能凭借市场容量大、资金雄厚等优势,更好地顺应市场导向,与政府协作牵动上下游相关企业发展,使特色小镇高效引资、引企、引技。

(三)特色小镇为文化企业提供资源共享平台

特色小镇是文化企业交叉共生的网络,其重要使命是推动人力、信息、技术、基础设施、管理、文化、营销、生态等资源与要素在文化企业之间共享、扩散。特色小镇吸引文化企业集聚,扩大小镇产业规模;愈加明显的集群优势将加速吸引各类资源,进而吸引更多文化企业集聚。这种"集聚—吸引—集聚"的良性循环可倍增小镇内文化企业的成长速度。

以玉皇山南基金小镇为例。小镇位于浙江省杭州市上城区,以高效、优质的产业基金闻名全国,是国内众多基金小镇的典范。小镇供文化企业共享的服务体系是其保持强盛竞争力的关键。

在资本共享方面,小镇注入大量政府基金,引导市场资本进入,形成资本集聚优势;在知识共享方面,成立金融研究院,培养基金管理人才,掌握国内外金融态势;在基础设施共享方面,小镇建设国际医疗中心、国际学校、咖啡馆、基金经理人广场、商业区、周边停车场,将中式仿古建筑作为办公院落提供给镇内企业,打造功能齐全的生活服务平台;在渠道共享方面,举办全球对冲基金西湖峰会等重大活动,推动企业合作对接;在管理共享方面,提供基金管理人、融资平台、业务平台,为入驻企业设置特殊通道,简化办事流程,接受入驻机构在注册、备案、审批等方面的委托工作。

凭借上述资源共享平台,小镇内文化企业的投资行为活跃,金额数量巨大,已吸引阿里巴巴资本管理、中信证券、永安期货等知名金融企业入驻,成为投资、证券、财富管理等类型的企业的理想温床。

(四)特色小镇构建文化企业的良性生态

生产集聚引发各类产业融合,进而推动人才、交换、消费的集聚。时任浙江省省长李强曾强调,特色小镇应"形成'产、城、人、文'四位一体有机结合的重要功能平台"①。特色小镇本质是综合性发展区块,社会群体、文化、产业、自然、公共管理等社会层次的高度耦合是特色小镇相对于产业园区等一般产业集群的最突出优势。这种优势使特色小镇具备较强的内部系统反馈能力、自我修复能力,使文化企业在组织中相互依存、共同演变,形成相对稳定、独立的产业系统。

在全面构建小镇良性生态的视角下,政府完善基础设施,建立社会多方参与小镇发展的机制,制定公平合理的管理规则,实施有利于文化企业成长的政策优惠,并在招商引资、关系搭建、优化资源配置等领域为文化企业提供服务;孵化器、加速器等服务机构从法律、知识、资金等领域发力,服务中小文化企业的创业成长;科研机构不断产生新技术,刺激新企业的发育;良好的生态风光、人文风光融入小镇产业生态,为企业工作者营造舒适、惬意的生活环境;企业工作者作为社区居民身份参与公共事务的权利不断强化,相关方利益协调机制得到完善;小镇独有的文化品格于潜移默化中形成,成为留住文化企业人才的关键因素。

以莫干山镇为例。莫干山镇位于浙江省湖州市德清县,是全国首批特色小镇,以原生态特色休闲民宿闻名全国。小镇通过协调行政、产业、社区、文化等子生态系统,推动小镇全方位、可持续发展,镇内文化企业最终受益于此。

在行政方面,莫干山镇将党组织、民宿服务中心、旅游产业发展中心、共建理事会多方机构纳入旅游产业发展决策管理体系,并尽可能达到治理系统多方力量的均衡。在产业方面,鼓励社区居民将宅基地作为民宿、零售商店、小餐馆的经营场所,将自家农作物种植基地作为田园采摘空间,自发参与旅游发展。在社区方面,成立探庐者民宿联盟、"红管家"服务驿站,提供矛盾调节、意见反馈、信息发布、教育培训的平台。在文化方面,小镇内的精品民宿十分注重建筑、饮食、民俗体验等产品的本土化传承,从土坯房等当地原始乡村建筑中寻求建设灵感,以黄泥、石头、枯木为建筑用材,以蓑衣、爬犁等农具为装饰,复归田园农耕文明,维持传统聚落形态,借乡村意象的经济价值使原住民主动重寻乡土文化;部分居民将莫干山传统婚礼、年猪宴等特色民俗转

---

① 李强:《特色小镇是浙江创新发展的战略选择》,《今日浙江》2015 年第 24 期,第 16—19 页。

化为民宿服务板块,使游客亲身参与其中,也使原住民自身产生强烈的文化自豪感,活态传承小镇传统文化。

上述举措完善了镇内的综合生态,实现特色小镇整体发展和文化企业发展的高度耦合。

四、推动文化特色小镇与文化企业良性互动的对策思考

文化产业主导的文化特色小镇作为一、二、三产业融合发展的产物和产城融合的重要支点,正从"雨后春笋"之势趋向于理性发展,受到政府各界的广泛关注。同时,随着大批文化产业主导的特色小镇相继规划、落地,盲目开发文化资源、文化内涵空洞化、社区发育不完善、产业特色匮乏、不考虑本地实际生搬硬套、房地产化、市场力量薄弱、形象工程等一系列建设误区开始显现。现结合文化产业区别于其他产业的本质属性,为文化产业主导的特色小镇与文化企业的良性互动发展提供建议。

(一)以文化产业思维建设特色小镇

在产品方面,小镇所提供的实体产品与服务体验应更多地成为思想观念、文化艺术的载体(即文化产品),被注入更丰富的文化元素;慎重选择小镇文化主题,选择具有规模开发潜力的文化资源作为基础资源,不可任意挖掘、建构、嵌套文化资源。

在空间方面,小镇的空间生产应成为典型的文化空间生产,摆脱小镇简单的生存空间定位,增强文化艺术气息、体验价值和文化造血功能。

在产业抉择方面,小镇应选择能成为"火车头产业"的文化经济形态作为主导经济形态,便于后期外延至农业、交通运输、住宿、餐饮、观光休闲乃至体育、影视、建筑等产业,增强培育大规模产业集群的黏合力。首选 IP 容纳性强的产业,以及能源消耗低、文化附加值高、污染物可被消解在内部的绿色文化产业。

在产业规划方面,制定全产业链规划和业态融合规划,在规划方案中推动不同业态在文化产业基础上进行跨界融合;设计全产业链系统,鼓励文化企业在保持个性化基础上开展适度规模经营,制定品牌培育、产品深加工、价值链提升等方面的规划,形成上下游产业集群。

(二)以团队文化思维培育特色小镇文化

相对于产品、技术、知识产权等要素,团队文化更具壁垒性、排他性,更难以被模仿、超越。小镇文化与其核心价值观紧密相连,是小镇核心竞争力的重要组成部分。特色小镇管理者应当有团队文化思维,在漫长的演化过程中有意识地探索小镇核心价值与文化品格,形成独特的小镇文化。

第一,应将小镇文化作为发展战略、内部规章制度、对外形象宣传和整体精神气质的决定性要素,贯穿小镇品牌建设的全过程。

第二,小镇文化应统领内部文化企业的企业文化,使文化企业对小镇精神保持高度的、一致的认同,推动文化企业实现自我价值最大化。

第三,在培育小镇文化的过程中,一方面应着眼于文化产业的独特属性和发展需求,另一方面应考量对所有企业成长具有普适性作用的要素,优化组合"创意""审美""学习""责任""归属""自我约束""共同进退"等要素。

(三)搭建全方位的文化企业创客孵化体系

为减轻文化企业初创压力,使其得到社会多方扶持,特色小镇应针对文化企业的共性与个性需求,提供角度多元、重点突出的创业服务,表 8-3 内容可提供借鉴。

表 8-3　文化企业创客孵化体系

文化空间	共享办公场地,提供仪器设备等基础设施,落实吃、住、行等配套服务
交流共享	创业沙龙、创业大赛、政策动态汇集与公开
对外宣发	整合宣传渠道,搭建统一的新媒体宣传矩阵,为小镇内文化企业提供信息发布与宣传平台

日常业务	项目查询与申报、销售渠道对接、财务托管、商务代理、品牌设计、产品策划等
培训、咨询	打造由行业技能精英、专家学者、名企高管等角色构成的、营销、设计、管理等多学科交叉的创业导师团队；成立专家智库，开展法律咨询、商业模式辅导等针对性帮扶工作
资金支持	引入天使投资、风险投资、基金投资，推动银企对接，设立专项孵化基金
人才资源	通过大学生创业合作、校园代理、志愿服务、人才招聘等校企联合方式，为企业吸引更多人才资源

（四）特色小镇社区赋权增能

增加社区居民与公司、政府进行平等沟通的渠道，强化其对土地、招商引资、发展规划、基础设施建设等小镇重大问题的知情权、决策权、监督权，构建小镇政府、社区、第三方力量、文化企业、法治等要素结合的有效模式。具体而言，可通过民主恳谈会、阳光工程、第三方力量扶助（如文化产业行业协会）、社区精英培育等"赋权增能"手段，形成多层级的发展协商格局；制定小镇经济利益分配规定、小镇建设动态通报规定、经营资金补助规定，成立由社区居民与相关方组成的协调委员会，组建咨询机构。

社区赋权增能，有助于特色小镇统筹居民、工作者、游客三类群体的多种需求，使生活、生产、旅游功能紧密融合，补齐餐饮、休闲娱乐、购物、居住、医疗、教育等社区配套功能，避免小镇成为功能单一的产业园区、开发区、旅游景区、居民生活区，减少"小镇空心化"要素。

浙江大学管理学院　冯一鸣

第九章　创意管理与文化产业人才培养

● 文化产业高速发展过程中,企业始终面临着缺乏对口人才的困局。文化产业学科建设与人才培养存在的困境一定程度上限制了产业的发展速度。当前,我国文化产业学科建设主要存在学科归属不明、看菜下碟,理论研究滞后、实践教学匮乏,培养模式欠缺、人才底肥不足等方面的问题。

● 文化产业学科发展的困境伴随着新兴文化产业的崛起,伴随着大众传播向数字传播的迁移,伴随着文化产业的 IP 化生存,业界和学界都在呼唤更加独立和完善的学科体系。

● 基于"创意传播管理"的理论框架,倡导建立"创意传播管理"分层人才培养模式,加强学科集群支援,实现师资互通,构建产学研相结合的互补式学科发展模式,需充分发挥校企合作优势,尽快建立满足文化产业发展与企业需求的人才培养模式。

文化产业通常指主要满足人们精神需求的产品的生产、流通和服务领域。[①] 文化产业凭借其与生俱来的经济属性和文化属性,已经成为一种社会生产方式,在创造物质财富的同时,创造着丰富的精神财富。近年来,我国文化产业发展迅速,成为国民经济发展中不可忽视的重要力量。我国"十三五"规划纲要中明确提出"要把社会效益放在首位、社会效益和经济效益相统一,加快文化改革发展",从而实现"公共文化服务体系基本建成,文化产业成为国民经济支柱性产业"的目标。[②] 但是,作为朝阳产业的文化产业,在迅速发展的过程中,经验总结、理论创新、专业人才需求等方面存在的问题日益凸

---

① 尹鸿:《当前我国文化产业学科建设的现状分析》,《解放军艺术学院学报》2014 年第 4 期。

② 参见《中共中央关于制定国民经济和社会发展第十三个五年规划的建议》。

显,对文化企业的发展限制也逐步显现出来。在传统文化产业领域,相较于好莱坞近百年的影视道路,起步较晚的中国电影产业在票房方面日渐繁荣。2017年《战狼2》上映4小时票房破亿元,单日票房4.26亿元,最终以票房56亿元收官,创下华语电影新纪录。但《战狼2》的票房口碑双赢仍然是个案,诸多国产影片面临着口碑下滑、产业链不完善、知识产权价值利用不足等问题。在新兴文化产业领域,网红产业发展迅猛。艾瑞咨询机构与微博联合发布的《2018中国网红经济发展洞察报告》显示,2017年网红产业规模不断扩大,红人数量及粉丝规模不断提升,MCN机构在网红生态中的地位不断加强。截至2018年5月,中国网红粉丝总人数达到5.88亿,同比增长25%。[①] 网络直播作为网红产业中最火热的IP流量变现渠道,却乱象频发。通过初步调研,发现文化产业学科在各高校间开设的课程各有偏重,亦有缺失,文化产业学科建设亦存在困境。

一、文化产业学科建设的发展与困境

(一)学科归属不明,看菜下碟

文化产业作为一门交叉型学科,其内涵涉及艺术学、传播学、管理学和经济学等多门人文社会科学和技术科学(图9-1)。[②] 但文化产业学科在与诸多学科存在关联的同时,更是一门独立学科。《普通高等学校本科专业目录》显示,当前我国高校开设的文化产业本科专业为"文化产业管理"专业,属于管理学专业。该专业设置体现出我国高校当前本科文化产业相关专业设置,还主要依赖于传统学科,绝大多数高校仍将其作为管理专业在开办,部分高校涉及文化创意产业,将其划入艺术学门类。

---

① 艾瑞咨询:《2018中国网红经济发展洞察报告》,http://www.199it.com/archives/739837.html.

② 杭敏:《国外文化产业学学科建设模式研究》,《现代传播》2015年第7版,第57—61页。

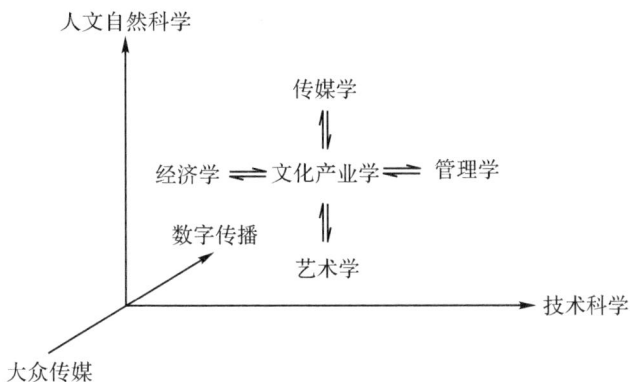

图 9-1 文化产业学科定位示意图

传统学科经过多年的发展,具有相对完备的理论基础、实践经验和研究方法。尚处于构建过程中的文化产业学科,长期依赖既有传统学科,一定程度上受到传统思维制约,难以有所突破。作为交叉型学科的文化产业学科,其内涵的多样性,也是造成了当前学科归属不明的原因之一。以 2016 年中国文化创意产业十大领军院校为例,10 所高校的文化产业相关专业分别隶属于历史文化学院、艺术学院、人文学院、教育学院和文学与新闻传播学院等不同院系(表 9-1)。在课程配置上一般都以自己的优势课程为主,难以按文化产业学的学科需求来架构课程体系。缺乏明确的学科归属,课程配置不合理,人才"营养不良",后果堪忧。2016 年 7 月 12 日,文化部公布了第二十五批违法违规互联网文化活动查处名单,依法查处 23 家网络文化经营单位共 26 个网络表演平台,共计关闭严重违规表演房间 4313 间。[①] 包括熊猫、斗鱼、六间房等在内的多家知名运营单位被责令立即整改。各部门在大力限制、整顿产业的同时,却难以依靠文化产业人才从源头上解决问题。此外,动漫、网络剧、微电影等产业在新时期的发展也同样面临着人才困境。文化产业发展乃大势所趋,被动限制不如加强文化产业学科建设,培养一大批高质量的专业人才,引领行业发展。早在 2004 年,山东大学、中国传媒大学、中国海洋大学和云南大学四所高校就已开设文化产业管理专业。随着文化产业的发展,开

---

① 王志福:《文化部查处斗鱼等直播平台》,凤凰科技,http:// tech. ifeng. com/a/20160713/ 41637989_0. shtml。

设文化产业相关专业的院校不断增多。截至 2018 年,开设文化产业管理本科专业的高校达 128 所。但因学科归属不明,无规范的培养模式和核心课程,虽各有所长,但缺乏教学管理标准。

表 9-1　2016 年度中国文化创意产业十大领军院校

序　号	高　校	院　系
1	山东大学	历史文化学院
2	中国传媒大学	经济与管理学院
3	厦门大学	艺术学院
4	中国海洋大学	文学与新闻传播学院
5	北京大学	艺术学院
6	浙江大学	教育学院
7	同济大学	人文学院
8	中央财经大学	文化与传媒学院
9	华中师范大学	历史文化学院
10	内蒙古大学	艺术学院

(资料来源:中国文化创意产业网)

(二)理论研究滞后,实践教学匮乏

学科基础理论的完善和学科实践应用的拓展,是学科构建过程中不可回避的重要议题。当前文化产业学科构建过程中,多数高校在课程设置过程中,主要以理论教学为主,课程多为"文化产业概论"。普遍存在着教学重理论,"纸上谈兵",缺乏应用和变通能力,容易与实践脱节。更严峻的是,传统文化产业正在向新兴文化产业升级,传统文化产业的信息承载量、传播周期的局限,同质化竞争、商业模式陈旧等问题都需要理论回应。课堂教学,难以触及这些业界正在面临的问题。理论是原创的方法与实践,文化产业理论是发展文化产业的方法的"说明书"。作为新兴的交叉学科,需要综合多学科知识,进行方法论上的集成创新,发现规律,指导学科和行业发展。可是,当前文化产业研究多为文化产业的行业报告和各门类文化产业个案和对策研究。理论研究滞后,实践教学匮乏,制约了文化产业学科发展后劲。依托文学与新闻传播学院的文化产业专业，也多重视大众传播理论，忽视数字传播的力量。然而，互联网技术的发展引起媒介形态的变革，社会传播环境已发生巨大改变。中国人民大学陈力丹指出，新媒体技术的快速发展，打破了既有的传播秩序与格局，以往的传播学理论已明显不适用于研究新的传播现象。①网络传播兼具人际传播的直接性和大众传播的广泛性，提供了一种更大范围的、共同参与的可能性，直接影响文化产品在创意、传播、管理三方面的思维和生产方式，亟待理论挖掘和创新。缺乏前沿实践经验的理论研究明显滞后于行业发展，难以为实践提供优异指导。实践教学的缺乏使得人才培养更加封闭，造成了理论与实践脱节日益严重的恶性循环。

（三）培养模式欠缺，人才底肥不足

文化产业人才需要具有创意策划、公关调研、开拓创新和组织营销的能力，有较高的文化艺术修养和审美能力，是文化经济与管理理论和实践能力兼备的复合型、开拓型和创造性的高级专门人才。既有的培养目标基本反映了文化产业对专业人才的需求方向，但当前的培养模式存在着"全才"型模式难实现、"加长款"不够用、重专业轻学术的问题。一方面，部分高校遵循全才型培养模式设置课程，内容涉及艺术学、管理学、新闻传播学等多个学科课程，浅尝辄止，学生难以真正掌握文化产业学系统体系。另一方面，部分高校在有限时间内考虑到面面俱到之难，过度依赖传统学科，难以满足文化产业发展"跨界"的需求。以网络剧产业为例，缺乏创意审美导向、产业思维和市场意识，不仅难逃"下架"的厄运，全产业价值链也难以兑现。2016年，当红网络剧《太子妃升职记》下架，同时下架的网络剧还包括《盗墓笔记》《心理罪》《暗黑者》《探灵档案》等。紧随其后的是网络剧《上瘾》尚未播完便被强制下架禁播。10月，《余罪》《灭罪师》和《暗黑者2》等一系列网络剧再度悄然下架。②强制下架整改是网络剧野蛮生长导致畸形后的必然结果。内容缺乏深度，制作思维滞后；传播模式陈旧，受众参与度低；管理模式缺失，政策缺乏针

---

① 陈力丹、宋晓雯、邵楠：《传播学面临的危机与出路》，《新闻记者》2016年第8期，第4—9页。

② 张健、刘勇然：《"制播分离"还是"制播合一"——媒介融合背景下电视剧与网络自制剧的制播模式考察》，《中国电视》2015年第11期，第47—52页。

对性；监管落后，原创力严重不足，为造成这一结果埋下了隐患。这些问题的根源都指向文化产业人才质量，尤其是创意人境界问题，加足底肥才有后劲。目前文化产业人才培养的过程，缺乏系统性、科学性和针对性，使得学生产生不知所云的茫然感，能力难以适应和满足市场对人才的需求。

二、建构文化产业学科体系的构想

在《普通高等学校本科专业目录》中，文化产业本科专业为"文化产业管理"，属于管理学专业，工商管理类的二级学科，部分可授予"艺术学"学位。尽管相关专业隶属于管理学，但市场对人才提出的需求涵盖了文化创意、文化传播和企业管理等多个方面。

（一）对传播学知识的需求

传播学是研究社会信息系统及其运行规律的科学。[①] 不少高校将文化产业归口在新闻与传播学院，是基于文化产业与传播学、传媒学的密切关系。传统的传播学教育偏重大众传播，忽视当前文化产业的互联网生态。大众传播阶段"广告＋公关"的企业营销传播模式，正在演变为新媒体时代以数字技术为基础的企业传播管理。从大众传播转向数字传播，许多前所未有的新问题挑战着传播学。不仅需要投入学术研究力量引导转型，还需要落实到课程配置、学科体系建设中。以广告学课程为例，这是文化产品营销传播的关键环节，广告业的艰难蜕变要尽快体现在广告教学中，公共关系、广告学概论和广告策划与创意等课程的边界正在模糊。"学界片面强调广告代理商在广告全产业链中核心地位，与现实中广告主在全产业链中的核心地位不符……"[②] 国内广告理论界所做的研究被业界戏称为"当代中国广告考古学"。理论研究滞后于业界发展，导致文化产业高等教育的人才培养结构与业界的人才需

---

① 郭庆光：《传播学教程》（第二版），中国人民大学出版社 2011 年版。

② 蒋洛丹：《新媒体经济语境下我国高等教育广告专业人才培养改革研究》，《广告大观》（理论版）2016 年第 1 期，第 83—90 页。

求类型严重脱节,甚至冲突。北京大学新闻传播学院通过《创意传播管理》课程①统合公关和广告课,对培养具有数字营销传播能力、市场意识和商业精神的产业人才大有裨益。传播学解决自身从大众传播到数字传播的转型,才能担负在文化产业中的骨干作用。也正是基于创意传播管理理论框架在文化产业中的枢纽位置,本节将传播学,尤其是创意传播管理理论框架,作为构建文化产业学的基础。

(二)对艺术学知识的需求

文化产品是以具体艺术形式及其衍生品的形式存在的。"艺术属于人生意义的感性传播方式,艺术学则属于人生意义的理性传播方式。"②文化产业专业应该掌握人生意义的建构方式,知道建构什么,怎么建构。艺术是文化产业之魂,艺术学是文化产业之母,关系着你我他的精神建构,关系着民族魂。习近平总书记强调,一部好的作品,应该是把社会效益放在首位,同时也应该是社会效益和经济效益相统一的作品。文艺不能当市场的奴隶,不要沾满了铜臭气。优秀的文艺作品,最好是既能在思想上、艺术上取得成功,又能在市场上受到欢迎。③ 文艺是文化产品的IP,这段话不仅提出了文艺的标高,也切中了时代症结,是文化产业的命根。文化产业最好的发展方式是"一意(IP)多用",一种创意(作品)在时间和空间维度上重复延伸使用,最终是以各种艺术形式、生活美学品到达消费终端。在温饱问题解决后,将"文化之魂"植入产品,使消费者不仅享有商品的使用功能,同时生活在商品"象征符号"所暗示的某种理想化风格里,这是文化产业安身立命之本。对境界与人的实践存在的关注,对生活美学的关怀乃艺术之本,艺术学因此成为文化产业学科的重要一翼。2016年4月,Papi酱视频因涉嫌爆粗口被广电总局勒令整改。一些网红直播平台如斗鱼、虎牙直播、YY等出现在文化部公布的第二十五批违法违规互联网文化活动查处名单之列,④以上都涉及创意人有艺术素

① 陈刚、沈虹:《创意传播管理——数字时代的营销革命》,机械工业出版社2012年版。
② 王一川:《艺术学原理》,北京师范大学出版社2015年版。
③ 姜昆:《把社会效益放在首位》,《人民日报》,2014年10月21日。
④ 黄维:《文化部查处斗鱼、熊猫TV等19家违规网络直播平台》,人民网,http://culture.
people.com.cn/n1/2016/0414/c87423-28276357.html。

质问题。文化产品消费是人的主观精神积极参与的一种精神活动,是一种意境体验。意境源于创意人的境界,为大众创造令人向往的"境外之境"需要创意人的艺术学功底。

(三)对经济学知识的需求

经济学所探讨的是人类经济活动的规律,并通过这些规律指导价值的创造、转化和实现。文化产业以文化为内涵,满足人们精神文化需求,属于上层建筑的范畴;但文化的产业化必然以经济发展与物质生产为基础,这种必然联系赋予了文化产业与生俱来的经济属性。满足人们精神需求的同时,带来经济效益,实现文化与社会经济的互动发展,是文化产业发展的自身要求。在很长一段时间,过度依靠文化事业的观念,影响了文化产业和市场机制的互动。文化产品同时承载精神价值与使用价值,从经济学的角度看,是一种特殊的商品,兼具意识形态和商品双重属性。这种特殊性就是文化产品的意识形态属性,该属性不会掩盖其商业属性,但决定其商业运行的特殊性。阿多诺提出的"文化工业"理论,认为晚期资本主义社会是以商品生产为特征的,艺术和文化作品受到适用于任何其他商品的同样原则的支配。[①] 当前,我国文化产品的产业化趋势已经在经济发展过程中逐步规范化。近年来,网络剧、网红产业和文化旅游产业等异军突起,反映的正是市场背后的商业逻辑;国家相关政策调控也是对文化产品意识形态属性,或者说政治属性的把握。文化产业创造价值—传播价值—获取价值遵循经济学规律,一定的经济学知识必不可少。

(四)对管理学知识的需求

文化产业包含文化产业化和产业文化化两层含义,是社会大生产的产物。管理学正是适应现代社会化大生产的需要产生的。管理学通过科学的方法,可以在现有生产条件下,合理配置资源,进而提高生产力水平,促进产

---

① 陈卫星:《从"文化工业"到"文化产业"——关于传播政治经济学的一种概念转型》,《国际新闻界》2009 年第 8 期,第 6—10 页。

业化发展。① 文化产业以文化为内涵,以产业化为形式而实现最终发展。在文化产业的范畴内,网络剧、动漫、网红等形成了不同类别的文化产业,不同类别下存在不同的文化企业或团体作为单位。文化企业如何实现资本、市场、劳动力等多种资源的合理配置,实现价值的最大化,有赖于科学的管理。当前在文化产业发展过程中,马太效应明显,市场的优胜劣汰加剧了产业对管理人才的期待。比如,2016 年末乐视网身陷"讨债门"经营危机,其股份变动、管理层更换和资金链等问题受到广泛关注。到 2018 年,乐视危机依然在持续发酵。"乐视问题"不是个别现象,在文化产业许多门类都存在,一定程度反映出了文化产业发展中不可避免的诸多矛盾。特别是在文化产业蓬勃发展的今天,资本的不断涌入使得竞争日益激烈,产业发展的矛盾频现,而管理学课程配置正是解决这些矛盾的关键。

三、文化产业理论的创新

文化产业是提供文化产品和文化服务的产业、企业的集合,其宗旨是为人们创造美好生活方式。其中不仅包含着衣食住行安全、舒适的物质要求,还包含着实现意义、价值、梦想的精神诉求。这种生活,被海德格尔称为"诗意栖居","诗意栖居"使我们有可能从传统诗论里探寻文化产业的理论源头。

诗意是最美的生命的创意,是对人的美好"活法"的创造。自从马克思指出现代社会人的异化这个问题以来,如何使人活得像"人"一直是个难题。文化产品提供自由、审美、丰富、创造的生活方式是对"人的异化"的反驳。衣食住行这个生活美学问题和古代艺论在"诗意栖居"这个主题下,有了共同的理论渊源。

比如,王国维"境界说",不仅可用之于分析各类诗歌,也可以用来分析文艺作品和文化产品精神空间的大小,格调的高低,以及诗人、作家、艺术家的心灵状态、人格层次。该学说对文化产业的意义至少有两方面。

---

① 罗珉:《管理学范式理论研究》,四川人民出版社 2003 年版。

（一）明确"创意人"定位

文化产品的全部价值在于"创意人"的境界，文化产品的最高境界是诗性。诗性能够"于虚无中造形，于想象中写真"，文化产品的生产原理是"造境"。王国维在《人间词话》中说："有造境，有写境，此'理想'与'写实'二派之所由分。然二者颇难分别，因大诗人所造之境必合乎自然，所写之境亦必邻于理想故地。"其中"合乎自然"指合乎人性需求，"邻于理想故地"指靠近人的"应然状态"。"创意人"的境界是个值得关注的问题，其胸怀、气度、品格、精神以及创造力决定他对人生"应然状态"的构想。在"实然和应然"之间的张力，就是文化产品的影响力。优秀的文化产品，不仅可以满足人们的精神需求，激活生命的欲望，还可以帮助我们建立"欲望—理性"的生命机制。这是文化创新和转型的关键，促进个体觉醒、成长和健全，从外在约束转向自审，是提升民族素质的关键。

（二）明确创意何以可能

王国维说："自然中之物，互相关系，互相限制。然其写之于文学中也，必遗其关系、限制之处，故写实家，亦理想家。又如虚构之境，其材料必求之于自然，而其构造，亦必从自然之法则。故虽理想家，亦写实家也。""合乎自然""邻于理想故地"不仅给出了评价文化产品的两个维度，而且指出了境界创造的方法："遗其关系限制之处"创造"世界之外的境界"。文化产品的创造相当于创造诗中的一个大"意境"。施议对在《论意＋境＝意境》中，将意理解为"人＋事"，境理解为"时＋空"。① 一切文化产品的意境，包含在其创设的艺术时空中，都是讲故事。通过创设特定的"人＋事"，表达创意人之"意"。意，指意义、意思、意味，"意义体现了人与世界、人与社会、人与他人、人与自然的诸多关系"②。抽象的关系要借助具象来传达，承载"意"的具象就是"境"。"遗其关系限制之处"是创造意象，形成大"意境"的方法论。

---

① 施议对：《论"意＋境＝意境"》，《文学遗产》1997 年第 5 期，第 93—102 页。
② 胡经之、王岳川：《文艺学美学方法论》，北京大学出版社 1994 年版。

文化产业理论不仅要梳理"境界说"这些传统文论对创造文化产品方法论的指导性,还要关注当下网络传播对文化产品的生产、消费造成的影响,解释、解决实践中出现的新问题。近年,关注文化产业理论创新的有陈少峰、张立波的《文化产业的商业模式》,陈刚的《创意传播管理》,谭天的《媒介平台论》,吴声的《超级 IP 方法论》等,他们的理论建构,对提升文化企业的核心竞争力、转变文化产品生产方式、发挥媒介平台作用、调动市场配置资源的功能、改进商业模式等有积极的促进作用。

其中,陈刚的《创意传播管理》指出传播方式导致人的生活方式的变化,最终导致产品生产方式的变化,该理论对传统行业优化和重构,走向服务化的预判,使人文关怀、创意传播、传播管理成为所有行业不可回避的问题。不仅有效回应了网络传播中出现的问题,而且对完善文化产业人才培养模式有重要指导意义。即,在"全才"型模式难实现、"加长款"不够用的情况下,是否可以按文化产品的生产方式分层培养?

四、文化产业人才分层培养模式

(一)建立"创意传播管理"分层人才培养模式

"人才培养模式",是指培养主体为了实现特定的人才培养目标,在一定的教育理念指导和一定的培养制度保障下设计的,由若干要素构成的具有系统性、目的性、中介性、开放性、多样性与可仿效性等特征的有关人才培养过程的理论模型与操作样式。[①] 当前,我国文化产业管理专业的培养目标,是为培养具有纵贯古今的文化视野,具有创意策划、公关调研、开拓创新和组织营销能力,有较高的文化艺术修养和审美能力,文化经济与管理理论和实践能力兼备的复合型、开拓型和创造性高级专门人才。该目标涉及艺术学、管理学、经济学、传播学等若干学科,归结到其中任何一个学科,都难以"打通关"。

---

① 董泽芳:《高校人才培养模式的概念界定与要素解析》,《大学教育科学》2012 年第 3 期,第30—36 页。

"通才"型培养模式,顺应了文化产业发展过程中对"通才"的诉求,但不具有可操作性。我们提出,按文化产品的生成逻辑,建立"创意传播管理"分层培养模式(图 9-2)。在进行学科通识教育的基础上,培养文化产品创意人才、文化传播人才和文化产业管理人才,将更加契合行业发展需求,能够既掌握专业知识和能力,又能协同作战。整合优势资源,分层进行针对性培养,加强与行业联系,学以致用,弥补目前"纸上谈兵"的局限,能够更加行之有效地满足当前文化产业对于人才的需求。

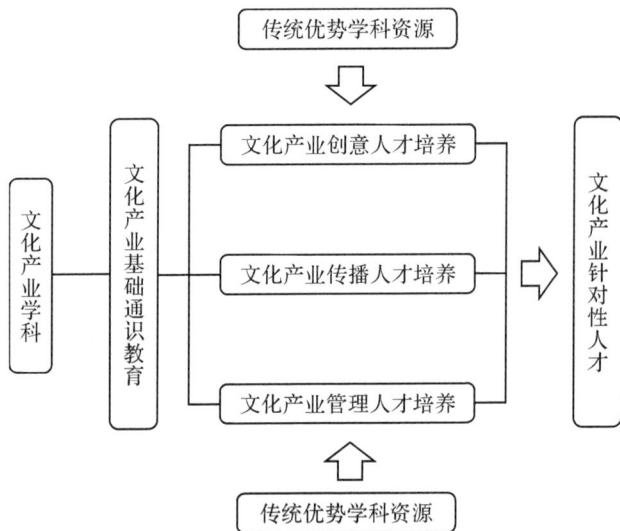

图 9-2　文化产业分层人才培养模式

(二)加强学科集群支援,实现师资力量互通

对于网络剧、动漫、网红等新兴文化产业相关人才的培养不可能依靠某一传统学科、院系,文化产业学科完善也并非一日之功。现有师资力量满足不了业界发展需要,加强文化产业相关学科集群支援,实现师资力量的互通,是文化产业学科建设过渡时期行之有效的方法。文化产业学科至少需要三个层面学科集群的支援。首先是满足于文化产业创意需求的学科集群,包括艺术学、文学等;其次是满足文化产业传播需求的学科集群,包括新闻学、传播学、市场营销等;最后是满足文化产业管理需求的学科集群,包括经济学、

管理学等。正如前文论述,文化产业的跨界性需要这些学科"鼎力相助"。学科支援一定要更好地为文化产业学分内之事服务,而不是喧宾夺主。学科集群的支援和师资力量的互通,有利于分层人才培养模式的实现,加快满足当前文化产业发展对于专业人才的迫切需求。

(三)构建产学研相结合的互补式学科发展模式

当前我国文化产业面临的人才缺失与培养模式混杂等困境,一定程度上源于校企之间教学与用人需求信息的不对称。通过校企合作,建立将实践运用、理论学习和科研创新相结合的互补式学科发展模式,能够打破校企之间的信息壁垒,形成文化产业人才培养的循环机制。

对于校方开设的文化产业相关专业而言,在鼓励学生跨学科体系选修课程的同时,增加实践课比例。充分利用文化产业相关企业的教育资源,建立"校内—企业"二维教学体系,使得学生在实践过程中接触到行业的实际发展情况与前沿趋势,将理论知识充分运用到实践学习中,并用实践经验"反哺"理论学习。

对于文化企业而言,由于受到相关资源的限制,在用人选拔和员工培训方面缺乏针对性和系统性。加强与相关高校的合作,共同建立文化产业人才培养基地,不仅能够在高校人才培养的过程中及时反馈行业需求,更能够为企业员工的专业培训提供更有力的学术支撑与相关教学资源。学生即使在参加工作之后,也能够通过培养基地获得系统的培养,不断完善知识体系与产业认知。

通过建立产学研相结合的互补式学科发展模式,能够充分结合学校理论研究的学术优势和企业发展的实践优势,利用校内和企业不同的教育资源,培养出在理论研究方面有前沿思考,在实践中为用人单位所需的复合型文化产业人才。

总之,文化产业学科发展的困境伴随着新兴文化产业的崛起、伴随着大众传播向数字传播的迁移、伴随着文化产业的 IP 化生存,业界和学界都在呼唤更加独立和完善的学科体系。文化产业学科建设是一个漫长的过程,经过多年的争论,我们可以看到尽管学者间存在分歧,但已经形成了一定的共识。

文化产业人才培养模式也在不断尝试和反思。当前,文化产业学科发展仍然处于起步阶段,加快学科体系构建、创新人才培养模式,并实现资源整合是当前学科发展的可行之路。建立"创意传播管理"分层人才培养模式,加强学科集群支援并实现师资力量互通,构建产学研相结合的互补式学科发展模式,力求尽快建立起能够适应我国文化产业高速发展的人才培养模式。只有真正认识到文化产业作为交叉学科的独立性和包容性,才能更有效地推进学科发展,培养出时代和企业所需的文化产业复合型人才,破解企业缺乏文化产业相关人才的困局。

中南大学文学与新闻传播学院　宋湘绮

南京大学新闻传播学院　代黎明

第十章 知乎:网络问答社区的 品牌价值塑造

● 在认知盈余时代,用户贡献与集体智慧的力量开始凸显,开放、共享的互联网特征催生了大量内容资源的流动,也促成了在线问答平台的兴起。随着时间的推移,基于搜索引擎的知识问答平台出现了内容琐碎重复、用户黏性较弱等问题,结合在线问答与虚拟社区于一体,提供高质量内容的网络问答社区开始吸引更多用户的关注。知乎网在通过用户持续的问答互动和分享讨论提高信息留存率的基础上,以优质化的内容运营和产品组合模式的完善,形成内容资源的良性循环,实现了品牌价值的塑造。

● 知乎围绕自身的平台定位,以有效的内容运营策略和清晰的功能流程逻辑,在内容生产、甄别及推送的过程中,实现了内容资源的积累和自身品牌的推广,并以完善的社区规则和非物质的单纯激励维护了理性与友善的社区氛围,提高了用户黏性。基于此,在平台规模扩大和用户基数增长的同时,知乎通过知识付费、商业连通、线下活动等形式探索构建其独特的商业模式,进一步完善品牌生态链。

一、作为中文网络问答社区的知乎

知乎社区脱胎于 Quora,与"百度知道"等偏向生活化的问答社区不同,知乎致力于成为"中文互联网上最强大的高质量知识社区",主张分享个人的知识、见解和经验。它专注于平台内容的原创性与专业性,也尽可能地降低在"专业的实验"与"通俗的展现"结合的过程中产生的违和感。

(一)网络问答社区：以"认知盈余"作为动力源

网络问答社区，即以问答互动作为主要信息交流形式的网络平台，它是用户至上的 Web2.0 的产物，以"认知盈余"[①]作为动力源。在互联网世界，源于用户贡献的网络效应成为关键，集体智慧的力量开始凸显，去中心化、开放、共享成为互联网应用的显著特征，其信息交流的作用不断被放大。同时，媒介变革带来了信息的井喷，用户通过不同终端浏览到众多碎片化的信息，对信息交流的便捷性与精准性有了更高的要求，用户本身也开始成为大量信息的生产者。

在国内，第一代关键词搜索式问答社区以百度知道、雅虎知识堂、SOSO问问等网站为典型代表。它们以较为成熟的搜索引擎为依托，并对其功能进行补充，通过用户提问—积分激励—用户回答—形成信息资源—搜索结果推荐这一过程，改善搜索引擎的搜索结果过于繁杂、针对性不高等缺陷。在经历了一段时间的爆发式增长后，第一代关键词搜索式问答社区出现了回答质量较低、用户素质参差不齐、内容琐碎重复、缺乏知识产权意识等问题，同时正是由于其作为搜索引擎功能的补充，更多凸显的是工具化的意义，用户间并未产生多向多节点的关系结构，用户黏性较低。由此，引入社交功能、提高平台内容质量的第二代社会化问答社区模式开始形成，以美国的 Quora 为代表，国内则出现了知乎网、果壳网等社区。其内容生成、呈现、传播的过程更加重视用户的集体协作力量，并通过用户、问题、话题等节点构建更有价值的关系网络。

(二)知乎："发现更大的世界"

知乎是目前国内独立运营最为成熟的网络问答社区，2011 年 1 月 26 日正式上线。上线之初，知乎坚持"准实名"的邀请注册制度，邀请李开复、程苓

---

① "认知盈余"由美国互联网思想家克莱·舍基在《认知盈余：自由时间的力量》中提出，其核心主题是，随着在线工具促进了更多的协作，人们该学会更加建设性地利用自由时间，来从事包括内容分享和创造在内的协同创造性活动而不仅仅是内容消费。

峰、蔡文胜等互联网行业和媒体行业的精英人士与专业人士参与问答，这一批用户留下的回答质量、行文习惯、思想碰撞以及价值观念，成为知乎"气质"的重要组成部分，对如今的知乎依旧能保持理性的社区氛围和良性的社区生态具有重要意义。上线两年后，2013 年 3 月，知乎向公众开放注册，用户数量开始迅速增长。截至 2018 年 5 月，知乎注册用户数达 1.6 亿[①]，日均 UV（Unique Visitor，独立访客）浏览量超过 2600 万[②]，Alexa 全球网站排名由两千多位上升至 154 位，百度指数也自 2015 年 10 月开始超越了豆瓣和贴吧，与微博的差距持续缩小。

知乎专注于平台内容的原创性与专业性，主张"与世界分享你的知识、经验和见解""发现更大的世界"，致力于成为中文互联网最强大的高质量知识社区。与偏向娱乐化的微博和偏向文艺圈的豆瓣相比，知乎的社区氛围相对适中，吸引了涵盖众多行业领域的从业人士和兴趣爱好者进行优质内容创造。在使用规律上(图 10-1)，用户对于知乎的使用通常集中在工作日，而周末的使用量相对而言较低，这也能够在一定程度上说明人多数用户并不将知乎当作一个娱乐化的工具，而是学习及工作所需。

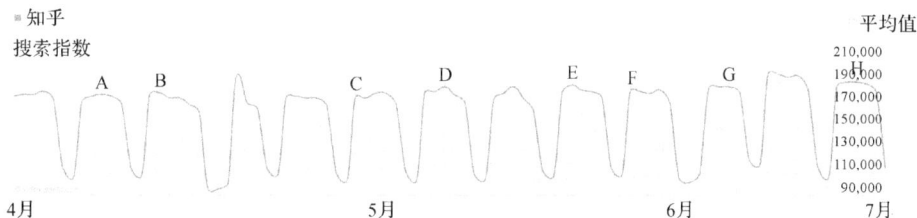

图 10-1　2018 年 4 月至 6 月知乎搜索指数

(资料来源：百度指数趋势图)

(三)知乎发展历程

表 10-1 列出了知乎的发展历程。知乎网隶属于北京智者天下科技有限公司，创始人为周源(CEO)，联合创始人包括李申申(CTO)、黄继新(COO)、

① 知乎创始人兼 CEO 周源在 2018 年 5 月 20 日"第五届知乎盐 Club 新知青年大会"公布。

② 截至 2017 年 9 月知乎官网。

白斗斗(VP)、张亮等。目前其正式员工三百余人,包括开发、产品、运营、社区管理等部门,2018 年 6 月,宣布组建新的知识市场事业部,将原有的不同的知识服务团队归至一起运营。公司至今经历五轮融资:2011 年 1 月,获得李开复创新工场数百万人民币的天使轮投资;2012 年 1 月,获得启明创投数百万美元的 A 轮融资;2014 年 6 月,完成由软银塞富领投的 2200 万美元的 B 轮融资,启明跟投;2015 年 11 月,宣布完成 C 轮 5500 万美元融资,新投资方为腾讯和搜狗,腾讯领投,赛富、启明和创新工场跟投;2017 年 1 月,完成 D 轮 1 亿美元融资,今日资本领投,腾讯、搜狗、赛富、启明、创新工场跟投。

经过七年的发展,知乎已经拥有一条从内容生产到内容整合,再到内容输出与变现的互联互哺的产品线,并通过线下活动发展形成自己的品牌文化,即自身的品牌推广与优质内容的传播是同时进行的。

表 10-1　知乎的发展历程

创立上线 架构修补	2010 年 12 月　开始小规模内测 2011 年 1 月 26 日　正式上线,实行邀请注册制 2011 年 7 月　推出与新浪微博的绑定功能 2011 年 9 月　《知乎周刊》上线 2012 年 2 月　推出试验版"知乎阅读"功能 2012 年 4 月　对个人主页进行大规模改版
开放注册 内容积累	2013 年 3 月　正式开放注册 2013 年 5 月　"知乎日报"发布 2013 年 7 月　知乎专栏上线测试 2014 年 5 月　举办第一届"盐 club" 2014 年 12 月　上线新的答案排序算法——威尔逊得分 2015 年 9 月　"读读日报"上线 2016 年 3 月　知乎专栏面向全部用户开放写作
内容整合 探索变现	2016 年 4 月　推出"值乎"(2017 年 5 月替换为付费咨询) 2016 年 5 月　推出"知乎 live" 2016 年 7 月　上线"机构账号"(2017 年 9 月更名"机构号") 2016 年 8 月　知乎专栏上线"赞赏"功能 2016 年 9 月　知乎书店正式上线;升级付费授权等产品功能 2017 年 5 月　推出"知识市场" 2017 年 8 月　上线新的社交功能"想法" 2017 年 9 月　先后联合必胜客和饿了么,限时开放知乎主题餐 　　　　　　　厅与"知食堂"线下快闪店

	2017 年 10 月	上线音频付费场景"知乎私家课"
	2017 年 11 月	在北京打造知乎创意体验馆"不知道诊所"，为期六天
内容整合探索变现	2017 年 12 月	推出"知乎 Live 无限计划"，即知乎 Live 年度会员服务
	2018 年 3 月	"不知道诊所"登陆上海，时间延长至三周
	2018 年 4 月	推出音频付费产品"知乎·读书会"
	2018 年 5 月	移动端富文本编辑器上线

二、优质化内容运营

张亮在《从零开始做运营》中认为，内容运营是指通过创造、编辑、组织、呈现网站或产品的内容，提高互联网产品的内容价值，制造出对用户的黏着、活跃产生一定促进作用的内容[①]。而在内容运营初期，要首先确定网站（产品）的定位、来源、受众、机制及标准，从而构建网站（产品）的价值观。结合知乎网实际，可从内容的定位与生产、甄别与呈现、推荐与推送三方面对其内容运营策略进行分析。

（一）内容的定位与生产

1. 内容定位

在知乎最初对于自身的描述中，将其定义为"中国最大的知识分享平台"；而后知乎创始人周源曾提到，知乎是一个由每个人知识、经验和见解组成的 P2P 网络；联合创始人黄继新在知乎中回答用户关于知乎为什么要做"知乎日报"这一问题时也曾表示，知乎团队的目标是成为中文互联网上最强大的高质量知识社区。从这些关于"知乎是什么"的定义可见，知乎的定位在其以邀请制的注册方式累积第一批用户和内容时便已奠定，即高质量知识问答社区。这一点在知乎的 Logo（图 10-2）上也有体现，底色选用象征理性、信

[①]　张亮：《从零开始做运营》，中信出版社 2015 年版，第 35—38 页。

任的蓝色,以"知"字作为网站标识,右侧的"口"进行了仿对话框的改动,体现出理性、知识、交流等知乎的关键基因。

图 10-2　知乎 Logo

2. 社区规则

创造有价值的内容、保持友善和尊重是知乎社区的两条基本原则,也是知乎社区规范的核心原则。以此原则作为共识,目前知乎的社区规则和内容标准主要体现在"知乎协议"与"知乎指南"两大版规以及"社区服务中心"与"版权服务中心"两个用户服务中心当中,对此用户可以通过提问、私信、邮件等形式向知乎团队提出反馈意见和修改建议。

其中,"知乎协议(草案)"是所有进入知乎的用户与其所发布的内容都必须接受和遵守的各项条款,主要包括使用规则、知识产权、侵权举报、免责申明等条目;"知乎指南"作为新人引导规范,以问答的形式发布,引导新注册用户快速了解知乎的社区操作和内容生产标准;"社区服务中心"和"版权服务中心"是为用户提供的举报投诉"不友善内容"、恶意行为及侵权行为的页面,举报功能在问题、回答、私信、评论、个人页面、收藏夹以及问题编辑日志均可使用。从上述规范的具体内容可见,除了对社区基本原则的体现,知乎作为一个开放的内容平台,更加重视对知识产权的保护,以保证用户能够持续创造和获取高质量的信息。

3. 用户与内容生产

知乎是典型的第二代社会化网络问答社区,在内容生产方式上,UGC(User Generated Content,用户原创内容)与 PGC(Professional Generated Content,专业生产内容)结合并行,平衡个性化内容和专业化内容。其所有的内容生产活动都围绕着用户间的"提问—回答"这一关键环节而产生,知乎的问答机制如图 10-3 所示。对此,知乎广泛地应用了"公共编辑"这一理念。即一个问题在尚未获得大量关注和讨论之前①,社区成员可以共同对问题进行编辑,例如删除或修改标点、冗词、表达方式以使问题更准确和易识别,添加与问题相关的话题以吸引不同角度的回答等。

用户可以基于搜索或话题标签主动选择问题进行回答,提问者也可以通过"邀请"的方式求教相关领域的专业从业人士或兴趣爱好者,被邀请的回答者大多会以"谢邀"或"泻药""蟹妖"等谐音词作为答案开头,形成知乎独特的"谢邀"文化。在此过程中,"干货"答案的积累成为知乎特色,众多回答者辅以图表、公式、实验等材料进行文字的输出,通过梳理、分析和归纳形成一篇或理性严谨或通俗幽默的答案,展现其思考过程和思维方式。同一问题下不同角度的专业化解读和话题的深入,为其带来口碑优势,这一优势也进一步推动了用户群体和问题覆盖面的扩大。

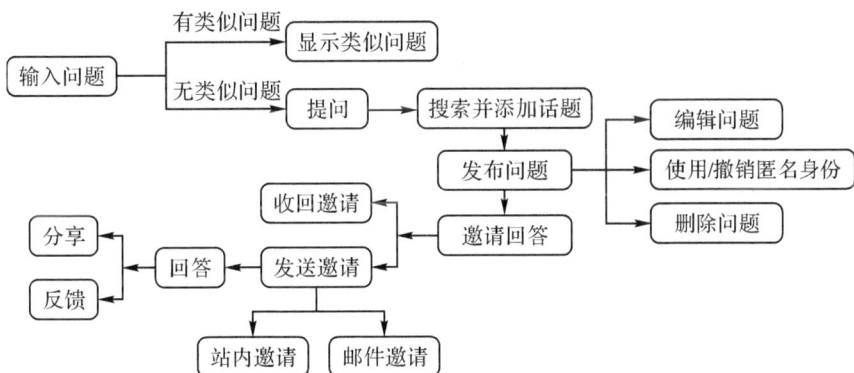

图 10-3   知乎问答机制

(二)内容的甄别与呈现

1. 筛选识别机制

知乎通过开放注册以提高用户基数的策略使得其需要处理和呈现的信息呈几何级数增长,在对用户所提问题进行聚类和重定向以减少重复性问题

---

① 当问题满足以下三个条件之一时,公共编辑操作会被限制:问题下未折叠的回答大于等于十个;问题关注人数大于等于三十人;问题创建时间大于等于三十天。

的同时,答案排序上知乎采用基于一定算法的"Digg"投票机制,作为用户与网站共同协作筛选信息的工具。知乎为用户提供表达意见的自由市场,包括"▲(赞同)""▼(反对)""感谢""没有帮助"等选项,"赞同"或"反对"会使答案排序上升或下降,"没有帮助"的票数达到规定上限的答案将会被折叠。

2. 内容呈现

在对用户生产内容进行筛选排序之后,知乎以简洁的页面板块设置呈现优质内容。网站页面以蓝白色调为主,"热门内容"板块约占三分之二,主要呈现用户所关注话题的热门问题回答和专栏文章,体现了知乎以用户的需求和兴趣为中心、凸显优质内容的网站特性。此外,知乎通过"话题索引"功能将同一话题下的优质内容以目录的形式分类别、分层次呈现,辅以索引页面末端的书籍推荐模块,满足了用户对于主题阅读和延伸性阅读的需求。目前知乎对话题索引功能同样采用"公共编辑"的方式,已产生索引的话题依然可以申请编辑权限,以形成多视角、易传播的高质量索引。

(三)内容的推荐与推送

内容的推荐与推送,是平台将优质内容主动呈现给用户的一种方式,能够在提高 PV 值等网站流量数据及用户活跃度的基础上,对各渠道中的细分受众进行再聚集,提升品牌影响力。目前知乎主要通过邮件推送、站内推荐与通知、移动端子产品、第三方新媒体平台推送等多种渠道将内容传达至现存及潜在用户。

其中,移动端子产品包括"知乎日报"与"读读日报"。"知乎日报"每日一期,在不同时段推送相应的适宜栏目,内容来源于知乎社区中的高票优质问答与热点新闻事件,由编辑选编和用户推荐共同聚合输送。其首页内容的选编更加面向包括非知乎用户的大众市场,每日更新的文章数目在 20 篇左右,篇幅不长,这种小而精的呈现方式更为适合移动端用户阅读时间碎片化的特征。同时,包括"设计日报""体育日报""财经日报"等主题日报的设置,也为相关行业的专业人士和资深爱好者提供了实用资讯和深度阅读。"读读日报"在"知乎日报"的基础上产生,在理念延续的同时扩充了内容来源渠道。其以用户推荐为中心,主张"人人都是主编",用户可自行创建主题日报,添加互联网上相关的优质内容链接进行推荐发布，不限形式与来源。二者作为知乎社区的衍生内容产品，不仅是对知乎社区中高质量内容的推送与再输出，也是对以内容和用户为中心的知乎社区价值观的传播推广，对于扩大知乎的用户群并反哺社区具有重要意义。

三、商业运营策略

知乎围绕自身的平台定位，以有效的内容运营策略和清晰的功能流程逻辑，在内容生产、甄别及推送的过程中，实现了内容资源的积累和自身品牌的推广，并以完善的社区规则和非物质的单纯激励维护了理性与友善的社区氛围，提高了用户黏性。基于此，在平台规模扩大和用户基数增长的同时，知乎通过知识付费、商业连通、线下活动等形式探索构建其独特的商业模式，进一步完善品牌生态链。

（一）知识付费体系的搭建

2016 年开始，源于基础条件的成熟和用户对丰饶信息的过滤需求，内容领域付费产品引发关注。基础条件的成熟，包括移动支付的普及、信息获取渠道的拓宽及服务承载方式的变化，带动了内容平台垂直细分服务的发展，也催生了内容付费观念的普及；同时，随着互联网的信息过载和碎片化分布，用户搜寻高质量目标信息的效率降低，形成了通过支付一定费用进行内容筛选过滤的需求。此外，付费机制也是对内容生产者进行优质内容创造的激励，是内容平台形成良性循环生态的有效尝试。在一定的品牌号召力和用户基础之上，知乎通过值乎（付费咨询）、知乎 Live、知乎书店、文章赞赏、私家课、读书会等服务和功能的上线，对知识付费这条路径进行了积极的尝试和探索，构建其"知识服务市场"。

1. 从"值乎"到"付费咨询"

值乎是知乎于 2016 年 4 月 1 日推出的移动付费语音问答服务，从最初的微信刮刮乐 1.0 版本，到五月份悬赏问答的 2.0 版本和六月份付费提问＋语音回答的 3.0 版本,再到如今的"付费咨询",其核心形态经历数次变化。

刮刮乐 1.0 版本是一个活动性质的产品,但其整体的产品设计是较为完整和流畅的。它以微信为活动中心,利用熟人社交关系。用户在关注知乎的公众号后,可以在朋友圈里分享自己的打码信息,好友需要付费方能看全,费用由分享用户选择决定。付费后若认为"值",则收益流向发布消息的用户;若认为"坑",则收益归为知乎。在产品逻辑上,"值"或"坑"的评价机制决定收益流向,能够对内容质量产生一定的激励作用;而最低付费金额 1 元,这一介于玩笑性质消息与优质内容生产之间的最低成本的设置,也有利于内容认真程度的上升。

如果说值乎 1.0 的产品模式是完全付费内容和用户主动打赏的结合,为知乎的商业化进行了铺垫,那么从 2.0 到 3.0 的变化,则是知乎对知识付费这一商业化路径的正式尝试。值乎 3.0 的产品形式是"一对一问答＋'学习一下'",即用户可支付一定数额向某位答主提问,支付数额由答主设定,语音答案时间限定为两分钟(知乎 App)及一分钟(微信端)。随后值乎上线"一对一私密咨询"专场,对于医疗、保险、房产等涉及隐私的领域,提问者可进入该专场进行私密、专属的提问对话。这一专场则成为如今"付费咨询"的形态来源,内容上也从隐私领域扩展到全面的知识领域。

2. 知乎 Live

知乎 Live 是知乎推出的实时问答互动产品,内嵌于知乎 App 和 PC 端首页。主讲人可以创建一场主题 Live 讲座,以语音、文字、图片等形式分享知识、见解和经验,用户支付一定票价后进入沟通群,可向主讲人提前或即时提问并得到解答。未参与到实时 Live 分享的用户,在 Live 结束后也可收听浏览其中内容。每场 Live 时长不定,主要在一至两小时之间,部分专题课程出于详细讲解的目的会持续三至四小时。语音即时互动的方式降低了答主和听众的时间成本并满足了参与者追问的需求,这一鲜活轻快且高效的知识流动方式在吸引用户参与的同时,也进一步激发了社区内相关的延伸讨论。与其他内容平台同类服务不同的是,主讲人收益较高的知乎 Live 更依托于知乎的社区精神和文化,即用户对于理性的知识和学习更为敏感,付费意愿也更为强烈。

3. 私家课

2017 年 10 月,知乎上线音频付费场景"知乎私家课"。相较于知乎 Live 多以语音直播的形式进行,私家课的主要呈现方式是以音频录播为主、图文为辅,课程内容相对更为优质且方便回听,也改善了知乎 Live 中每段语音最长不能超过 60 秒的问题。其目前的开通尚未公开,需有知乎官方推荐合作才能进行,以保证课程质量。

4. 付费阅读

知乎书店是知乎社区内优质内容的整合推荐渠道之一,从商业化角度看,其以在线电了书售卖社区内容的形式成为知乎优秀内容输出者知识变现的聚合入口。目前知乎书店发布的电子书主要包括知乎出品的《知乎周刊》、"知乎·盐"系列、"一小时"系列与其他精选书籍或电子杂志。用户可以在知乎书店中完成电子书的阅读、购买、讨论和分享,并通过作者专栏、Live、付费咨询、私家课等进行延伸阅读互动。2018 年 4 月,知乎推出书籍音频付费产品"知乎·读书会"并启动年卡会员的售卖,以"名人领读"为核心形态,也成为用户获取高质量内容的一环。同是电子书店,与掌阅等电子书分销与阅读平台不同的是,知乎书店并非将书作为知识生产的终点,而是对优秀内容生产者及其创作的内容进行价值整合输出,让书成为社区用户交流的节点。在知识变现的过程中,知乎更倾向于以"人"作为产品核心,将能够输出优质内容的用户作为价值挖掘和变现的出发点,并基于此选择不同的输出形态与付费形式。

此外,专栏赞赏的出现标志着知乎对知识分享者通过知乎获取收益的鼓励,金融系统的架构也成为知乎在知识付费服务体系规划中的重要一环。

(二)商业连通入口的搭建

在知乎的问题中,诸如"哪款洗发水比较好？理由是什么？""有哪些笔记本电脑品牌值得推荐"等经验分享类问题数量众多;在淘宝网的相关商品评价界面,也经常会出现"从知乎过来的""知乎观光团"等表述。由此可见,知乎作为一个主张分享知识、见解和经验的问答社区,其高质量内容本身其实已经呈现出与其他行业的交叉渗透,具备连通其他现实商业的条件。大部分网站在拥有了一定的稳定流量之后都会考虑连通商业品牌,其中最为普遍的就是广告和营销。而知乎选择了更为"直接"但贴合知乎气质的商业连通方式,主要为原生广告、机构号与展示广告。

1. 原生广告

原生广告可以理解为将广告作为内容的一部分融合到实际页面当中,尽可能降低对页面整体观感和用户体验的影响。原生广告始于 Twitter,它以信息流广告的形式减少了横幅广告、弹窗广告带来的浏览障碍,Facebook 后又将其拓展出视频广告、问卷、H5 页面等多样化形式。在完整传达产品信息的基础上,原生广告具有场景化、娱乐性、融合化等特质。知乎目前应用的原生广告形式主要有两种,一是社区中的信息流广告,二是"知乎日报"中的"这里是广告"栏目。对于知乎和品牌方来说,直白却显诚意的"硬广软投"广告形式,若能够以具备可读性与创意性的文章内容调动读者的情绪,就可以在较低程度影响用户体验的同时,为品牌带来比较好的用户覆盖和营销效果。

2. 机构号

机构号是知乎中品牌、媒体、组织等机构类用户专用的新增账号,与个人账号并行,是知乎中高质量内容新的来源。其不仅与个人账号一样参与社区问答讨论,也通过发表机构文章以发布产品动向、系列解读等官方信息。目前,知乎中已有二百多个机构号入驻,其中包括迪士尼、奥迪、滴滴出行等品牌账号,以及中国科普博览、中国印钞造币、中国美术学院等科研院所与组织。于品牌方的线上营销而言,除了微博账号的"抖机灵",多了一个认真传递品牌理念和讲解专业理论技术的平台,为其带来了流量入口和曝光率;同时,机构账号本身及其发布的信息,都可成为广告物料,以弱化包装感的对话互动形式抵达潜在消费者。于知乎而言,用户对品牌机构也存在非营销的实际应用方面的需求,让品牌账号在避免无序营销带来的社区氛围破坏和用户反感的基础上,进行真实且真诚的分享和推广,能够较好地满足双方需求。

3. 展示广告

展示广告作为网络"硬广"的主要形式,是知乎最初运用的广告形式,也是现阶段各网站平台最为广泛的广告形式。与信息流广告、软文广告相比,展示广告更为直观直接,但也最易影响用户的观感和体验。知乎为了尽可能降低这一影响,在减少展示广告出现的场景和频次并为用户提供隐藏选项的同时,也使其文案设计及视觉呈现更为贴合知乎的社区氛围与用户的使用习惯。

(三)线下活动

对于知乎社区而言,线上运营策略的目的在于营造社区氛围,进行自身价值的积累,吸引更多用户的关注;而实体书出版、盐 Club、不知道诊所等线下活动的举办,则能够满足用户的实际社交需求,建立用户间的联系以留住用户。除此之外,它也是知乎商业化路径的渠道之一,以标准化程度较高的形式提升品牌影响力。

1. 实体图书出版

出版被认为是对各类知识进行深加工的最优选择和最终走向①,也是内容行业净值最高的变现方式之一。知乎通过图书出版实现对优质内容资源的推广和再梳理,并为知乎带来一定的用户黏度,即对作者的物质化激励;而对出版方来说,知乎自身的内容优势和传播渠道也具有重要的市场潜力。《创业时,我们在知乎聊什么?》《金钱有术》《正义女神不睁眼》等实体书的出版,成为网上图书商城、实体书店的热销书刊,使知乎由网络问答社区顺利嫁接到出版领域。

2. 知乎盐 Club

"知乎盐 Club"是知乎官方于 2014 年开始举办的年度线下用户聚会活动,迄今已举办过五届,每一届各有其主题,传达知乎理念。聚会的主要环节包括各领域专业人士的"15 分钟演讲"、知乎对谈、优秀内容创作者颁奖礼、演出环节等;同时场地也会设置品牌及组织展位,通过游戏、现场展示等活动,为机构、品牌方与用户提供沟通与体验平台。盐 Club 的参与方式并无门槛,除了知乎官方邀请的知名用户与外界嘉宾,普通用户也能够参与交流。交流上的无限制能够在一定程度上消弭用户间的隔阂,以归属感的营造增强用户黏性,也会带动品牌间商业上的推广与合作,产生商业延展价值。

---

① 韩丛耀、贾登红:《知识社区对出版的介入》,《中国出版》2016 年第 16 期,第 14—18 页。

四、相关问题及其建议

(一)现存问题

1. 内容方面

知乎的内容生产方式是 PGC 与 UGC 的结合。PGC 发挥意见领袖的作用,积累优质内容;UGC 生产出海量内容,不断形成新的有价值的 PGC,同时也不可避免地催发"噪声"和社区内容的水化。虽然知乎通过公共编辑、筛选机制、举报投诉等方式进行内容质量把控,但这一点还是给知乎带来了很大程度上的负面影响。除此之外,"想法"的上线可以视为一种类似微博、微信的社交服务,更加轻量化,但碎片化的知识再次增多,或许会与知乎最初以"干货"为优势的路线背道而驰。

再者,知乎 Live 等变现服务实际上是对社区问答板块内容的分流,封闭性、实时性的知识生产和交流方式会减缓社区内容的持续输出和积累。诚然,它有利于知乎留住核心用户,降低"大 V"群体向微信公众号等平台迁移、以自身影响力建构知识社群的速度,但长此以往,知乎问答下的优质内容生产,尤其是个人经验和见解将越来越少,反过来加剧其"水化"危机。

2. 用户体验方面

在 PC 端方面,改版后的问答界面在视图设计与交互逻辑上其实更为适合平板移动端。例如,PC 网页本身便倾向于键鼠交互和高密度阅读,但改版后的界面放大了字体、行间距、选项按钮,使内容的可视面积减少;在功能板块区分上,色彩对比降低,边界区分不明显,加上大面积的留白,造成了视觉重点的不突出,阅读体验上较为乏力。可以说,新版的界面设计在一定程度上增大了用户的精力开销,尤其是长回答的阅读,对于用户而言存在较大的不便。

而在移动端方面,表现为部分方面的功能缺失。例如,首页上的热门内容推荐并不会像 PC 端一样显示答主及其基本资料,不利于用户通过答主进行推荐内容的筛选。对于内容社区来说,高质量的内容主要来自 PC 端,移动端的使用呈现出碎片化和轻参与的特点。虽不适合进行长篇内容的撰写,但移动端的新用户导入,也能够反哺社区,扩大用户基础,因此维护移动端的用户体验也尤为重要。

3. 社区氛围方面

同其他虚拟社区一样,知乎在其发展规模扩大的过程中,也不可避免地出现了劣币驱逐良币现象和社交蒸发冷却效应。从最初以邀请制形成的小众论坛,所聚集的核心精英用户创造出众多高质量内容,到内容的传播吸引更多关注,开放注册带来大量普通用户和个人化问题的涌入,使得社区氛围受到影响,造成部分核心用户的离开,社区的平均价值降低。

此外,马太效应在知乎也有体现,精英用户等意见领袖的答案更易"一呼百应",普通用户则存在感较弱,即使提出优质问题也鲜有问津,而当普通用户产生与"大 V"相左的意见时,也容易陷入"沉默的螺旋",甚少发声。事实上,大量的普通用户中潜藏着广阔的知识书库,知乎作为一个隐性知识传播的平台,普通用户的答题意愿持续不足,也会影响其内容资源的继续扩充、积累与变现。

(二)相关对策建议

1. 用户策略建议

(1)维护核心用户群,关注底层用户群。

知乎以最初的核心精英用户群体奠定了社区基调,但这一群体的绝对数量始终较少,开放注册带来的一系列问题也引发了部分核心用户的出走。同时,知乎对大量的普通用户群体的关注更显不足,并未激发出他们的答题欲望,也未能释放出其蕴藏的大量隐性知识。因此,知乎需要更完善的用户策略以平衡天平两端,保证其内容社区的"源头活水",可从以下几点加以考量。第一,进一步优化筛选机制,提高优质内容的浮现率,减少"抖机灵"答案容易轻松"过百赞"的问题,使优质内容得到更多的关注机会,完善用户进行内容创作的精神激励;第二,加大物质激励力度,不仅让精英用户通过知乎 Live 等变现产品得到物质利益,也通过知乎圆桌等无门槛讨论环节,让贡献内容的普通用户有机会得到一定的物质奖励;第三,维护社区氛围,进行某些层面的细化,例如针对不同的信用等级用户设置不同的回复权限、浏览权限等,保证内容质量和理性氛围,提高用户对社区的信心。

(2)加强社交属性,提升用户黏度。

作为第二代社会化问答平台,知乎通过用户间的互动社交产生更多结点,加强社区内的知识分享和传播。知乎可进一步建立多维的关系网络,搭建多个社交圈,加强社交属性,提升用户黏度。例如可以开发聊天室,基于某一领域进行无门槛的实时提问对谈;或设立情感专区、招聘专栏等板块,满足用户的细分需求,强化社区成员内部的关系联结。在线下的分享交流活动中,也可以发展带有知乎标签的文化体验场所,例如酒吧、青年旅馆等,建立更多用户间的联系,以反哺社区。

2. 产品策略建议

(1)完善内容的保存与输出。

知乎通过知识变现服务的推出,减缓了核心用户流失的速度,以物质激励催生主动性的内容生产。但这些内容若不能较好地回流到开放的社区中,那么其本质上是作为替代品对社区内容形成了分流,与知乎问答开放的持续的内容生产方式背道而驰。因此,要通过一定的方式对这些内容进行较好的沉淀、保存与输出,实现社区内容生态的良性循环。例如,可以将知乎 Live 的内容整理成不同价位的电子书,让用户围绕该主题重新产生流动性的互动和交流,使其成为知识生产的节点,改变后续问答中只能产生"如何评价某某的Live"这一固化问题的情况。

(2)优化产品体验。

现阶段,知乎在移动端、PC 端的产品功能上存在着一些差强人意的设计体验,对用户的答题意愿、浏览时长、活跃度等方面产生了变相影响,知乎应从用户需求出发,在对部分环节的用户体验进行调查后,做出相应程度的优化。对于知乎团队来说,也应摆正心态,提高对搜索等非核心功能的重视程度,同时招纳更多人才,提升团队的技术能力。

五、知乎发展对网络问答社区的启示

在七年的发展过程中，知乎取得了瞩目的成绩，尤其是近两年来商业化步伐的加快，更是让知乎成为网络问答社区的佼佼者。诚然，在从小众走向大众、密集的功能迭代的过程中，知乎不可避免地出现了社区水化等问题，但它的整体发展态势较为良好，对其他网络问答社区的良性发展也有重要的启示作用。

（一）积累内容资源，优化内容呈现

网络问答社区以用户问答为主要的信息组织形式，在其发展过程中要坚持这一内容生产形式，以此为基础设计多元化的产品和功能，积累内容资源，建立内容数据库。这一过程离不开对用户进行优质内容生产的激励，包括核心精英用户，也包括普通用户。社会分工的不同，让不同的职业与专业在人群中得以无限细分，每一领域的每一角度每一方面，都会有掌握特定知识的参与者。他们所拥有的隐性知识与显性知识，需要问答平台作为一个秩序良好的舆论广场，在物质激励与精神激励的作用下，带动其通过理性讨论与充分对话予以呈现。物质激励可以通过变现服务来实现，精神激励可从为不同话题领域的优秀回答者带来更多的展现与被关注机会等方式入手。

同时，社区团队应对内容资源进行整理和再组织，优化其呈现方式，以提高用户的使用效率。知乎通过公共编辑产生大量的优质问答，并上线话题索引功能，以目录、专题的形式方便用户获取目标知识。其他网络问答社区也应根据自身的平台特点，通过一定的组织呈现形式，更好地利用平台资源，实现内容的结构化。

（二）完善网站设计，提升用户体验

在如今的互联网世界，用户的主导性愈发凸显，对话语权的掌握程度也日渐提高。一个网站或产品能否获得更大的影响力，用户体验尤为重要，其中包括视觉设计、人机交互、可用性等众多方面。知乎网站在 UI 设计、输入体验、搜索功能等方面存在用户体验上的不足,针对这些不足,知乎团队在持续地进行改善。对于网络问答社区来说,应从用户需求出发,根据不同场景下的用户行为方式与思维模式研究,对网站功能的细节设计不断地"打磨",以使用户保留自然的使用习惯。在满足需求、超出预期的过程中,留住并吸引用户与内容。

(三)找准社区定位,建立社区规则

在内容运营的初期,网络问答社区应找准网站定位和内容定位,构建网站与产品的价值观,明确整体的内容供应链。知乎从建立之初便确立了高质量知识问答社区的平台定位,以及以业界精英群体与兴趣爱好者为主的用户定位,奠定了专业理性的社区氛围;社区规范和内容标准的制定则初步对不良内容的出现进行了约束,形成无形的内容门槛。三者决定了知乎社区的内容特点,即原创性、专业化和优质化,这首先成为其口碑积累和传播的重要基础。

在如今的互联网世界,新的内容网站源源而来,同质化的平台也比比皆是。若没有自身的独到之处,就无法吸引更多的用户,无用户则无流量,平台终将走向衰退。以内容为核心的网络问答社区,要找准自身定位与目标用户,并通过有价值的内容塑造口碑,形成自己独特的内容优势,产生自身的"引爆点",以在市场洪流中得以立足。

(四)开展多维互动,拓宽输出渠道

第二代社会化问答网站更加凸显社交功能,多渠道的互动与传播既能够提高用户的黏性,也有利于社区价值的输出和推广。知乎通过线上与线下互动方式的结合,建立用户间的联系。无论线上的评论、私信、实时交流,还是线下的盐 Club、快闪店,不仅能够激发新老用户的参与热情,知乎团队也可以通过双向的信息互动,了解用户需求,完善社区体验。

此外,知乎通过知乎书店、知乎日报、微信公众号、图书出版等方式对内容进行二次传播和输出,扩大覆盖面积。对于内容平台来说,在新媒体盛行的背景下,要获得更多的受众,就要增加价值输出渠道与内容入口,以立体的传播矩阵和产品组合,满足用户多样化需求。

(五)构建商业模式,发展品牌生态

盈利,是所有互联网平台都必须面对和探讨的问题,也是竞争资本;品牌化,代表着社区具备一定的品牌形象和市场地位,是互联网平台扩大影响力的必经之路。网络问答社区在拥有了相当的内容和用户积累,发展到一定程度之后,便需要经由产品线扩展、战略更新等品牌化策略构建生态链条,塑造品牌价值。知乎通过线下活动、原生广告、知识付费服务等方式进行循序渐进的商业化探索,为其规模化盈利奠定基础,在构建商业模式的过程中,实现了品牌生态的良性发展,为网络问答社区的产业化发展提供了重要借鉴。同时,网络问答社区也可以选择不同方式进行品牌形象的推广,例如知乎便可以吉祥物刘看山为原型,进行动漫、游戏等多元产品的开发。

知乎在其优质化内容运营及商业化路径的构建中,已然建立起自身的运作机制与良性生态,将沉淀多年的用户与内容的虚拟资产,作为维护其正常运转的护城河。而它不辍的探索,目的是为将知识融入用户更多的场景之中,缩短知识与用户的距离,在此过程中,也实现了线上营收能力的增强。知乎的未来,在于完善合理有效的方式进行用户与内容的质量控制,深入知识的场景化、市场化、平台化,并以具有明确品牌标识的线下场景延展,释放品牌商业价值。正如知识本身的特征,它没有概念与形态束缚,作为知识共享平台的网络问答社区,也应在探索尝试中进行产品和功能的补足与创新,更好地实现社会智力资源的价值利用与增值创新。

此外,互联网的发展日新月异,中国制造风靡全球,美图、UC、猎豹等工具型应用正在走向国际。而拥有一定海外用户基础、积极引进海外内容的知乎及其所代表的中文网络问答社区,在内容产业如火如荼的背景下,是否能够引领文化属性更强的互联网应用展开国际化发展,未来可期。

中国海洋大学文化产业系　李　宁

中共临沂市委党校　焦华英

第十一章　快手:社群经济背景下移动短视频应用平台的商业模式

● 伴随互联网技术的迅速发展,大数据、云计算、社交媒体、内容产业的互动融合,将会为文化企业的发展和转型创造新的市场机遇和商业模式。特别是,随着 4G 技术的完善成熟和 5G 技术的试验推广,手机移动端网速的大幅度提升和流量使用费用的下降,将进一步推动移动短视频业务的发展。同时,大数据支撑下的社群经济正逐渐成长为一种综合性的经济社会发展模式,并且已经成为文化企业转变商业模式的重要突破口。

● 对于社群组织的建设和维护,正是移动短视频应用平台——快手,取得成功的关键所在。快手的商业模式的关键点在于社群经济的建立,核心竞争力是满足社区用户的生活表达和被关注的精神需求,基础是基于社区用户平等理念的大数据算法推荐,支撑是符合社区文化氛围的营销手段。

互联网技术的发展,不仅打破了人与人之间沟通交流的时空局限性,而且借助于新的传播媒介改变了人们感知和认识世界的方式,但是虚拟性和不确定性的特征也在一定程度上使其脱离现实生活,难以形成稳定的社群组织。移动互联网时代的到来,逐渐摆脱了传统互联网平台的局限性,增强了社交的真实性和信任感,加强了社群中的关系网络,使其经济价值获得了前所未有的释放。依托于移动互联网平台的建设和完善,短视频分享自 2013 年开始逐步进入人们的视野,与传统的"文字＋图片"的社交模式不同,短视频用户通过智能手机拍摄短视频(通常视频时长不到 10 秒),然后将其上传并分享到朋友圈或自媒体平台上,借助于社交群体爆炸式的传播特性,信息量更为丰富、内容更为生动的短视频得到迅速传播,并且广受网民的喜爱。这项应用一时之间在网民中掀起巨大流行热潮的同时，也成为资本市场竞相追逐的新的创业封口，自此国内的各种短视频分享平台和短视频分享 App 如雨后春笋般地涌现。

一、快手的发展历程

作为移动端视频应用平台，快手是一家专注于短视频传播的互联网平台型公司，它以自身强大的社群组织为基础，通过营造独特的社区文化氛围，形成了巨大的社交群体，借助于强大而稳定的社群用户迅速发展起来。根据中国互联网数据中心公布的数据，2018 年第 1 季度，快手日活跃用户突破 1 亿，周人均打开次数为 299.3 次，日人均在线时长 27.9 分钟。[①] 与微博、微信公众号等自媒体的"粉丝经济"的商业模式不同，作为一家成长迅速的互联网服务平台，快手的成功得益于其"社群经济"的商业模式。

快手最初的定位是工具型的应用软件。自 2013 年开始，短视频业务在移动互联网领域迅速崛起，快手开始探索企业的转型之路，企业定位逐渐由功能型工具转向服务型平台。在快手近十年的发展历程中，企业主要经历了初创期、转型期和发展期三个阶段，经过三个阶段的发展，其已经成为我国移动短视频应用平台领域内的佼佼者。

（一）初创期（2011 年 3 月—2012 年 11 月）

快手的前身是诞生于 2011 年 3 月的"GIF 快手"，其最初的定位是移动端 GIF 图制作工具，主要的业务内容是移动端 GIF 图制作和分享功能的验证。2012 年 4 月，快手获得晨兴资本 A 轮融资数百万美元，同年 11 月，快手从纯粹的应用工具开始尝试转型为短视频社区，致力于成为用户记录和分享生产、生活的平台。此阶段，产品用户群的快速扩张并没有给公司带来销售收入，只是通过微博的分享和传播使用户量获得增长。同时，公司还需要投入

---

① 中国互联网数据中心：http://www.cnnic.net.cn/。

不少资金进行产品的市场推广与维护,企业面临较大的资金压力。

(二)转型期(2012 年 11 月—2015 年 1 月)

经过半年的探索和尝试,快手逐渐将发展方向转型为短视频内容的分享平台。2013 年 7 月,"GIF 快手"正式从应用工具转型为短视频社区。2014 年 11 月,由于产品的转型,App 名称中去掉了"GIF",正式改名为"快手"。此时的快手上主要有三类内容:美女自拍、小孩、宠物。互动内容的缺乏,使其社区文化的氛围不高,难以形成稳定的受众黏合度。此后,快手着重开始营造社区文化氛围,增加用户与用户之间的互动内容。用户可以在社区中上传图片,其他用户可以对其进行点赞、评论以及回复等,通过社区的建设,快手逐渐形成了自己的流量和用户交互。2015 年 1 月,快手获得了数千万美元 B 轮融资,由红杉资本和晨兴资本联合投资。此阶段,快手的社区文化逐步走向成熟,对用户去标签化,社区中所有人的作品有同样的曝光率,差异化的运营方式开始出现雏形。低门槛、重内容、轻达人的运营策略,获得了大量普通用户的青睐。通过不断的产品核心功能迭代优化,增加社交属性及强化互动体验,增强了用户在社区内的黏性和活跃度。

(三)发展期(2015 年 1 月至今)

去标签化的用户设置,使快手的社群用户数量迅速飙升。2015 年 6 月,快手的用户突破 1 亿;2017 年 4 月,快手注册用户超过 5 亿,日活跃用户达到 6500 万人;2017 年 11 月,快手的日活跃用户数已经超过 1 亿,总注册用户数据已经超过 7 亿,每天产生超过 1000 万条的新视频内容。[①] 随着用户数量的急速增长,快手也获得了众多互联网投资公司的青睐。2016 年 3 月,快手完成 C 轮融资,约为 2.5 亿元,市值估值达到 20 亿美元;2017 年 3 月,快手宣布完成新一轮 3.5 亿美元的融资,由腾讯领投[②]。此阶段快手重点注重运营社

[①] 中国互联网数据信息中心,http://www.cnnic.net.cn/。
[②] 刘鑫璐:《网络直播平台的可持续性发展研究——以"快手"为例》,《新闻研究导刊》2017 年第 24 期,第 266 页。

区内容的数据化建设和完善，引入人工智能系统，重新设定算法，加入了用户间相互关注、私信、查看附近的人等功能。此外，快手开始加入视频直播的序列，探索盈利模式的多元化。

二、快手的商业模式分析

任何产业形态中取得成功的企业，都有一套区别于他人的商业模式，最终形成自身的市场竞争优势。对于商业模式而言，主要由顾客需求、企业的资源优势和整合能力、盈利模式三个因素构成。文化企业的商业模式也脱胎于此，唯一的差异性体现在所提供产品和服务的文化性和精神性上。因此，对于互联网文化企业而言，其商业模式的核心在于满足顾客的精神体验需求，基础是科技优势和产品差异性，支撑是营销过程中的盈利模式。对于快手而言，其商业模式的关键点在于社群经济的建立，核心竞争力是满足社区用户的生活表达和被关注的精神需求，基础是基于社区用户平等理念的大数据算法推荐，支撑是符合社区文化氛围的营销手段。

（一）核心竞争力——清晰的用户定位和差异化的功能定位

美国学者普拉哈拉德和哈默在其发表于《哈佛商业评论》杂志上的《公司的核心竞争力》一文中，提出了"核心竞争力"的概念，它是指"企业持续竞争优势的源泉，是那些不可复制和难以取代的资源"①。对于快手而言，长期积累的庞大的社群用户资源是其保持持续竞争优势的关键资源。快手社群用户资源的稳定和持续增长，得益于其一直追求的清晰的用户定位和差异化的功能定位。

1. 清晰的用户定位

要在众多的微视频社交应用中脱颖而出，占据微视频市场的领导位置，

---

① 雷彬：《价值链视角下地质公园核心竞争力研究——于湖北黄冈大别山国家地质公园为例》，中国地质大学，2016 年。

就需要有明确的定位,在用户心智中形成明确的品牌特色。社群是快手进行用户精准定位的最关键要素,因为商业社群一旦建立,就可以形成产品稳定的用户群体,这样不仅可以依托社群产生品牌效应,还能发动社群自发生产内容,形成一个不断自我更新的生态系统。目前,国内主要的移动端视频应用平台主要有秒拍、抖音、小咖秀、微视、美拍等,这些应用平台多将用户定位为年轻人,其中美拍的用户定位为年轻女性,抖音的用户定位是年轻的音乐爱好者。快手的用户定位与其他移动短视频应用平台明显不同,快手社群的成员以广大的普通人群为主,他们多生活于二三线城市和农村地区,这些地区的人群也正是网络中的普通大多数,也是容易被忽略的大多数。他们都是生活中平凡的草根型小人物,一般没有太高的学历或者太高的社会地位,生活于社会基层,他们所展现出的也就是社会基层的生活面貌。快手用户群体广泛,达人用户多从草根发展而来,快手凭借清晰的定位和差异化的路线,实现了稳步扩张。

2. 差异化的功能定位

快手属于典型的专业化服务平台,它既不以媒体型平台见长,也不是以工具型取胜,而是以风格鲜明的互动社区留存用户。当前,媒体型平台的典型代表是秒拍,它主要依托新浪微博强大的社会意见集散地的优势,向用户传递新闻资讯;工具型平台的典型代表是美拍、小影,它们通过不断革新拍摄技术、修图技术和剪切技术,为用户提供更多简洁方便的视频编辑功能。与秒拍、美拍等移动端视频应用平台不同,快手的功能定位是服务型平台,其基础是社区的建设和运营。文化传播、情感交流和价值认同是社群维系的关键[①],是发挥社群经济功能的前提基础。快手的用户定位为二三线城市和农村地区的普通人,与美拍、秒拍等应用平台上光鲜亮丽的男神女神相同,这些草根群体也有着情感交流和获得价值认同的需要。为了满足社区用户的生活表现和情感表达的需求,为了迎合社区用户被关注和被认同的精神需要,快手将"用户平等"的价值观深植于社区文化氛围的营造当中。用户平等的价值观在快手"社群经济"的发展中起着非常重要的作用,快手不做转发,用户需要自己生产内容,快手鼓励用户分享自己真实的生活。

---

① 金韶、倪宁:《"社群经济"的传播特征和商业模式》,《现代传播》2016 年第 4 期,第 115 页。

（二）模式基础——先进的互联网科技与优质的视频内容

作为一家依托于互联网技术发展的企业，快手商业模式的成功，离不开长久累积的行业基础。文化企业的发展，既与传统企业一致——对科学技术的依赖，又具有行业属性的特殊性——对文化精神内容的凝结。显然，快手的运营者深谙文化企业经营之道，快手就是将先进的互联网技术与优质的视频内容进行了完美的结合，进而取得了成功。

1. 先进的互联网科技

清晰的用户定位，使得快手的互联网科技体现出鲜明的特征，即操作技术的简单化和信息推送的精准化。一方面，由于快手的社区用户主要以学历低、收入低的普通人群为主，因此，它摒弃了复杂的 App 操作技术，以降低用户的上手难度。打开快手软件，其 UI 设计上只有三大界面："关注""发现"和"同城"，既没有排行榜，也没有其他扰乱分散注意力的东西，软件的交互设计理念十分简洁。同时，操作方式也是"简单粗暴"、一步到位：只需点击右侧相机图标，就可以直接进入视频录制或者直播状态。另一方面，大数据下的产品逻辑比较简单，算法推荐既不干扰用户，也实现了用户的去标签化。快手通过人工智能系统的引入，借助算法推荐的技术来旁观社区用户在快手上的行为，并以此推算他们的兴趣点，进行精准的内容推荐。快手将自己的用户定位在普通人身上，其产品的功能定位是面向普通人的短视频生活分享服务平台，是普通人用来记录生活的社交应用，它的算法支持每一个人，没有人群和地域歧视地进行分享，也因此，社区用户的黏着度非常高，在保证社群组织稳定的基础上又不断吸引新用户的使用，进而带动"快手"的迅速发展。

2. 优质的视频内容

与传统互联网平台的"粉丝经济"模式不同，社群经济的核心原理在于发挥社区用户的传播和协作创造能力。在移动端视频的产业运作过程中，视频内容的生产者,又扮演着传播者和消费者的角色,"产销合一"^①的运作方式更加突出社群成员的产业核心地位。快手作为一个致力于提供生活视频分享功能的服务型平台,视频内容质量的高低直接关系到用户数量的多寡,同时,对视频内容的有效监管又是规避政策风险的重要举措。一方面,快手构建合理的内容生产系统,有意识地与其他移动短视频应用平台泛娱乐化的内容生产相区别,注重垂直化内容的生产,从而为用户提供丰富优质的视频内容。"内容为王"这一理念在微视频行业将再次得到印证,只有持续不断地为用户提供差异化、优质化的微视频内容,才能打动受众和市场,才能在未来的竞争中处于优势地位。当前,我国的移动短视频应用平台为最大可能地吸引多层次的受众群体,所提供的视频内容呈现出泛娱乐化的倾向,明星、男神女神、搞笑、音乐、美食、旅行、音乐、美妆等内容比比皆是。泛娱乐化的内容提供,尽管在一定程度上确实吸引了大量的用户,但是,宽泛的受众分布难以形成差异化的品牌定位,更难实现用户受众群体的稳定性增长。快手在视频内容的提供方面,有效避免陷入泛娱乐化的桎梏,而是致力于展现普通人的生活、生产状态,"记录世界,记录你"不仅是快手的 slogan,更是其垂直化视频内容的核心理念。它的视频内容多专注于普通人的生活,给普通人展示自己的舞台,通过对社群生活本真的展示,形成了快手内容的差异化优势。另一方面,快手加强内容把关与健全监督举报机制。由于快手的社群组织成员相对于其他视频平台的用户,受制于低收入、低学历的局限,社区成员所拍摄上传的视频,难免出现违反社会道德甚至违法的问题,这在很大程度上影响了视频内容的质量。同时,社群成员巨大的基数,也给视频内容审核带来了前所未有的挑战。面对这些问题和挑战,快手在技术和运营方面加大投入,既吸收学界精英组成专家委员会增强自我监管能力,又利用先进的技术手段净化平台的视频内容。在加强内容审核的同时,通过实名制的举措落实视频责任人,通过家长控制模式的推行保护未成年人的身心健康,通过广泛发动用户参与监督以健全监督举报机制。

---

① 〔美〕阿尔文·托夫勒、海蒂·托夫勒:《财富的革命》,吴文忠、刘微译,中信出版社 2006 年版,第 149—157 页。

（三）支撑体系——成熟的营销策略与多元化的盈利手段

由社区文化营造上升到商业模式,是快手实现整体价值提升和最大化的关键手段。事实上,这正是当前众多中国文化企业在发展过程中一直难以解决的问题——对受众需求的准确关注。快手商业模式的根基是社群的建设和维护,社群建设和维护的重点是社区文化氛围的营造。如何将独特的社区文化传递给更多的移动互联网用户,并且让受众接受,就成为快手企业经营过程中的难题和重点。一方面,需要成熟的营销策略进行精准传播;另一方面,也需要多元化的盈利手段提供资金保障。

1. 成熟的营销策略

移动短视频应用平台是一个打破时空局限性的互联互通的网络系统,它可以满足用户随时随地交流分享的需求,具有明显的聚合力和裂变性。在激烈竞争的市场中,迅速实现社群组织的壮大是社群经济的基础。因此,以社群经济为依托的快手,只有不断地开拓和丰富自身的营销策略,稳固既有社群成员,广泛吸引接纳新的成员,才能迅速抢占更为广阔的市场份额。快手在营销推广的过程中,既注重通过拓宽渠道提升传播的广度,也重视通过话题互动提升用户的参与度。一方面,快手积极对接现有的传播渠道,允许快手用户通过原有的社交账号登录微视频平台,如微信账号、QQ账号等,既有社交账号的登录方式,不仅简化了用户初次使用时的操作程序,而且降低了用户对新产品的陌生感,无形当中打通了社交网络的传播渠道。同时,快手借助热播的综艺节目,以冠名、广告植入等方式,拓宽产品的推广渠道,扩大产品的影响力,塑造品牌的形象。当前,快手合作的综艺节目中,既有传统电视平台上的《奔跑吧兄弟》《极限挑战》《向往的生活》《演员的诞生》《声临其境》等火爆荧屏的真人秀节目,也有活跃于各大互联网视频平台的《奇葩说》《明日之子》《吐槽大会》等现象级节目,这样通过与多种媒体平台的合作,拓展了产品营销的新型渠道。另一方面,快手以品牌社群营销的方式,通过关系营销、情感营销、体验营销和口碑营销等手段,不断深化产品、社群、用户之间的关系,提高用户参与度的同时,实现了用户与产品之间、用户与用户之间的实时互动,增强了营销的效果。快手在品牌社群营销的过程中,注重从重要节日中寻找互动话题,由于节日自带关注的属性,关于节日的话题很容易引起用户的广泛参与,比如 2018 年春节的短视频拜年红包活动就取得了很好的营销效果。此外,紧跟时代潮流,适时推出公众关注度高的社会热点话题讨论,也是快手重要的营销举措,如"'我的美好生活'"——十九大普通百姓的'我在'""快手带你见世面""快手正能量——记录每个人的中国梦""了不起的中国人——记录国人每个向上的瞬间""我是年轻——青年兴则国家兴,青年强则国家强"等活动的陆续开展,对于壮大社群组织和扩大品牌影响力,都有着重要的作用。

2. 拓展多元化的盈利手段,缩短变现链条

社群经济的兴起,改变了互联网平台传统流量变现的盈利方式,开始转向关系变现的盈利方式。盈利是移动互联网视频应用平台的生存之道,一方面平台要帮助专业内容生产者形成品牌,获取更多的流量和关注,以稳固平台的盈利基础;另一方面,平台也要不断拓展多元化的变现通道,使创业者的内容 IP 价值最大化,借社群经济的发展实现企业利润的提高。由于快手拥有巨大社群成员资源,因此,传统的流量变现一直是其主要的盈利方式。通过与各大移动互联网通信企业合作,借助于庞大的用户基数,快手在流量分成的问题上占据主动地位,这也是支撑快手运营的主要资金来源。随着社群组织的不断发展壮大,快手开始尝试由"流量变现"向"关系变现"的转变。快手的社群成员主要集中于三四线城市以及农村,这是一个被主流互联网公司看不上或者说晗不下,却充满红利的市场。快手依托在这些区域的市场优势,基于企业发展前期积累的主播资源和社区文化氛围切入直播市场,直播打赏分成成为新的盈利方式。此外,快手已经开始布局信息流广告业务的开展,以丰富自身的盈利手段,从而逐步构建起立体的企业盈利体系。

三、快手发展面临的挑战

快手经过八年的迅速发展,风行移动互联网领域,几成神话,但其未来的发展也面临着诸多的挑战。移动短视频应用平台之间激烈的竞争,对快手社群用户资源的维护和扩张提出了新的挑战；相对单一的盈利手段，使快手难免陷入过度消费社群用户资源的困境；后台技术优化难度的升级，越来越难以满足用户的需求；社群用户的固化属性，使得低俗化视频内容频繁逾越政策监管的底线。

（一）无序化竞争，社群用户被瓜分殆尽

各大移动短视频应用平台的迅速发展，使得微视频的制作和传播成为内容创业的新风口，导致大量的资本急速涌入，进而加剧了移动端视频行业的无序化竞争态势。用户是社群经济的基础，更是移动端视频应用平台运营的核心基石。资本涌入带来的无序化竞争，必然会引起各大应用平台对用户的疯狂抢夺。在一定时期内，用户资源的数量是固定的，一旦被瓜分到不同的社群当中，也就削弱了整体的力量，最终会动摇社群经济的根基。以快手为例，一方面，它要面对来自类似微视频应用的竞争，如秒拍、美拍、小咖秀、微视等移动短视频应用平台的竞争；另一方面，受制于自身运营模式的限制，快手充当的是传播渠道的角色，它必然要面对其他内容供应商的冲击，如拥有视频内容生产优势的今日头条、网易新闻客户端、腾讯视频、梨视频、风行网等。

（二）盈利手段过于单一，过度消费社群用户资源

社群是一个偏向于网状关系的个体之间相互交流的模式，用户从这个模式中需要得到利益和情感的满足。[①] 对于移动短视频应用平台而言，为了维持自身的运营，不得不反复地消费平台社区的用户资源。盈利手段的单一化，导致平台专注于将用户资源迅速变现，而忽略了社群用户情感的满足，这必将导致社群用户的流失。目前，快手就身处此困境之中，它的盈利手段主要是流量分成和直播打赏分成，信息流广告尚处于试验阶段。在直播功能上线以前，快手的盈利主要来自网络运营商的流量分成；直播功能上线后，快手的盈利重心转向了直播打赏的分成，社群用户成为其盈利的主要对象，诱使

---

① 王炫：《社群经济发展过程中的问题及对策》，《青年记者》2016年第15期，第20页。

用户购买虚拟礼物打赏平台主播的做法,只会引起社群用户的反感,造成用户资源的流失。同时,快手社群核心用户的消费能力相对较低,既有的盈利手段也难以实现跨越式的变现。盈利手段的单一化,不仅仅是限制快手发展的重要因素,也是所有移动短视频应用平台面临的难题。

(三)后台技术优化困难,无法满足社群用户的需求

庞大的社群用户资源在推动移动短视频应用平台迅速发展的同时,也为其提出了挑战。社群用户数量的庞大,使得移动短视频的后台推送难以准确直达,从而无法精准把握用户的观看需求。当前,快手的后台视频推送主要是基于大数据算法推荐的方式。快手的用户上传制作的视频内容后,后台首先根据上传用户的地理位置信息将视频内容放入同城界面,在此基础上根据后台统计的观看频率等数据,再决定是否对其进行热门置顶的设置,烦琐的计算程序使得视频被发现路径延长,导致很多内容失去了创作之初的生命力和竞争力。另一方面,快手对新注册用户的推荐,仅仅根据社群用户的地理位置信息进行推送,视频上传者与观看者地理位置的相近,并不意味着情感需求的相似,因此,基于地理位置信息的视频推送方式,难以与用户的需求相匹配。同时,庞大的社群用户资源带来的必然是海量的视频内容,对这些视频内容的审查也是快手后台技术面临的一大考验。

(四)社群用户的固化属性,导致视频内容上的低俗化问题严重

快手一直面临的问题就是社群用户的固化,三四线城市和农村用户占比达到80%,这类人群多是生活中平凡的草根型小人物,一般没有太高的学历或者太高的社会地位,受制于知识水平和审美能力的限制所拍摄上传的视频内容往往被贴上"低俗"的标签。很多社群的用户,受商业利益的驱使,为了短时间内取得高点击量和高关注度,而传播一些哗众取宠的谣言,甚至一些涉黄、血腥、暴力等低俗恶俗内容的视频在平台上屡见不鲜,屡禁不止。同时,受制于社群自身文化水平的制约,很多用户难以甄别所观看到的视频内

容的真假、优劣,使得低俗恶俗的视频内容被迅速地模仿、繁殖和传播。这些低俗恶俗的视频内容,不仅影响了移动短视频应用平台的品牌形象,而且会导致其面临政府处罚的风险。2016 年 4 月,全国扫黄打非办公室就通报了一批移动短视频应用平台的涉黄案件,包括秒拍、小咖秀、映客、花椒等在内的视频平台因涉嫌传播淫秽色情信息被严厉查处。因此,社群用户的固化属性,尽管降低了移动短视频应用平台的准入门槛,但是,也使得视频内容低俗化的问题难以克服。

四、以快手为代表的移动短视频应用平台的发展趋势

从一定意义上来看,快手的企业发展历程恰恰是我国整个移动短视频应用平台领域发展的缩影。因此,快手在市场竞争、盈利手段、后台技术、视频内容等方面面临的挑战,也是其他移动短视频应用平台亟须应对的问题。针对这些问题和挑战,我国各移动短视频应用平台应该在平台定位、视频制播推送、垂直化生产、品牌营销和盈利手段等方面进行探索,以逐步完善自身的商业模式,推动整个行业的健康发展。

(一)平台定位差异化,精准定位社群用户

在社群经济运行的过程中,用户全程参与了视频内容的生产、传播、营销和消费,他们需求的个性化和精细化要求在此过程中被提高,并且逐渐形成社群用户的分野态势。因此,移动短视频应用平台要想在激烈的市场竞争中占据一席之地,差异化的平台定位必然在其中起着关键的作用。对于移动短视频应用平台而言,差异化的平台定位的目标是实现社群用户的精准捕捉,途径是应用平台差异化功能的提供。当前,移动短视频应用平台的用户定位主要呈现为两个主要的群体:以快手为代表的普通用户定位和以抖音为代表的网红、明星定位。用户定位的精准化取决于平台功能的差异化。因此,在未来的发展过程中,移动端视频应用平台应该不断探索服务功能的创新和优化,通过向用户提供差异化的功能服务,满足特定社群用户群体的需求,以达

到细化用户群体和增强平台用户黏性的目的,进而使平台的发展更为专业化。

(二)制播推送智能化,准确把握社群用户需求

移动短视频应用平台的发展,是以科学技术的进步为支撑的。从短视频的制作编辑到移动端的推送,都要依托于大数据和算法推送的智能化,才能实现对社群用户需求的准确把握。由于移动短视频应用平台的用户绝大多数缺乏专业的视频制作编辑知识,使得上传到云端的短视频普遍存在制作水平粗糙的问题。因此,需要加强智能化技术的融合和转化力度,进而引导和帮助用户更为专业、精细地进行视频的采集、编辑和直播。特别是在视频的剪辑环节,可以借助智能化的技术实现自动化、智能化的视频包装,以提高视频的质量,满足社群用户的审美需要。此外,依托用户大数据的积累和机器算法,在视频上传者和观看者之间建立一条协调的数据链条,不仅可以快速地帮助用户找到他们感兴趣的短视频内容,而且可以帮助视频上传者准确找到喜欢他们内容的用户,以缩短云端短视频的传播路径,即时准确地契合社群用户的需求。

(三)内容生产垂直化,提升社群用户的忠诚度

移动端视频应用平台用户忠诚度的高低,归根结底取决于视频内容质量的高低。因此,对于丰富、优质视频内容的生产和传播,就关系到移动短视频应用平台市场竞争力的提升。由于移动短视频不同于传统媒体的"一对多"传播模式,它采取"一对一"的方式直接融入用户的生活,用户对有用性的需求更强,对所感兴趣内容的深度要求也更高。因此,过去泛娱乐化的视频内容过于繁杂,难以精细化、专业化,最终容易造成用户流失的局面。所以,深度聚焦并且满足特定群体需求的垂直视频内容的生产和传播,是未来移动短视频应用平台发展的重要趋势。短视频内容的垂直化生产,通过精耕细作特定领域甚至专属领域,不仅可以让视频内容更有深度,而且开拓了视频内容生产的空间,有助于差异化竞争的实现,进而提升平台的黏性和用户的忠诚度。此外,移动短视频应用平台还需要在技术和运营方面加大投入,通过加

强内容把关与健全监督举报机制,来增强自我监管能力,净化平台的视频内容。

(四)产品营销品牌化,扩大社群的影响力

移动短视频作为一种全新的互联网内容生产和传播方式,深受社群用户喜爱的同时,资本市场的涌入也加剧了各应用平台之间的竞争。要想在激烈的市场竞争中突围,就要注重产品的品牌化营销,以扩大社群的影响力,加固社群经济运行的根基。对于移动短视频应用平台而言,一方面要发挥手机媒体的属性优势,鼓励用户的参与,通过平台与用户的协同创意过程,以高效的互动方式逐步实现品牌的构建。移动短视频应用平台应该树立用户在社群品牌建设中的主体性地位,通过设置话题、举办活动等方式,加强与用户的互动,激发用户的创新潜力,借此提升平台的知名度和用户黏度。在此基础之上,通过用户的分享传播,借助互联网的社交属性进一步优化品牌战略。另一方面,重视与其他媒体的合作,通过冠名、广告植入等方式,借助于热播的影视剧、综艺节目,提升知名度;通过与其他手机应用平台的合作,丰富品牌的营销体系,提升品牌的传播力度。

(五)盈利手段多样化,提高社群服务的质量

持续盈利,是支撑移动短视频应用平台发展的不竭动力,是不断提高和优化社群服务质量的财力基础。当前,短视频用户数量的激增,并未带来应用平台盈利模式的多样化,反而使得很多平台停留在"吃老本"的初级阶段,严重影响了平台的进一步发展。对于移动短视频应用平台而言,只有不断地增强自身的造血功能,丰富平台的盈利模式,才是未来发展的重要方向。庞大的用户基数和用户数据,是移动短视频应用平台独有的优势资源。利用和借助这一优势资源,平台一方面可以内部深挖盈利空间,通过用户订阅打赏付费观看、提供增值服务收费、会员服务收费等方式,逐步摆脱单一盈利模式的局限,丰富平台的盈利体系;另一方面,平台要善于借助和利用外部力量,通过广告商付费、流量导入电商等方式,开拓平台外部的盈利空间。总之,移

动短视频应用平台,应该尝试探索多种方式将短视频的高点击量与互动量转化为商业价值,建立纵横一体的盈利体系。

中国海洋大学管理学院　王元伦

第十二章　美盛文化:传统动漫制造企业向 IP 生态圈的转型

● 　美盛文化是以代工起家的动漫衍生品制造公司,主要从事动漫服饰产品的生产和销售。自 2013 年起,美盛文化开始了对转型升级的探索,将单一的动漫衍生品代工业务拓展至动漫制作、发行、推广等各个环节,同时布局互联网时代炙手可热的游戏、影视、二次元、自媒体、电商等多个领域,逐步实现从动漫制造商到以 IP 为核心的文化生态企业的转变,成为传统制造企业转型升级的典范。在这个过程中,美盛文化与奥飞动漫(现已成为综合性娱乐企业)的转型之路既有相似之处,也有一定差异,其中的某些发展战略和具体举措值得我们进一步研究和借鉴。

● 　美盛文化围绕核心 IP 开发相关衍生品,并进行线上线下一体化销售,实现 IP 的再次升值。可以看出,美盛文化的整个运作过程都是围绕核心内容 IP 展开的,并逐渐构建起"自有 IP＋内容制作(动漫、游戏、电影、儿童剧)＋内容发行和运营＋新媒体运营＋衍生品开发设计＋线上线下零售渠道"的文化生态圈。

一、美盛文化的发展概况

2002 年 6 月,新昌美盛饰品有限公司成立,并于 2010 年 3 月变更为美盛文化创意股份有限公司。总部设在浙江杭州,子公司共有 30 余家,分布在欧洲、美国、香港、北京、上海等地。美盛文化是目前我国规模最大的动漫衍生品研发生产企业,年产各类动漫服饰及衍生品达 2000 万套。自 2012 年上市以来,美盛文化在原有动漫衍生品的基础上,不断完善产业链,围绕 IP 重点开拓产业上下游的设计、创造、发行、营销等业务,横跨动漫、游戏、文学、影视、周边产品等各个领域,从单一的动漫服饰制造商成功转变为集研发、设计、生产、销售于一体的生态型动漫企业,现已完成对"自有 IP+内容制作+内容发行和运营+新媒体运营+衍生品开发设计+线上线下零售渠道"的文化生态圈的构建。2017 年度,美盛文化实现营业收入 9.12 亿元,比 2016 年增加44.07%,IP 衍生品收入 3.56 亿元,占总营业收入的 38.96%,动漫、游戏等业务收入 1.47 亿元,占总营业收入的 16.13%。[①] 这充分显示了美盛文化的 IP变现能力,而这部分收益又可反哺美盛文化的原创内容。

(一)发展历程

综观美盛文化的发展历程,大致可分为三个阶段(表 12-1)。

在发展的第一阶段,美盛文化是一个典型的制造企业,自 2002 年成立之初就将承接圣诞礼品的零散订单作为核心业务,后来逐渐涉足高档纺织类礼品行业,主要为动漫服饰和衍生品的生产销售,产品包括迪士尼形象动漫服饰、电影形象动漫服饰、西方节日饰品及装饰头巾等。这时期,美盛文化服务的客户大多分布于版权保护相对完善的欧美市场,主要客户包括英国的Christy,美国的 Disguise、Mega Toys 等。在 2010 年前后,美盛文化将市场开拓的重点逐渐转移到了国内市场,力图推进客户结构的均衡化。

2012 年 9 月,美盛文化在深圳证券交易所挂牌上市,其所售衍生品的海外销售状况十分可观。按照当时的发展情况,美盛文化完全可以凭借衍生品销售保持稳定的收益增长,但它却开始了对如何实现转型升级的探索,由此进入发展的第二阶段,即以衍生品制造为依托,开始向动漫产业的上下游拓展,积极布局动漫内容的获取、制作和播放,以及周边产品的自主研发、设计、生产和销售。2013 年 5 月,美盛文化成立杭州美盛动漫有限公司,从衍生品的制作与销售向动漫产业上游的内容创作延伸。2013 年 12 月,美盛文化搭

---

① 《美盛文化个股数据》,东方财富网,http://data.eastmoney.com/stockdata/002699.html。

建垂直电子商务平台"悠窝窝"，对文化电商模式展开探索，自主掌握动漫衍生品的线上销售渠道。2014 年 11 月成立杰克仕美盛贸易（上海）有限公司，构建授权产品的推广营销平台。2014 年 12 月控股天津酷米网络科技有限责任公司，布局动画播放平台。2015 年 7 月联合上海瑛麒动漫科技有限公司，建立漫画分发平台。同时，美盛文化还通过并购实现了向动漫产业上下游的持续拓展。例如 2013 年 7 月，美盛文化收购浙江缔顺科技有限公司（于 2015 年 4 月更名为杭州美盛游戏技术开发有限公司），布局与动漫产业息息相关的游戏领域。2013 年 10 月，美盛文化开始向欧洲市场渗透，其子公司香港美盛与荷兰公司 S. B. Sevenum B. V.（荷兰知名的渠道商和销售商，也是美盛文化下游渠道。主要经营嘉年华和节庆礼物物品、服饰、配件及动漫服饰的设计、采购和销售，其客户为荷兰等欧洲国家的节庆活动商店、主题商店、网络销售及零售商等）签订收购协议，布局荷兰地区的衍生品产业，以此控制产业下游，充分掌握境外的线上线下销售渠道。

在发展的第三阶段，美盛文化决定涉足更广泛的娱乐行业，围绕核心 IP 搭建文化生态圈。2015 年 11 月，美盛文化成立杭州美盛爱彼文化发展有限公司，专注 IP 文化生态圈项目建设。2015 年 12 月，美盛文化联合自媒体头部公司 WeMedia，开始涉足自媒体行业。同年，美盛文化成立杭州美盛二次元文化发展有限公司，以 COSPLAY 为核心营造健康的二次元文化，并于 2016 年并购广州漫联贸易有限公司，进一步打造 COSPLAY 文化品牌和二次元生态。美盛文化还将业务拓展至 AR/VR 领域，并于 2016 年 3 月投资广东超级队长教育咨询有限公司，布局 VR 落地应用领域。2016 年 5 月，美盛文化并购"童年智造"和"白熊阅读"，分别布局儿童手工衍生品领域，以及二次元文学创作与阅读产业。2016 年至 2017 年，美盛文化相继出品《超星星学园》、《星座啪啪啪》、《妖神记》动漫大电影等影视作品，正式进军影视产业。与此同时，美盛文化还在持续搭建文化生态圈的各个平台。例如 2016 年 1 月并购杭州业盛实业有限公司旗下品牌"1001 夜童装"，布局衍生品线上线下销售运营平台。2016 年 12 月收购深圳市同道大叔文化传播有限公司，打造星座类 IP 运营平台，完善公司 IP 文化生态圈建设。

表 12-1　美盛文化发展过程的关键事件节点一览表①

阶段	时　间	事　件
第一阶段	2002 年 6 月	新昌美盛饰品有限公司创立,主营业务为西方节日饰品的生产销售。
	2010 年 3 月	新昌美盛饰品有限公司变更为美盛文化创意股份有限公司。
	2012 年 9 月	美盛文化在深圳证券交易所挂牌上市(证券代码 002699)。
第二阶段	2013 年 5 月	成立杭州美盛动漫有限公司,将业务向动漫产业上游内容创作延伸。
	2013 年 7 月	收购缔顺科技有限公司(后更名为美盛游戏),布局游戏领域。
	2013 年 8 月	成立香港分公司——香港美盛文化有限公司。
	2013 年 10 月	香港美盛与荷兰公司 S. B. Sevenum B. V. 签订收购协议,布局荷兰地区的衍生品市场,开始向欧洲市场渗透。
	2013 年 12 月	搭建垂直电子商务平台——悠窝窝,对文化电商模式展开探索。
	2014 年 11 月	杰克仕美盛贸易(上海)有限公司成立,构建 JAKKS 授权产品推广营销平台。
	2014 年 12 月	控股天津酷米网络科技有限责任公司,布局动画播放平台。
	2015 年 7 月	联合上海瑛麒动漫科技有限公司,建立漫画分发平台。
第三阶段	2015 年 11 月	成立美盛爱彼文化发展有限公司,专注 IP 文化生态圈建设。成立美盛二次元文化发展有限公司,以 COSPLAY 为核心打造二次元生态。
	2015 年 12 月	与广州创幻数码科技有限公司合作,拓展 AR/VR 领域。同时,联合自媒体头部公司 WeMedia,搭建从内容生产到 C 端消费的桥梁。
	2016 年 5 月	上海瑾馨商贸有限公司(旗下品牌:童年智造)、上海豆萌科技有限公司(旗下品牌:白熊阅读)先后加盟,分别布局儿童手工衍生品领域、二次元文学创作与阅读平台。
	2016 年 12 月	收购深圳市同道大叔文化传播有限公司,打造星座超级 IP。
	2017 年 3 月	入股杰克仕太平洋公司,进一步拓展海外市场。收购杭州真趣网络科技有限公司,完善文化生态圈的内容运营和发行环节。
	2017 年 8 月	美盛动漫与横店影视、若鸿文化正式签署合作协议,合力开发超人气 IP《妖神记》动漫大电影。

---

①　根据美盛文化官网(http://www.chinarising.com.cn)信息分析整理。

(二)业务板块

随着产业融合与技术创新的推进,美盛文化自上市起不断拓展自己的业务布局,目前已经形成动漫、游戏、二次元、衍生品、影视、自媒体这六个主要的业务板块(图 12-1),并于近几年取得快速发展。

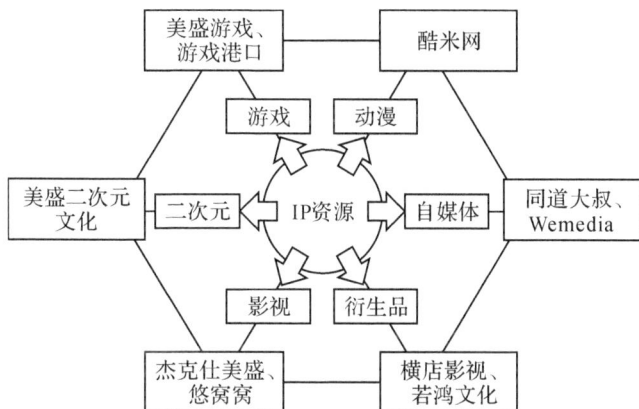

图 12-1　美盛文化业务板块

服饰和衍生品制造是美盛文化最初的经营业务。凭借多年的摸爬滚打,美盛文化在该领域内已经建立起领先的技术优势和客户资源,并具备一定的议价能力和行业地位。在此基础上,美盛文化可以通过对自主研发和自有 IP 的探索,大力发展具备自主知识产权和高附加值衍生品的开发业务,搭建海内外线上线下销售平台,落实自主创新的发展战略,并实现对衍生品产业链上下游的全面布局。

动漫和游戏是当前美盛文化运营的核心业务板块。就动漫而言,美盛文化以内容生产为价值核心,创作了包括《星学院》《坦坦小动员》《爵士兔之奇幻之旅》在内的优秀国产动画作品。同时于 2014 年控股酷米网,于 2015 年投资上海瑛麒动漫科技有限公司并支持其打造漫本 App,凭借这两个举动,美盛文化完成了对动画播放平台和漫画分发平台的布局。就游戏而言,美盛文化创作了《梦回三国》《纸牌三国》等不同类型的游戏作品,公司旗下也有综合性的运营推广游戏平台"美盛游戏"以及游戏资讯平台"游戏港口",同时美盛文化还通过对真趣网络的投资,不断完善游戏的发行和运营环节。

在二次元板块中,美盛文化主要依靠一系列的投资并购,涉足同人、展会、COSPLAY 等领域,并与国漫、bilibili、Acfun、304 社团等业内知名平台建立了良好的合作关系。在自媒体板块中,美盛文化通过收购同道大叔,以及投资主营纸媒体运营和经纪的 WeMedia 新媒体集团,获得了国内颇具影响力的星座 IP,并力图孵化出更大的内容 IP,以此打造自己的开放型价值网络,充分发挥互联网环境下粉丝经济产生的巨大效益。在影视板块中,美盛文化及时把握潮流趋势,联合腾讯视频、鼓山影视、天娱传媒等公司,投资出品《超能星学院》《星座啪啪啪》等网络剧,上线后多次位居微博电视剧话题榜单第一名,企业还于 2017 年尝试制作动漫大电影《妖神记》,实现对同一内容 IP 多渠道的价值变现。

(三)企业业绩

近几年来,美盛文化通过资源整合,初步形成了一体化的全产业链格局,现已布局动漫原创、游戏制作、网络平台、国内外终端销售、儿童剧演艺等多个环节,并取得了良好的市场及社会效益。

从具体数据分析来看,自从迈上转型升级的道路以来,美盛文化传统业务营业收入占总营业收入的比例由 2013 年的 98.4% 降到了 2016 年的 64.2%[①]。由图 12-2 可知,自 2013 年至 2017 年,美盛文化的营业收入和营业利润总体呈上升趋势。企业 2017 年度的营业收入总计 9.12 亿元,营业利润达 2.23 亿元,较 2013 年分别上升了约 295% 和 346%,可见美盛文化在转型升级过程中取得了十分显著的经济效益。

---

① 雷浩:《"互联网+"环境下文创企业商业模式创新研究》,南京财经大学硕士学位论文,2017 年。

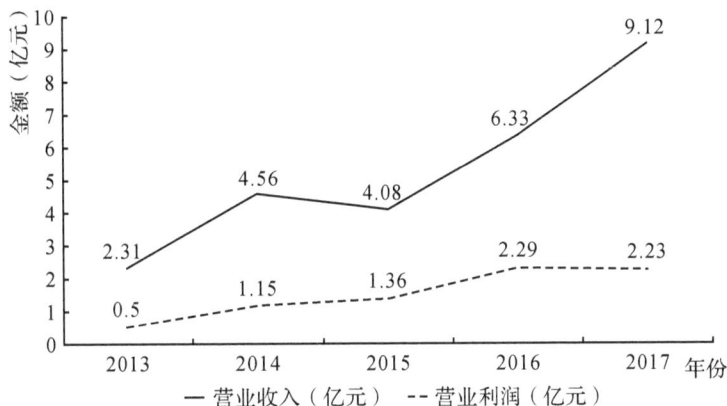

图 12-2　2013—2017 年美盛文化收入状况①

　　2011 年，浙江省商务厅、浙江省文化厅、浙江省广播电影电视局和浙江省新闻出版局《关于认定 2011—2012 年度浙江省文化出口重点企业的通知》，将美盛文化认定为 2011—2012 年度"浙江省文化出口重点企业"，与此同时，美盛文化也先后被评为国家文化出口重点企业和浙江省示范文化企业，而企业的动漫基地也被评为国家文化出口重点项目②。这些荣誉有利于美盛文化在社会上打造良好的信誉和口碑，能为其带来一定的社会效益。美盛文化在经营期内获得的主要成就如表 12-2 所示。

表 12-2　美盛文化获得的主要成就③

时　　间	事　　件
2012 年 10 月	获"2011—2012 年度国家文化出口重点项目"称号。
2012 年 10 月	获"2011—2012 年度国家文化出口重点企业"称号。
2015 年 8 月	首个原创长效 IP《星学院》在北京卡酷少儿频道播出，收视率多次排名第一。
2016 年 6 月	获"2015—2016 年度国家级文化出口重点企业"称号。

---

　　①　深度 F9：《美盛文化（002699）》，东方财富网，http：// f9. eastmoney. com/sz002699. html＃hypm。

　　②　文琪：《美盛文化：国内领先的动漫服饰企业》，《股市动态分析》2012 年第 36 期，第 84 页。

　　③　根据网络公开信息整理。

续　表

时　间	事　件
2016 年 6 月	作为《魔兽》电影官方玩具产品的中国地区总代理、中国唯一的正版玩具供应商,美盛文化在全国各大影院、电商平台、百货商场等渠道上线了近百款独家魔兽玩具产品。
2016 年 6 月	获"2015—2016 年度国家文化出口重点项目"称号。
2016 年 8 月	原创长效 IP《星学院》系列第二季《星学院 Ⅱ 之月灵手环》在优酷土豆首播,是唯一一部进入优酷少儿动画榜前十的少女向动画。
2017 年 4 月	美盛动漫出品的《鞋子也疯狂》以及参与制作的《聪明的甲金》获 2017 年中国国际动漫节"金猴奖"提名奖。
2017 年 5 月	美盛动漫合作 IP《妖神记》动画网剧在优酷、爱奇艺、腾讯视频、bilibili 四大平台同步上线,全网累计播放量超 6 亿。
2017 年 7 月	美盛二次元先后获《全职高手》《少年锦衣卫》正版 COS 周边授权,首次与国漫 IP 进行版权合作。
2017 年 8 月	获"2016—2017 年度浙江省重点文化企业"称号。

（四）发展模式

原创内容 IP 是美盛文化商业模式的价值核心。首先,美盛文化以自身培育及获取的优质 IP 为基础,将业务板块延伸至动漫、游戏、电影,以及儿童剧的开发与制作等泛娱乐产业,使内容 IP 得到首次升值。其次,美盛文化借助自身搭建的平台生态完成对内容 IP 的发行与运营,并构建自己的社群,如通过酷米网构建的动漫视听文化社群,通过梦工坊构建的儿童剧文化社群,以此积累稳固的用户基础[①]。最后,美盛文化围绕核心 IP 开发相关衍生品,并进行线上线下一体化销售,实现 IP 的再次升值。可以看出,美盛文化的整个运作过程都是围绕核心内容 IP 展开的,并逐渐构建起"自有 IP＋内容制作(动漫、游戏、电影、儿童剧)＋内容发行和运营＋新媒体运营＋衍生品开发设计＋线上线下零售渠道"的文化生态圈。

---

① 雷浩:《"互联网＋"环境下文创企业商业模式创新研究》,南京财经大学硕士学位论文,2017 年。

二、美盛文化的制胜之道

在传统产品热销时,无论美盛文化还是奥飞动漫,都已开始对转型升级的思考和探索。从企业的发展历程入手展开分析不难发现,美盛文化等传统动漫制造企业的转型升级,不只是对企业自身的突破,还是对产业价值链的创新与重构。

(一)以制造为引领:把握时机,稳固根基

从美盛文化对国内外动漫制造产业的布局可以看出其对进入市场时机的敏锐眼光和把握能力。动漫服饰和衍生品很早便进入了欧美人的日常生活,据统计,2011 年万圣节期间,有将近 43.9%[①]的美国人穿着万圣节服装庆祝节日,参与狂欢。不同于普通的服装和实物产品,动漫服饰和衍生品并不适用于标准化、大规模的生产方式,相反,以小批量、多品种的生产模式满足顾客的差异化需求才是这类产品主要的竞争优势,而动漫形象的知名度在其中就显得至关重要。因此,美盛文化首先将发展目光投向欧洲和美洲的动漫市场,并积极与世界级 IP 展开合作,以获得在当时国内所不具有的世界级 IP 影响力以及更大的客户和消费者群体。

另一方面,放眼十几年前的国内市场,消费者对动漫服饰和衍生品的需求刚刚出现,专门从事动漫制造的生产型企业数量稀少,而在美盛文化的董事长赵小强看来,伴随人们生活习惯的变更和文化消费的日趋普遍,我国动漫衍生品产业在未来一段时期内的市场容量将十分可观。因此,他及时抓住动漫产业的发展机遇,在国家政策的大力支持下,迅速在国内投入生产,使美盛文化成为我国首批涉足动漫服饰和衍生品制造的企业之一。

同时,为了使产品设计更贴近受众需求,美盛文化在上海成立产品设计中心,不断引进上海、香港等地的资深设计人才,并定期组织培训和学习活

---

① 景蒋蒋:《从小作坊到国家级龙头企业的华丽蜕变》,《黑龙江经济报》,2016 年 3 月 22 日。

动,以提高设计人员的专业素质,促进其在产品设计上推陈出新,使产品样式、面料种类、颜色选择、配饰搭配等都能更加合乎客户和消费者的需求。可见,美盛文化正是通过高品质的产品和快速的生产与更新能力,与诸多客户建立起相对稳定的合作关系,并在服饰与衍生品领域取得了领先的市场地位,为企业未来业务模块的扩大和持续稳定的发展奠定了坚实基础。

准确的时机把握、敏锐的战略眼光、秉持打牢产业根基的发展理念是成功动漫企业家的普遍特征。就如 1992 年,蔡东青在香港偶然看到从日本传入的玩具四驱车后,便敏锐地感知到四驱车在中国内地将有广阔的发展空间,于是很快付诸行动,于次年成立奥迪玩具(奥飞动漫的前身),着手生产四驱车,并以举办四驱车大赛的形式提升四驱车的销量和品牌知名度。同时,奥飞动漫也看到了世界知名 IP 在产业市场中的影响力,因此积极与美国迪士尼、日本 TOMY、任天堂、万代等进行版权合作,围绕全球知名的动漫形象开发家喻户晓的动漫玩具产品,并取得了显著的销售业绩。

(二)生态布局

美盛文化能够从我国动漫市场中得以突围,并从一个代工企业转变为价值链上游的生态型企业,关键就在于明确并落实了打造以原创 IP 为价值核心,以文化平台为依托的文化生态圈的发展战略,即围绕自己的核心 IP,以动漫衍生品制造与销售为引领,带动动漫、游戏、影视、儿童剧等业务共同发展,打造"自有 IP+内容制作+内容发行和运营+新媒体运营+衍生品开发设计+线上线下零售渠道"的文化生态圈。2016 年,美盛文化收购同道大叔后,围绕同道大叔个人 IP 打造了星座超级 IP,然后依托自身的泛娱乐平台优势,在影视、实业、衍生品等诸多领域进行星座 IP 的全面推广,例如制作网剧《星座啪啪啪》和《超星星学园》,建设 12 星座咖啡厅,生产和出售同道文化衍生品,并掌握着线上与线下的销售渠道,以此推动同道大叔实现品牌化转变与内容变现,这就是美盛文化生态圈布局的很好例证。

1. 内容布局:围绕核心 IP 拓展泛娱乐业务

其一,将自己拥有的众多内容 IP 作为发展的核心价值。文化产业是以满足人们精神文化需求为主要目标的产业类型,而内容则是文化产业发展的核心和根基，是影响其发展广度和深度的主要因素。IP 是内容的具体表现形式，其来源主要包括文学、动漫、游戏、影视等原创性资源，通常具有独特的指向性和较高的识别度，易于被喜爱的人群所接受。一个拥有优秀内容 IP 的动漫制造企业，一方面有机会打破以单一的实物销售为主的盈利模式，将收入来源拓宽为 IP 播放和开发的授权收益以及基于 IP 进行衍生品开发和销售的收益；另一方面，还可以充分发挥内容在文化传播领域中的重要作用，通过内容的制作和传播打造品牌、集聚粉丝并形成凝聚力，有利于动漫制造企业在互联网时代培育品牌社群的竞争优势。

美盛文化对内容 IP 的积累和开发策略，主要包括两条路径：一种是专注于开发优质原创内容，以此提升原创 IP 的丰富度。美盛文化在动漫和游戏领域创造并培育了大量原创 IP，如《莫麟传奇》《爵士兔》《坦坦小动员》《星学院Ⅰ》《星学院Ⅱ》等优秀的原创动漫 IP，以及《小小勇者村》《纸牌三国》《陆战风云》《行星远征》等优秀的网页游戏和手机游戏 IP。另一种是不断加强对市场中已有优质 IP 的捕捉能力，通过购买版权的方式积累更多的 IP 资源。美盛文化与迪士尼、漫威、任天堂等全球知名影视和游戏公司达成合作协议，获得了一部分顶级内容 IP 的开发授权，开发出包括"星球大战""冰雪奇缘""魔兽""超级马里奥""漫威英雄"在内的众多家喻户晓的动漫衍生产品。同时，美盛文化还将发展目光聚焦于国内，通过与阅文集团、企鹅影视等国内知名文化企业的版权合作，获得《全职高手》《魔道祖师》《帝王攻略》等众多顶级国漫内容 IP 的正版周边开发授权。

奥飞动漫同样是一家与动漫行业关联度较大并成功从玩具制造企业获得转型的动漫企业，它与美盛文化有着相似的内容 IP 开发路径。一方面，为了摆脱产品仿冒和同质化竞争严重的发展瓶颈，奥飞动漫致力于自主研发自己的原创动漫，培育了《巴啦啦小魔仙》《盔甲勇士》等超人气内容 IP，并通过动画片的播映提升品牌的知名度和影响力；另一方面，奥飞动漫以收购和引进的方式与任天堂、TOMY 等知名企业联手，获得了《喜羊羊与灰太狼》《贝肯熊》等国内外众多优秀内容 IP 的开发授权。可见，传统动漫制造企业的转型升级，离不开对动漫形象品牌自主知识产权的尊重，如果只是走批量化生产道路，渴望以量取胜，而不重视 IP 的孵化积累和对正版化道路的探索，则难以形成后续发展的动力。

其二,以动漫为引领,走上了泛娱乐化新征途。有了核心的内容 IP 资源便可以实现产业链的延长,将同一有效创意延伸至出版、影视、游戏、旅游、消费品等传统产业或新兴领域,形成泛娱乐化的业务布局,从而获取更大规模的盈利。无论 IP 转化依照怎样的顺序进行,最终都应形成以内容为核心的文化生态闭环。美盛文化打通了从实物制造到动漫的产业链,继而进行全产业布局,涉足领域涵盖玩具、婴童、游戏、授权、媒体、电影等的多元产业格局,形成各产业相互协同的泛娱乐生态圈。以生产玩具起家的奥飞动漫也不断在文化产业领域内开疆拓土,进军内容创作、媒体经营、手机游戏、玩具营销、婴童业务、主题公园(奥飞欢乐王国)六大领域,通过整合内容资源实现多领域的跨界经营,并进一步带动相关衍生品的销售。

2. 平台部署:掌握产品发行和营销渠道

平台是内容的展示场所,是积聚粉丝群体的空间,也是实现内容及衍生品变现的通道。掌握产品的发行和营销渠道有利于企业建立完整的管理体系,并获得成本控制的竞争优势。美盛文化正确把握了发行和营销渠道在文化产业发展中的重要地位,目前已经部署了丰富的平台资源,为各条产业链打造了立体化的出口路径。

具体来说,一方面美盛文化拥有完整的内容发行和衍生品销售平台。例如,通过设立垂直电子商务平台"悠窝窝",培育"文化＋垂直电商"的线上衍生品销售模式;通过收购酷米网,搭建动漫视听节目的播出平台以及互联网动漫娱乐的服务平台;通过投资瑛麒动漫,建立漫画分发平台;通过成立美盛游戏子公司搭建美盛游戏平台和"游戏港口"等游戏类门户网站,为自身的优秀游戏作品提供稳定的运营平台;通过星梦工坊搭建演艺平台,展示由核心 IP 改编而成的舞台剧。另一方面,美盛文化致力于打造新媒体信息传播和运营平台。较之传统媒体,新媒体具有信息发布实时、个性化突出、受众选择性多、表现形式丰富等优势,呈现出全息化、交互性、数字化、网络化的特点。美盛文化牢牢把握了新媒体在传媒产业中引起的革命浪潮,积极布局新媒体产业。其一,精准切入 AR、VR 领域,与国内领先的 AR、VR 内容制造和发行商创幻科技以及 VR 线下体验互动平台超级队长展开合作,进行虚拟现实领域的前瞻性产业布局;其二,美盛文化将发展目光着眼于当前十分火热的直播产业,投资触手 TV,目前其已成为国内最大的手游直播平台;其三,美盛文化还积极投资当前中国最大的自媒体联盟——WeMedia新媒体集团成立的WeMedia自媒体联盟,签约各行业精英自媒体近500人,覆盖逾5000万用户;其四,美盛文化还投资国内星座文化标杆"同道大叔",以"同道大叔"个人IP为载体,借助媒体运营和IP内容开发等形式构建泛娱乐消费平台。如此一来,便形成了一个多层级、多维度的新媒体信息传播与运营矩阵。

奥飞动漫在转型过程中也逐渐建立起完整的产品分发和营销平台。2011年,通过收购广东嘉佳卡通影视有限公司60%的股权,获得其30年的经营权,以此掌握动画内容的播出渠道;2012年,通过参股北京万象娱通网络有限公司,获得"爱看动漫"软件经营权,以此掌握动画内容在移动端的播放渠道;2015年,通过收购国内最大的动漫平台有妖气,完善自己在ACG产业内的平台布局。

总的来说,丰富的平台资源是传统动漫制造企业转型升级的强大推动力,有利于企业充分发挥全产业链布局的综合优势,实现产业上下游资源的整合;有利于其内容创作团队更加专注于内容创作,而不必担心发行、播放、营销、授权、衍生品开发等自己不擅长的业务;能吸纳更多内容产品进入平台完成产业化运作,并在自由竞争的环境中实现优胜劣汰;同时也能为消费者提供更加多元的泛娱乐体验。

3. 产业结构:通过投资和并购实现全产业链经营

全产业链经营是文化产业中最具代表性的商业模式。著名的"微笑曲线"理论指出,在产业链中,附加值更多地体现在曲线的两端,即设计和销售环节,而处在中间部分的制造环节所产生的附加值相对较低。以代工为核心业务的美盛文化是低附加值企业,为了克服这种低附加值的压力,企业只能思考如何向产业发展趋势中高附加值的区块移动以获得长远发展,而美盛文化在这个过程中找到了很好的移动路径,即以投资和并购的方式完成业务拓展和产业布局,打通不同领域间的发展壁垒,逐步实现全产业链经营。投资和并购意味着多重业务的展开,这一方面有利于企业突破单一的制造工作,拓展更加丰富的经营业务;另一方面能够充分借助专业机构在其工作领域内的丰富经验和影响力,弥补企业自身的知识匮乏和经验不足,适当降低企业拓展新业务和新领域的风险,具有发展成本低、成长时间快的特点。

截至成稿时,美盛文化已经投资收购了30余家公司,将业务拓展至动漫、游戏、影视、二次元、自媒体等多个领域，同时在纵向上打通了制作、发行、营销推广、衍生品销售等各个环节，其在国内外的具体投资情况如表 12-3 所示。

表 12-3　美盛文化投资情况①

名　称	主营业务	持股比例
美源饰品	动漫服装、衍生品的开发和设计。	100%
美盛动漫	动漫和游戏的设计与开发。	100%
香港美盛	从事与母公司产品相关的投资。	100%
杰克仕贸易	从事 Jakks Pacific（H. K.）Limited 指定产品的销售。	香港美盛持股 49%
美盛游戏	从事动漫和游戏的设计与开发。	100%
星梦工坊	从事儿童舞台剧的制作、演出，以及衍生产品的开发、销售业务。	51.06%
天津酷米	从事盖动画、儿童剧、儿童游戏及相关服务的互联网动漫娱乐服务平台业务。	40.10%
美盛电商	从事动漫服饰线上销售。	100%
美盛爱彼	从事公司 IP 文化生态圈项目建设。	100%
美盛二次元	从事二次元文化生态圈建设。	100%
漫联贸易	从事线上动漫衍生品销售。	美盛二次元持股 51.00%
瑛麒动漫	从事漫画分发平台业务。	36.00%
广州创幻	从事 AR、VR 领域科技研发、内容创作及平台运营（超次元平台）。	美盛二次元持股 35.00%
微媒互动	从事自媒体运营及营销。	15.00%
创新工场	投资管理、资产管理。	认缴基金份额 5000 万元

　　概括地讲，美盛文化首先收购了国内产业链上的企业。例如，通过收购主营原创动画制作、网络游戏研发与运营、互联网技术开发的缔顺科技，拓展动漫产业链的上下游；通过并购白熊阅读，布局文学创作与网络阅读业务。

---

① 雷浩：《"互联网＋"环境下文创企业商业模式创新研究》，南京财经大学硕士学位论文，2017 年。

其次,美盛文化收购了海外品牌企业。例如,通过收购荷兰 S. B. Sevenum B. V. 公司,拓展自己的海外业务,并掌握海外的营销渠道,以此谋划全球,实现全产业链的布局。

综观奥飞动漫的成长路径不难发现,投资并购也是其实现全产业链运营的一种途径。自成立以来,奥飞动漫典型的并购事件达十几起。例如 2001 年,奥飞动漫通过收购嘉佳卡通卫视 60% 的股权,成为国内首个拥有电视播放平台的动漫企业,而在当时,媒体播出频道对于动漫企业而言是一种稀缺资源,它能够成为企业产品重要的平台依托。2013 年,奥飞动漫通过收购手游开发商方寸科技和爱乐游,拓展对游戏产业的布局,并实现自身产业链下游产品的价值变现。2015 年,奥飞动漫通过收购国内最大的原创漫画平台有妖气,拓展了自身对原创内容的多元开发能力。

(三)品牌策略:通过整合创新构建品牌

动漫企业的品牌是名称、符号、故事、形象等内容的总和,其目的是使动漫企业的产品和服务获得差异化的竞争优势,提升附加价值,并使企业获得更长的生命周期。伴随传统动漫制造企业对内容生产和多元业务布局的探索,塑造品牌成为其成功转型并培育清晰盈利模式的关键所在。消费者对动漫品牌的态度,会从无意识的认识到有意识的接受,再到对品牌产生认同和共鸣,而消费活动也将从对产品和服务的消费转变为对动漫品牌的消费。在这个过程中,品牌逐渐成为传统动漫制造企业的核心价值与无形资产。

1. 资源整合

美盛文化通过资源整合向市场推广自己的品牌。一是对外进行资源整合,即通过合作、投资和并购的方式整合外部企业的品牌资源,融合两个或多个看似不相关的品牌基因,创新企业文化,并赋予母品牌新的内涵。例如美盛文化通过与迪士尼公司的合作,获得在中国(不包括香港、澳门、台湾)生产经营迪士尼动漫衍生品的资格,然后借助迪士尼形象授权的有利因素,以迪士尼品牌的广泛认知度和受欢迎程度为依托,带动子公司"美盛童话"品牌的发展。除此之外,美盛文化还收购了"同道大叔"等知名品牌,实现了多方品牌价值的整合与最大化。奥飞动漫也有类似的战略举措,例如通过收购"喜羊羊与灰太狼"这一享有国内高知名度的动画品牌,扩充自己的品牌方阵。二是对自身的多产品、多品牌进行统一整合,即通过整合美盛游戏、美盛二次元以及相对应的产品服务等核心资源,完成自身品牌价值链的塑造。

但从另一个角度来看,实施品牌整合策略也具有一定风险,当某个延伸品牌出现经营危机时,势必会对母品牌的口碑和市场效应带来消极影响,甚至造成全线品牌的危机。因此,进行品牌整合需保持合理的节奏和审慎的眼光,放眼长远以确保品牌管理持有效率。

2. 自主创新

提高自主创新和研发的能力,其一能够降低动漫制造企业对联盟企业的依赖,提高企业的经营自主性;其二能够为产品推广提供路径,增强品牌的影响力和知名度;其三能够减少企业购买外部版权所需支付的版权和代理费用,降低企业的运营成本。无论从哪个角度来看,自主创新都是企业培育品牌的重要途径。

坚持自主创新、品牌制胜是奥飞动漫成功转型的一大诀窍。[①] 奥飞于2004 年便开始尝试跳出单一的玩具制造业务,将玩具与动漫紧密结合,制作拥有自主版权的动漫内容,从而实施以"玩具+动漫"打造企业品牌的发展战略。2006 年,奥飞推出以"悠悠球"为主题的原创动画片《火力少年王1》,并配合开发和销售玩具产品"悠悠球",获得了很好的市场响应,这不仅使动漫玩具占奥飞销售收入的比重由 2005 年的 8.40% 上升为 2006 年的 41.63%[②],还大大提高了奥飞动漫品牌在消费者群体中的知名度。除此之外,奥飞动漫出品的《十万个冷笑话》《镇魂街》《端脑》等作品也都取得良好的市场表现,为企业的品牌塑造贡献了力量。

三、传统动漫制造企业发展的未来式

创新对于传统文化制造业的转型升级至关重要。企业要实现创新,必须

---

① 李林如:《奥飞动漫的产业转型升级》,《企业管理》2016 年第 7 期,第 58 页。

② 李林如:《玩具企业战略转型过程探析——以奥飞动漫为例》,《企业研究》2016 年第 11 期,第 50 页。

有着眼未来的能力，围绕未来受众的消费需求和产业价值的关注点，完成对发展战略的定位并不断调整具体的行动方案，以此发挥创新所蕴含的巨大活力。而促进文化与科技的融合、与用户共创价值、以全产业链经营构筑企业生态圈，则是未来一段时期传统动漫制造企业发展的主要趋势与特征。

（一）以文化与科技的融合助推传统产业转型升级

要把握科技发展的最新趋势，并将其应用于文化产品的生产、展示和传播。目前，奥飞动漫已经投资了拥有世界领先惯性动捕技术的北京诺亦腾科技有限公司、国内全景视觉应用的先行机构北京互动视界文化传媒有限公司，以及法国蓝蛙、图灵机器人等顶尖机器人公司，完成对虚拟现实（Virtual Reality，简称 VR）、增强现实（Augmented Reality，简称 AR）和人工智能（Artificial Intelligence，简称 AI）领域的初步布局。2016 年，奥飞动漫推出以儿童和父母为目标受众的乐迪陪伴机器人和嘉佳社交机器人，以及面向年轻群体的"全球首台智能管家"巴迪机器人。除此之外，奥飞动漫还致力于研发可穿戴设备等智能终端，以此抢占未来的家庭智能市场。由此可见，文化与科技的融合是动漫制造等传统文化产业的发展趋势，也是企业实现转型升级的重要推动力。

（二）发挥用户在价值创造中的作用

互联网打破了传统的以企业和产品为中心的生产和消费模式，凸显了作为潜在生产者和消费者的用户在经济活动中的力量。传统观点认为，企业通过识别用户需求为用户创造价值，但如今，我们或许可以转换一种思路，将用户纳入企业的价值创造体系中，使之成为价值的创造者。

企业要想保持市场竞争力离不开持续性的创新，而让用户参与价值共创是一种"双赢"的思维。双方可以在对话、互动和信息交换中互相增值，并维持相对长久的稳定关系：用户为企业提供需求导向和知识创意，企业基于此向用户提供其真正需要的内容和产品，同时在这个过程中，用户能够获得额外的体验价值，并逐渐形成自我成就感和品牌归属感，而企业也能完成有效的成本控制,并获得额外的无形收益。

乐高作为高附加值的玩具制造企业,非常注重用户在价值创造中的作用。它以虚拟网络社区为对话平台,鼓励用户成为企业的兼职设计师,直接或间接参与产品的设计、研发和分享活动,真正使用户知识转变成为企业所用的智力资源,并形成体验价值和个性化的竞争优势。这一案例可以为传统动漫制造企业的转型升级提供宝贵的借鉴经验。伴随用户生活方式和消费习惯的改变,各行各业都在发生着深刻变革,传统动漫制造企业要想有效应对瞬息万变的外部环境和内在需求的挑战,就需要重新审视用户在经济活动中的地位,学会借助集体的力量和智慧,完成产品的设计、生产、营销、管理等活动,以获得个性化、差异化和体验价值的竞争优势。

(三)实现全产业链经营,构筑企业生态圈

仅依靠动漫产品制造获取收益具有很大的局限性,因此,动漫制造企业要学会探索新的盈利点。众所周知,动漫产业链具有极大的延伸空间。从纵向来看,动漫产业链大致可分为三个层次:其一是动漫内容的设计和研发,其二是动漫内容的制作和传播,其三是动漫衍生品的生产和销售。这三个层次的市场规模逐级扩大,因此动漫衍生品制造企业从市场环境来看将会迎来发展的黄金时期。而从横向来看,动漫产业又与游戏、影视、二次元文化等产业领域息息相关,发展市场极为广阔。

传统动漫制造企业要实现转型升级,必须树立"以动漫内容拉动产品销售,再以产品销售反哺动漫生产"的发展理念。既可以采取产品先行,辅之以相关动漫作品的发展路径,又可以采取动漫先行,配合生产相关衍生品的发展路径。在依靠实物产品和动漫作品实现资本积累的基础上,逐渐将业务拓展至产业上游的游戏、影视、动漫等相关性较强的领域,再由相关性较强的产业领域逐渐扩展至相关性更弱的领域,一步步构筑以内容 IP 为核心,包括内容制作、内容播出、媒体传播、形象授权、衍生产品销售在内的文化产业生态圈,逐渐实现从价值链底端到价值链顶端的转变。

中国海洋大学文化产业系　吕明圆

参考文献

（根据引证先后排序）

［1］国家统计局:中华人民共和国 2017 年国民经济和社会发展统计公报［R/
OL］.［2018-02-28］. http：// www. stats. gov. cn/tjsj/zxfb/201802/
t20180228_1585631. html.

［2］国家统计局社会科技和文化产业统计司.中国文化及相关产业统计年鉴
［M］.北京:中国统计出版社,2017.

［3］文化和旅游部.中华人民共和国文化和旅游部 2017 年文化发展统计公报
［R/OL］.［2018-05-31］. http：// www. cfen, com. cn/sjpd/hg/201806/
t20180601_2914527. html.

［4］中国互联网络信息中心.第 39 次中国互联网络发展状况统计报［R/OL］.
［2017-01-22］. http://www. cnnic. net. cn/hlwfzyj/hlwxzbg/hlwtjbg/
201701/t20170122_66437. htm.

［5］中国互联网络信息中心.第 40 次中国互联网络发展状况统计报［R/OL］.
［2017-08-03］. http://www. cnnic. net. cn/hlwfzyj/hlwxzbg/hlwtjbg/
201708/t20170803_69444. htm.

［6］中国互联网络信息中心.第 40 次中国互联网络发展状况统计报［R/OL］.
［2018-03-05］. http://www. cnnic. net. cn/hlwfzyj/hlwxzbg/hlwtjbg/
201803/t20180305_70249. htm.

［7］中国互联网络信息中心.第 40 次中国互联网络发展状况统计报［R/OL］.
［2018-08-20］. http://www. cnnic. net. cn/hlwfzyj/hlwxzbg/hlwtjbg/
201808/t20180820_70488. htm.

［8］崔保国.中国传媒产业发展报告（2018）［M］.北京：社会科学文献出版社，2018.

［9］陈少峰,李源.文化产业的产业变动与商业模式创新［J］.北京联合大学学报，2017（2）.

［10］陶彦希.关于出版业供给侧改革的几点思考［J］.中国报业，2017（4）.

［11］梅清.大数据应用对电影行业价值影响分析［J］.新媒体研究，2018,4（4）.

［12］高庆秀."互联网＋"给演出业带来什么［N］.中国文化报，2015-4-3.

［13］莉·阿斯贝尔-史旺格：美国演艺产业与学术的配合［J］.演艺科技，2013（6）.

［14］江小妍,王亮.泛娱乐环境下的IP运营模式研究［J］.科技与出版，2016（5）.

［15］杨新敏.IP影视：概念与诉求［J］.中国电视，2016（3）.

［16］陈俊宇."电影IP"热度之惑与"不热"之忧［N］.工人日报，2015-6-1.

［17］郭敏杰.大数据和云计算平台应用研究［J］.现代电信科技，2014（8）.

［18］何清.大数据与云计算［J］.关注中国，2014（10）.

［19］鲍婧."互联网＋"时代演艺市场趋势分析［J］.新传媒体，2016（1）.

［20］肖帝雷."演出保"：创新融资依据［N］.中国文化报，2014-7-26.

［21］刘筠梅."互联网＋"时代演艺产业的创新与发展［J］.中国文化产业评论，2015（1）.

［22］陈为,万凯伦.体育场馆信息化智能化建设需求的思考［N］.电子制作，2015（8）.

［23］刘黎雨.微信自媒体：人人都是艺术传播者［N］.中国文化报，2014-6-19.

［24］唐烨.用"众包"模式卖演出票［N］.解放日报，2014-5-19.

［25］和璐璐.团购演出：让利观众还是破坏市场［N］.北京晨报，2014-4-5.

［26］陈平.剧院运营管理：国家大剧院模式构建［M］.北京：人民音乐出版社，2015.

［27］温娜.多屏时代及其消费者行为分析［J］.宜春学院学报，2014（2）.

［28］张琳.从国家大剧院的成功运营看其在文化演出领域的发展［D］.北京：中央音乐学院，2010.

［29］赵雯.我国媒体推进演艺产业链构建的策略研究［D］.杭州：浙江传媒学院，2015.

［30］陈少峰,张立波,王建平.中国文化企业报告2016［M］.北京:清华大学出版社,2016.

［31］陈少峰,张立波,王建平.中国文化企业报告2017［M］. 北京:清华大学出版社,2017.

［32］陈玥.文化创意企业投融资内生决策的效率评价研究［D］. 天津:天津工业大学,2017.

［33］赵廷飞.我国文化企业并购特征及其与并购绩效相关关系的研究［D］.济南:山东大学,2014.

［34］陈国庆,何南君.我国文化企业投融资面临的问题及其应对策略［J］.经济视角,2016(6).

［35］倪春蕾,张宇.文化企业投融资问题研究［J］.新经济,2016(12).

［36］庞理鹏.论新三板对文化企业投融资的作用［J］.商场现代化,2015(23).

［37］林丽.解决文化产业投融资问题的对策［J］.经济研究参考,2012(42).

［38］陈国平,景奉杰.我国企业并购重组的文化整合问题研究［J］.武汉大学学报,2005,58(6).

［39］王家新. 加快推进国有文化企业并购重组［J］.中国财政,2014(22).

［40］克莱·舍基.认知盈余:自由时间的力量［M］.胡泳,译.北京:中国人民大学出版社,2011.

［41］张亮.从零开始做运营［M］.北京:中信出版社,2015.

［42］金璞,张仲荣.互联网运营之道［M］.北京:中国工信出版集团,2016.

［43］刘高勇,邓胜利.社交问答服务的演变与发展研究［J］.图书馆论坛,2013,33(1).

［44］谷斌,徐菁.基于知识共享的专业虚拟社区用户忠诚度挖掘［J］.情报科学,2015(1).

［45］韩丛耀,贾登红.知识社区对出版的介入［J］.中国出版,2016(16).

［46］蒋洛丹.新媒体经济语境下我国高等教育广告专业人才培养改革研究［J］.广告大观(理论版),2016(1).

［47］陈刚,沈虹.创意传播管理—数字时代的营销革命［M］.北京:机械工业出版社,2012.

［48］王一川.艺术学原理［M］.北京:北京师范大学出版社,2015.

［49］韩丛耀,贾登红.知识社区对出版的介入［J］.中国出版,2016(16).

［50］金韶、倪宁.“社群经济”的传播特征和商业模式［J］.现代传播,2016(4).

［51］王炫.社群经济发展过程中的问题及对策［J］.青年记者,2016(15).

［52］李林如.玩具企业战略转型过程探析——以奥飞动漫为例［J］.企业研究，2016(11).